Schram

Internationales

Internationales Strafrecht

Strafanwendungsrecht
Völkerstrafrecht
Europäisches Strafrecht

von

Dr. Edward Schramm

o. Professor an der

Friedrich-Schiller-Universität Jena

Übersetzung der 1. Auflage ins Chinesische

durch Qiang Ding (Macao 2013)

2. Auflage 2018

C.H.BECK

www.beck.de

ISBN 978 3 406 70776 6

Wilhelmstraße 9, 80801 München
Druck: Druckhaus Nomos
In den Lissen 12, 76547 Sinzheim

Satz: DTP-Vorlagen des Autors
Umschlaggestaltung: Druckerei C.H.Beck Nördlingen

Gedruckt auf säurefreiem, alterungsbeständigem Papier
(hergestellt aus chlorfrei gebleichtem Zellstoff)

Vorwort

... Ach, Europa. Was für eine zauberische, betörende Utopie: ein Kontinent der friedlichen Völker und des Zusammenströmens verschiedener Kulturen, ohne Grenzbalken, ohne Kriege, ohne die Seuche des Nationalismus und rassistischen Wahn ...

Christoph Ransmayr

Das Internationale Strafrecht entwickelt sich weiterhin rasant. Es wächst und wächst. Seine Bedeutung in der Rechtspraxis und Rechtswissenschaft wird immer größer. Dieses Buch richtet sich zum einen an solche Leserinnen und Leser, die sich einen ersten *Überblick* über diese überaus komplexe Materie verschaffen möchten, ohne sogleich mit der Lektüre eines der wissenschaftlich grundlegenden und anspruchsvollen, aber auch „dicken" Lehrbücher zu dieser Thematik beginnen zu wollen. Es soll zum anderen denjenigen Studierenden, die sich für den strafrechtlichen Schwerpunktbereich entschieden haben, eine rasche *Wiederholung* dieses Spezialgebiets ermöglichen.

Seit der 1. Auflage von 2011 sind über sieben Jahre vergangen. Der Text musste daher für die 2. Auflage durchgehend überarbeitet und ergänzt werden, wodurch naturgemäß der Umfang des Büchleins angewachsen ist. Exemplarisch seien genannt:

- *Strafanwendungsrecht*: Jurisdiktionskonflikte (1/6a); Erfolgsort, namentlich bei abstrakten Gefährdungsdelikten (1/48); Strafanwendungsprinzipien bei grenzüberschreitendem Rechtsextremismus (1/50, 51); die Strafbarkeit der geschäftsmäßigen Beihilfe zum Suizid bei Fällen mit Auslandsbezug (1/55).
- *Völkerstrafrecht:* Erläuterungen zu einzelnen Urteilen des *IStGH* und deutscher Gerichte (1/25, 43a, 65); neuere Entwicklungen bei der Verfolgung von Völkerstraftaten in Deutschland einschließlich Strukturverfahren (2/27a); Kritik am *IStGH* (2/50); das neu eingefügte Verbrechen der Aggression (2/67); Aktualisierung der vor dem *IStGH* geführten Ermittlungs- und Hauptverfahren (2/104, 106).
- *EMRK* und *EGMR*: Zürcher Rede von Churchill (3/2); Kritk am *EGMR* (3/15a); gescheiterter Beitritt der EU zur EMRK (3/16); margin of appreciation (3/18a); Einschränkung des Notwehrrechts bei Angriffen auf Sachwerte (3/26); staatliche Tatprovokation, Furcht-Entscheidung (3/44); Frage- und Konfrontationsrecht, Schatschasch-

wili-Entscheidung (3/49); Neuerungen zum System der Sicherungsverwahrung (3/34, 40b); Pilotverfahren (3/68).

– *Europäisches Strafrecht*: neuere Entwicklungen beim Doppelbestrafungsverbot (4/25); Rechtssetzung nach Art. 82, 83 AEUV (4/39, 135); Harmonisierung der nationalen Allgemeinen Teile (4/47); nationale Verjährungsregelungen und PIF-Strafverfolgung, Taricco-Fall (4/64b); Kritik am *EuGH* (4/108a); Identitäts- und Ultra vires-Kontrolle durch *BVerfG* (4/145b ff.); Europäischer Haftbefehl (4/138a, 145a); der Fall Puigdemont (4/145f, g); die Europäische Ermittlungsanordnung (4/148); Europäische Herausgabe- und Sicherungsanordnung für elektronische Beweismittel (4/148j); die Verordnung zur Europäischen Staatsanwaltschaft (4/166).

Ein besonderes Augenmerk wird auf die Einbeziehung aktueller sowie grundlegender Entscheidungen des *EGMR*, *EuGH*, *IStGH*, *BVerfG* und *BGH* gelegt. Im Übrigen wird angesichts des Formats und der Zielsetzung dieses Kompendiums weitgehend auf die vom Umfang größeren Lehrbücher zum Internationalen bzw Europäischen Strafrecht (*Ambos, Esser, Gless, Hecker, Jähnke/Schramm, Safferling, Satzger, Werle/Jeßberger*) Bezug genommen. Am Ende des Büchleins ist ein kleines Wörterbuch des Internationalen Strafrechts angefügt, in dem sich eine Übersetzung der wichtigsten Begriffe und Abkürzungen des internationalen Strafrechts ins Englische und Französische findet.

Die zweite Auflage des Buchs ist aus meinen Vorlesungen und Seminaren zum Europäischen und Internationalen Strafrecht an der Friedrich-Schiller-Universität Jena hervorgegangen. Gerne greife ich Kritik und Hinweise auf (E-Mail-Adresse: edward.schramm@uni-jena.de).

Meinem Dreier-Team, den wissenschaftlichen Mitarbeiterinnen und Mitarbeitern *Johanna Antoni*, *Holger Berle* und *Nadja Barbara Müller*, danke ich sehr herzlich für die großartige Unterstützung. Dank schulde ich ebenso den studentischen Mitarbeiterinnen und Mitarbeitern *Josephine Drews*, *Mark Gries*, *Ronja Sanow* und *Bianca Schreckenbach*. Ein besonderer Dank gilt schließlich Herrn Dr. *Klaus Winkler* vom Verlag C.H.BECK für die stets vertrauensvolle Zusammenarbeit.

Gewidmet sei dieses Buch meinen Partnern des deutsch-georgischen Strafrechtsprojekts und Freunden *Giorgi Tumanishvili* (TSU Staatliche Iwane-Dschawachischwili-Universität Tbilissi), *Bachana Jishkariani* (UG University of Georgia, Tbilissi) und *Merab Turava* (TSU Tbilissi, Vizepräsident des georgischen VerfGH).

Jena, im Juli 2018 *Edward Schramm*

Inhaltsverzeichnis

Abkürzungs- und Literaturverzeichnis

aA	andere Ansicht
aaO	am angegebenen Ort
AbfG	Abfallgesetz
Abl.	Amtsblatt
Abs.	Absatz
A/B/E/E	*Albrecht/Böhm/Esser/Eckelmans*, Internationales Strafrecht, Auslieferung – Rechtshilfe – EGMR – internationale Gerichthöfe, 2. Aufl. 2018
AEUV	Vertrag über die Arbeitsweise der Europäischen Union
aF	alte Fassung
Alt.	Alternative
aM	anderer Meinung
Ambos	*Ambos*, Internationales Strafrecht, 5. Aufl. 2018
Ambos, FL	*Ambos*, Fälle zum Internationalen Strafrecht, 1. Aufl. 2010
Anm.	Anmerkung
APUZ.	Aus Politik und Zeitgeschichte
Art.	Artikel
AS	Amtliche Sammlung
Aufl.	Auflage
B/B/F-M	*Beck/Burchard/Fateh-Moghadam*, Strafrechtsvergleichung als Problem und Lösung, 2011
Bd.	Band
BeckOK	*v. Heintschel-Heinegg* (Hrsg.), Beck'scher Online Kommentar StGB, 38. Edition 2018
Begr.	Begründung
Bek.	Bekanntmachung
BGB	Bürgerliches Gesetzbuch
BGBl	Bundesgesetzblatt
BGH	Bundesgerichtshof
BR-Drs	Bundesrats-Drucksache
bspw	beispielsweise
BT-Drs	Deutscher Bundestag, Drucksache
BVerfG	Bundesverfassungsgericht
BVerwG	Bundesverwaltungsgericht
bzgl	bezüglich
bzw	beziehungsweise
C/R	*Calliess/Ruffert*, EUV/AEUV. 6. Aufl. 2016
Cassese	*Cassese*, The Oxford Companion to International Criminal Justice. 1. Aufl. 2010

DAR	Deutsches Autorecht
dh	das heißt
DRiZ	Deutsche Richter-Zeitung
EEA	Europäische Ermittlungsanordnung
EBA	Europäische Beweisanordnung
EGMR	Europäischer Gerichtshof für Menschenrechte
EHB	Europäischer Haftbefehl
EMRK	Europäische Menschenrechtskonvention
Engisch	*Engisch*, Einführung in das juristische Denken, 10. Aufl. 2005
EnzEuR	Enzyklopädie Europarecht, Bd. 9 Europäisches Strafrecht, hrsg. v. *Böse*, 2013
EPOC	Europäische Herausgabeanordnung für elektronische Beweismittel
EPOC-RR	Europäische Sicherungsanordnung für elektronische Beweismittel
Erl.	Erläuterung(en)
Esser	Europäisches und Internationales Strafrecht, 2. Aufl. 2018
EUStA	Europäische Staatsanwaltschaft
eucrim	eucrim, The European Criminal Law Associations' Forum
EÜA	Europäische Überwachungsanordnung
EuG	Europäisches Gericht Erster Instanz
EuGH	Gerichtshof der Europäischen Union
EuGHE	Entscheidungssammlung des EuGH
EuGHG	EuGH-Gesetz
EuR	Europarecht (Zeitschrift)
EUV	Vertrag über die Europäische Union
EUZW	Europäische Zeitschrift für Wirtschaftsrecht
Fischer	*Fischer*, StGB, 65. Aufl. 2018
gem.	gemäß
G.	Gesetz
GG	Grundgesetz
G/H/N	*Grabitz/Hilf/Nettesheim*, Recht der Europäischen Union, 63. Erglfg. Dezember 2017
ggf	gegebenenfalls
Gless	*Gless*, Internationales Strafrecht, 2. Aufl. 2015
Grabenwarter/Pabel	*Grabenwarther,* Europäische Menschenrechtskonvention. 6. Aufl. 2016
Graf Vitzthum	*Graf Vitzthum*, Völkerrecht. 7. Aufl. 2016
GRCh	Charta der Grundrechte der Europäischen Union
grdlg	grundlegend
grds.	grundsätzlich
GVG	Gerichtsverfassungsgesetz
Hecker	*Hecker*, Europäisches Strafrecht, 5. Aufl. 2015
Hecker/Zöller	*Hecker, Zöller:* Fallsammlung zum Europäischen und Internationalen Strafrecht, 2. Aufl. 2017

Heger	*Heger*, Die Europäisierung des deutschen Umweltstrafrechts, 2009
Herdegen	*Herdegen,* Völkerrecht, 17. Aufl. 2018
hM	Herrschende Meinung
HK-EMRK	*Meyer-Ladewig/Nettesheim/von Raumer* (Hrsg.), EMRK, 4. Aufl. 2017
HRRS	hrr-strafrecht.de (Onlinezeitschrift)
idF	in der Fassung
idR	in der Regel
ieS	im engeren Sinne
IntVG	Integrationsverantwortungsgesetz
iR	im Rahmen
iSd	im Sinne des/der
IStGH	Internationaler Strafgerichtshof
IStGHSt	Statut des Internationalen Strafgerichtshofs
iSv	im Sinne von
iVm	in Verbindung mit
iwS	im weiteren Sinne
JA	Juristische Arbeitsblätter
JICJ	Journal of International Criminal Justice
J/S	*Jähnke/Schramm*, Europäisches Strafrecht, 2017
JStGH	Internationaler Strafgerichtshof für das frühere Jugoslawien
Jura	Juristische Ausbildung
JuS	Juristische Schulung
Klip	*Klip*, European Criminal Law. 2009
Kühl, AT	*Kühl*, Strafrecht Allgemeiner Teil. 8. Aufl. 2016
Kühl, UV	*Kühl,* Unschuldsvermutung, Freispruch und Einstellung, 1983
LG	Landgericht
lit.	Buchstabe
L/K	*Lackner/Kühl*, StGB, bearb. v. Kühl und Heger, 29. Aufl. 2018
LK-StGB	*Laufhütte/Rissing-van Saan/Tiedemann* (Hrsg.): StGB. Leipziger Kommentar. 12. Aufl. 2006 ff
LR-StPO	*Löwe-Rosenberg*, Strafprozessordnung, 12. Aufl. 2012
Meyer-Goßner/Schmitt	*Meyer-Goßner/Schmitt,* Strafprozessordnung, 61. Aufl. 2018
Mitsilegas	*Mitsilegas,* EU Criminal Law. 2009
Mitsilegas 2016	*Mitsilegas*, EU Criminal Law after Lisbon, 2016
M/D	*Maunz/Dürig*, Grundgesetz, 82. Lfg. 2018.
MK-StGB	*Joecks/Miebach* (Hrsg.), Münchener Kommentar zum Strafgesetzbuch. 3. Aufl. 2017
MPI-EurStR	*Sieber/Satzger/Heintschel-Heinegg,* Europäisches Strafrecht. Hrsg v. Max-Planck-Institut für ausländisches und internationales Strafrecht, 2. Aufl. 2014

mwN	mit weiteren Nachweisen
NK-EuGRCh	Meyer (Hrsg.), Charta der Grundrechte der Europäischen Union, 4. Auflage 2014
NK-StGB	*Kindhäuser/Neumann/Paeffgen*, Strafgesetzbuch, Nomos Kommentar, 5. Aufl. 2017
NZZ	Neue Zürcher Zeitung
O/C/N	*Oppermann/Classen/Nettesheim*, Europarecht, 7. Aufl. 2016
Oehler	*Oehler*, Internationales Strafrecht. 2. Aufl. 1983
OLG	Oberlandesgericht
para	Absatznummer
Pradel	*Pradel/Corstens/Vermeulen*, Droit pénal européen, 3. Aufl. 2009
RB	Rahmenbeschluss
Reinbacher	*Reinbacher*, Strafrecht im Mehrebenensystem, 2014
Rengier, AT	*Rengier*, Strafrecht Allgemeiner Teil. 9. Aufl. 2017
Rn.	Randnummer
Rspr	Rechtsprechung
RStGH	Internationaler Strafgerichtshof für Ruanda
Safferling	*Safferling*, Internationales Strafrecht. 2011
Satzger	*Satzger*, Internationales Strafrecht, 8. Aufl. 2018
Sch/Sch	*Schönke/Schröder*, StGB. 29. Aufl. 2014
Schramm, BT-1	*Schramm*, Strafrecht Besonderer Teil 1, Eigentums- und Vermögensdelikte, 2017
SK-StGB	Systematischer Kommentar zum StGB, 9. Aufl. 2017
StA	Staatsanwaltschaft
StGB	Strafgesetzbuch
StPO	Strafprozessordnung
Streinz	Europarecht, 10. Aufl. 2016
Streinz/Ohler/Herrmann	*Streinz/Ohler/Herrmann*, Der Vertrag von Lissabon zur Reform der EU, 3. Aufl. 2010
StRG	Strafrechtsreformgesetz
SV	Sicherungsverwahrung
S/S/W	*Satzger/Schmitt/Widmaier*, StGB, 3. Aufl. 2016
SZ	Süddeutsche Zeitung
ThUG	Therapieunterbringungsgesetz
Tiedemann	*Tiedemann/Sieber/Satzger/Burchard/Brodowski*, Die Verfassung moderner Strafrechtspflege, 2016
UA	Unterabsatz
v.	versus
v. Arnauld	*v. Arnauld*, Völkerrecht, 3. Aufl. 2016
vdG/S/H	*von der Groeben/Schwarze/Hatje* (Hrsg.), Europäisches Unionsrecht, 7. Aufl. 2015
vgl.	vergleiche
VgM	Verbrechen gegen die Menschlichkeit

Vorb	Vorbemerkung
Werle/Jeßberger	*Werle/Jeßberger,* Völkerstrafrecht. 4. Aufl. 2017
WPflG	Wehrpflichtgesetz
WÜK	Wiener Übereinkommen über konsularische Beziehungen
ZaöRV	Zeitschrift für ausländisches öffentliches Recht und Völkerrecht
zB	zum Beispiel
Ziff.	Ziffer
Zimmermann	*Zimmermann,* Strafgewaltkonflikte in der Europäischen Union, 2014
ZIS	Zeitschrift für die internationale Strafrechtsdogmatik
ZJS	Zeitschrift für die Juristische Schulung
ZP	Zusatzprotokoll

Einleitung: Der Begriff des Internationalen Strafrechts

Die drei Bereiche des Internationalen Strafrechts, die in diesem Lehrbuch behandelt werden, bestehen aus 1

1. dem Strafanwendungsrecht (Kapitel 1)
2. dem Völkerstrafrecht (Kapitel 2) und
3. dem Europäischen Strafrecht in Gestalt
   a) der Konventionen des Europarats, namentlich der EMRK (Kapitel 3) und
   b) des Strafrechts der Europäischen Union (Kapitel 4).

Beim **Internationalen Strafrecht** „handelt es sich um einen unklaren, geradezu schillernden und insbesondere auch in verschiedenen Rechtsordnungen unterschiedlich gebrauchten Begriff" (*Satzger*, 2/1). Im anglo-amerikanischen Rechtskreis ist damit vorrangig das Völkerstrafrecht gemeint. Im kontinental-europäischen Rechtskreis, und damit auch in Deutschland, diente dieser Begriff früher nur als Bezeichnung für das Strafanwendungsrecht (*Oehler*, Rn. 1). Doch inzwischen werden darunter in einem weiteren Sinne alle Rechtsquellen und Vorgänge verstanden, die einen Bezug zum Ausland oder zwischenstaatlichen oder überstaatlichen Organisationen aufweisen (LK-StGB/*Werle/Jeßberger,* Vor § 3 Rn. 12 mwN). 2

Das deutsche **Strafanwendungsrecht** ist vorrangig in den §§ 3 ff. StGB geregelt und bestimmt, „ob deutsches Strafrecht auf eine bestimmte Tat anwendbar ist" (*Ambos*, 1/1), namentlich in welchen Fällen *mit Auslandsbezug* das deutsche Strafrecht zur Anwendung gelangt. Ein solcher Auslandsbezug kann etwa darin bestehen, dass ein Deutscher im Ausland oder ein Ausländer in Deutschland eine Straftat begeht. 3

Das **Völkerstrafrecht** ist das Strafrecht der Völkergemeinschaft. Es stellt „eine selbstständige Strafrechtsordnung" (*Safferling*, 1/6) dar. „Echtes internationales Strafrecht im Sinne eines (supranationalen) Strafrechts ist nur das Völkerstrafrecht" (*Ambos*, 5/1). In seinem Mittelpunkt stehen die vier Völkerstraftaten des Völkermordes, der Verbrechen gegen die Menschlichkeit, der Kriegsverbrechen und des Verbrechens der Aggression. Von besonderem Interesse ist dabei – neben den Strafgerichtshöfen für das frühere Jugoslawien und für Ruanda – vor allem der Internationale Strafgerichtshof in Den Haag und das für ihn maßgebliche Statut. 4

5 Der Begriff des **Europäischen Strafrechts** ist insofern missverständlich, als bislang ein „Europäisches Strafgesetzbuch", dh ein europäisches Strafrecht im Sinne eines eigenständigen, für die Nationalstaaten verbindlichen supranationalen Strafrechts nicht existiert. Beim europäischen Strafrecht „handelt es sich um eine Rechtsmaterie eigener Art, die sowohl strafrechtsrelevantes Unionsrecht, regionales Völkerrecht, als auch das hiervon beeinflusste nationale Strafrecht umfasst" (*Hecker*, 1/5). Das europäische Strafrecht ist eine eigentümliche und komplizierte **Schnittmenge** aus Strafrechtsdogmatik, Strafverfahrensrecht, Völkerrecht, Europarecht, Verfassungsrecht und (Kriminal-)Politik (*Hecker*, 1/8). Es gleicht einem vielschichtigen **Patchwork-Teppich** (*Klip*, 1) aus Rechtssetzung und Rechtsprechung.

6 An erster Stelle sind (als nur auf Europa bezogenes und insoweit „regionales" Völkerrecht) die Konventionen des Europarats, namentlich die **Europäische Menschenrechtskonvention** und ihr Garant, der Europäische Gerichtshof für Menschenrechte, zu nennen (*Esser*, 1/3). Die EMRK in der Interpretation des *EGMR* (Europäischer Gerichtshof für Menschenrechte) beeinflusst in einem immer stärkeren Maße das nationale Straf- und vor allem Straf*verfahrens*recht.

7 Der zweite große Bereich des Europäischen Strafrechts betrifft die straf- und strafverfahrensrechtlichen sowie rechtshilferechtlichen Regelungen, die auf die **Europäische Union** zurückzuführen sind oder durch die EU mitgestaltet werden (J/S/*Jähnke,* 1/7). Dazu zählen diejenigen Bestimmungen aus den EU-Verträgen und diejenigen Rechtsakte der EU, mit denen das nationale Strafrecht inhaltlich beeinflusst wird (wie beispielsweise durch Verordnungen, Richtlinien und frühere Rahmenbeschlüsse). Insoweit bezeichnet der Begriff „ganz unterschiedliche Bereiche der Diffusion des Unionsrechts in das nationale Recht" (*Safferling*, 2/8). Aber auch die nationalen Strafbestimmungen, die durch die EU harmonisiert wurden, werden, trotz ihrer einzelstaatlichen Herkunft, dem Europäischen Strafrecht zugeordnet (*Ambos*, 9/8). Im Mittelpunkt des Rechtshilferechts, mithin der strafjustiziellen und polizeilichen Zusammenarbeit in der EU, steht das Prinzip der gegenseitigen Anerkennung. Die Anwendung des (Straf-)Rechts der EU wird maßgeblich durch den *EuGH* (Europäischer Gerichtshof) definiert.

Kapitel 1. Das Strafanwendungsrecht

A. Allgemeines zum Strafanwendungsrecht

I. Gegenstand des Strafanwendungsrechts

Das Strafanwendungsrecht bestimmt, nach welchem Strafrecht ein In- oder Ausländer bei einer Inlands- oder Auslandstat bestraft wird. Das *deutsche* Strafanwendungsrecht regelt somit, ob auf einen bestimmten Sachverhalt *deutsches* Strafrecht anwendbar ist (*Ambos*, 1/1). Es entscheidet damit zugleich darüber, ob die Tat der deutschen Strafgerichtsbarkeit unterliegt. Die zentralen gesetzlichen Regelungen finden sich in den §§ 3–7 und § 9 StGB. Sie „stoßen gleichsam die Tür zum deutschen Strafrecht auf" (MK-StGB/*Ambos*, Vor §§ 3–7 Rn. 2). 1

Zuweilen finden sich ergänzende Anwendungsregeln auch außerhalb der §§ 3 ff. StGB, so etwa in § 162 StGB, in § 89a Abs. 3 StGB, § 89b Abs. 3 StGB, § 129b StGB (vgl. BGHSt 54, 264; *OLG München* StV 2016, 505) oder im Nebenstrafrecht. Darüber hinaus kann sich, gesetzlich legitimiert durch die Regelung des § 6 Nr. 9 StGB, aus völkerrechtlichen Verträgen (zB der Konvention gegen Apartheid; MK-StGB/*Ambos*, § 6 Rn. 21) oder aus Übereinkommen im Rahmen des Europarats die Möglichkeit ergeben, dass im Ausland begangene Straftaten unter das deutsche Strafrecht fallen. Zudem führt die Umsetzung von EU-Richtlinien zu Änderungen im Strafanwendungsrecht. So geht zB die Ausweitung der Strafbarkeit für die Korruptionsdelikte auf Europäische Amtsträger gemäß § 5 Nr. b und d StGB auf eine solche Richtlinie ((2013/40/EU) zurück. Die §§ 3 ff. StGB tragen mithin keinen exklusiven Charakter, sondern bilden vielmehr nur den – freilich wichtigsten – Teilbereich der Strafanwendungsregeln. 2

II. Einseitiges Kollisionsrecht

1. Nur Anwendung deutschen Strafrechts

Die deutschen Strafgerichte wenden nur deutsches Strafrecht an (S/S/W/*Satzger*, Vorbemerkungen zu §§ 3–7 StGB, A). Rechtshistorisch gesehen ist dies ein relativ junges Phänomen in Deutschland: So wurde in manchem deutschen Partikularstrafrecht des 19. Jahrhunderts sowie im Geltungsbereich des RStGB von 1871 bis 1940 durchaus fremdes Strafrecht angewendet, mithin vom deutschen Gericht der 3 angeklagte Ausländer nach seinem Heimatstrafrecht bestraft, dies freilich nur, sofern das fremde Recht milder war (vgl. LK-StGB/*Werle/Jeßberger*, Vor § 3 Rn. 7). Die heutigen §§ 3 ff. StGB dehnen einseitig den Anwendungsbereich des deutschen Strafrechts auf Fälle mit Auslandsberührung aus. Das Gesetz trifft aber keine Aussage dazu, ob darüber hinaus die Tat durch ein ausländisches Gericht auf der Grundlage ausländischen Strafrechts geahndet werden kann. Es nimmt bewusst konkurrierende Strafgewalten in Kauf (NK-StGB/*Böse*, Vorbem. § 3 Rn. 9).

4 Als einseitiges Kollisionsrecht unterscheidet es sich vom Internationalen Privatrecht, das für den Fall der Kollision von deutschem und ausländischem Recht einer der beiden Rechtsordnungen den Vorrang gibt, was beispielsweise dazu führen kann, dass ein deutsches Zivilgericht den Fall nach chinesischem Recht zu lösen hat (*Satzger*, Jura 2010, 109). Ebenso können innerhalb eines Straftatbestands einzelne (zivil- oder öffentlichrechtsakzessorische) Merkmale aufgrund des spezifischen Kollisionsrechts durch ausländisches Recht bestimmt werden, wie zB die Fremdheit einer Sache bei §§ 242, 303 (*Esser*, 16/4). Als materielles Strafrecht darf jedoch ausschließlich dasjenige des deutschen Gesetzgebers angewendet werden. Wird in China ein Deutscher heimtückisch erschlagen, erfolgt eine etwaige Verurteilung des Täters in Deutschland ausschließlich auf der Grundlage des deutschen StGB (§ 211 Abs. 1, 2 StGB iVm § 7 Abs. 1 StGB). Darüber hinaus handelt es sich bei den §§ 3 ff. StGB nicht um zwischenstaatlich vereinbartes Recht, sondern um einfaches deutsches Gesetzesrecht. Daher wird im rechtswissenschaftlichen Schrifttum für diese Regelungen zuweilen das Adjektiv „international" abgelehnt und stattdessen vom transnationalen Strafrecht bzw – am wenigsten missverständlich – vom Strafanwendungsrecht gesprochen (Sch/Sch/*Eser*, Vorbem. §§ 3–9 Rn. 5).

2. „Forum Shopping"

5 Eine Straftat mit Auslandsbezug kann mithin sowohl der deutschen Strafgewalt als auch derjenigen eines ausländischen Staates unterliegen. Damit verbunden ist das Risiko des „forum shoppings": So hat der rechtskundige Straftäter die Möglichkeit, sich für eine Tatbegehung in dem Land zu entscheiden, welches das für ihn günstige Straf- und Strafverfahrensrecht bereithält. Aber auch die Strafverfolgungsbehörden können uU das für ihre Interessen geeignete Strafrechtssystem einsetzen, in dem sie Entscheidungen treffen, mit denen die Weichen für eine Strafverfolgung im eigenen oder fremden Land getroffen werden: Man denke nur an eine rasche Verfahrenseinstellung nach

§ 153a StPO mit entsprechendem Strafklageverbrauch oder eine zügige Anklageerhebung, mit denen man den Entscheidungen der ausländischen Strafverfolgungsorgane zuvorkommt.

3. Risiko der Doppelbestrafung; Jurisdiktionskonflikte

Strafrechtsordnungen kollidieren nicht nur abstrakt dergestalt miteinander, dass auf einen Sachverhalt das Strafrecht zweier oder mehrerer verschiedener Staaten anwendbar ist. Die Strafverfolgungsorgane können im konkreten Einzelfall auch *tatsächlich* um die Strafverfolgung konkurrieren, weil in *mehreren* Rechtsordnungen die Voraussetzungen für ein Strafverfahren wegen einer Tat gegeben sind (sog. **Jurisdiktionskonflikte**, zuweilen auch **Kompetenzkonflikte** genannt). Dies kann zB dazu führen, dass gegen einen Beschuldigten wegen derselben Straftat in mehreren Staaten parallel ein Ermittlungsverfahren durchgeführt wird (*Hecker*, 2/59 und 12/13; J/S/*Jähnke*, 2/23). **6**

Von Bedeutung ist hier zunächst das **Doppelbestrafungsverbot**. Gemeint ist damit das Risiko, dass der Täter zweimal – einmal im Ausland nach ausländischem Strafrecht, einmal in Deutschland nach deutschem StGB – bestraft wird. „Bei Inlandstaten eines Ausländers wird dies häufig so sein, bei Auslandstaten eines Deutschen sogar regelmäßig" (LK-StGB/*Werle/Jeßberger*, Vor § 3 Rn. 11). Es handelt sich dabei um eine transnationale faktische Rechtskollision. Zwar kennt das Grundgesetz in Art. 103 Abs. 3 GG ein ausdrückliches Doppelbestrafungsverbot (ne bis in idem). Doch verhindert dieses nur, dass ein Angeklagter in Deutschland von deutschen Gerichten wegen derselben Tat zweimal nach deutschem Strafrecht verurteilt wird. Für transnationale Rechtskollisionen existieren aber vielfach völkerrechtliche Regelungen, die diesen Jurisdiktionskonflikt beilegen. So stehen in der Europäischen Union etwa Art. 54 des Schengener Durchführungsübereinkommens (SDÜ) sowie Art 50 der Europäischen Grundrechtecharta (GRCh) unter bestimmten Voraussetzungen einer Doppelbestrafung im Wege. Darauf wird im Kapitel zum EU-Strafrecht zurückzukommen sein (dazu unten 4/25). **6a**

Die **übrigen Jurisdiktionskonflikte** harren noch einer europarechtlichen Regelung. Allgemein kollidieren bei Jurisdiktionskonflikten unterschiedliche Interessen: Der Beschuldigte hat ein Recht auf Vorhersehbarkeit der repressiven Entscheidung, dh welche Rechtsordnung gegen ihn auf welcher materiell- und verfahrensrechtlichen Grundlage eine Strafe verhängen kann. Auf der anderen Seite steht das berechtigte Interesse des Staates an einer effektiven Strafverfolgung. Art. 50 GRCh hilft hier meistens nicht weiter: Denn das Doppelbestrafungsverbot nach Art 50 GRCh und Art. 54 SDÜ greift erst dann, wenn **6b** bereits eine Strafe verhängt wurde. Außerdem kann das darin statuierte „Windhundprinzip" (= Prioritätsprinzip; unten 3/32), wonach die schnellste Strafjustiz „gewinnt", wegen seiner temporären Zufälligkeit kein Maßstab sein. Ein **EU-Rahmenbeschluss** zur Vermeidung und Beilegung von Kompetenzkonflikten wurde 2009 gefasst (2009/948/JI; *Hecker,* 2/59, 12/4 ff.): Dieser enthält die Verpflichtung eines ermittelnden Mitgliedstaats, bei gegebenem Anlass die Strafverfolgungsinstitutionen eines anderen Mitgliedstaates zu informieren, wenn dort wegen desselben Verhaltens ein Strafverfahren geführt werden könnte (Art. 5 Abs. 1 RB). Bei parallel anhängigen Verfahren finden Konsultationen zwischen den zuständigen Behörden der betreffenden Mitgliedstaaten statt, um konsensual zu einer effizienten Lösung zu kommen (Art. 10 Abs. 1 RB). Da aber die Voraussetzungen für die (sinnvolle) Konzentration des Verfahrens auf nur einen Verfolgungsstaat praktisch offengelassen wurden, wird im **Schrifttum** vielfach eine neue, präzisere Regelung gefordert. Die **Modelle** reichen von der Einführung von Obergrenzen über Fremdrechtsanwendungs- und Konsultationslösungen bis zu einer abstrakt-generellen Kompetenzordnung sowie Mischformen. Überwiegend wird eine Engführung der Strafverfolgung auf denjenigen Staat gefordert, in dem der Handlungsort liegt. Lehrreich und eingehend zu der Fragestellung mit VO-Vorschlag *Zimmermann*, S. 320 ff. sowie *Ambos*, § 4; *Esser*, 7/8 ff.; *Hecker*, 12/4 ff.; J/S/*Jähnke,* 2/23 ff.; *Satzger*, 4/17; vgl. auch den jüngsten Bericht von Eurojust über seine Tätigkeit im Bereich der Vermeidung und Lösung von Jurisdiktionskonflikten (Ratsdok. 6864/18; dazu *Brodowski*, ZIS 2018).

III. Strafbarkeitsbedingung – Verfahrensvoraussetzung

7 Die Regelungen der §§ 3 ff. StGB sind sowohl materiellrechtlicher wie verfahrensrechtlicher Natur. Zunächst sind sie als objektive Bedingungen der Strafbarkeit (und damit als materielle Strafbarkeitsvoraussetzungen) einzustufen (so die hM; vgl. L/K-*Kühl,* Vor § 3 Rn. 10; aA NK-StGB/*Böse*, Vorbem. zu § 3, Rn. 51: Tatbestandsmerkmale). Dies hat vier Konsequenzen: **1.** Mit dem Vorliegen der objektiven Strafbarkeitsbedingung entsteht der nationalstaatliche Bewertungs- und Strafanspruch (normentheoretisch sog. „Primärrecht"; vgl. *Burchard,* HRS 2010, 136). **2.** Es muss kein entsprechender Vorsatz des Täters hinsichtlich der Voraussetzungen der §§ 3 ff. StGB vorliegen, um deutsches Strafrecht anwenden zu können. **3.** Die irrige Annahme der Nichtanwendbarkeit deutschen Strafrechts stellt keinen Tatbestandsirrtum (§ 16 StGB), sondern nur einen (allerdings leicht vermeidbaren) Verbotsirrtum (§ 17 StGB) dar (ganz hM; vgl. MK-StGB/*Ambos*, Vor §§ 3–7 Rn. 3; aA *Wal-*

ter, JuS 2006, 871: Irrtum über Anwendbarkeit „noch nicht einmal ein Verbotsirrtum“). **4.** Es gelten die rechtsstaatlichen Garantien für das materielle Strafrecht, namentlich das aus Art. 103 Abs. 2 GG bzw § 1 StGB fließende Analogie- und Rückwirkungsverbot (vgl. etwa *BVerfG* wistra 2003, 255 zu einer Regelung aus der Abgabenordnung).

8 **Fall „Schweizer Hilfe für Doktor S“ (**BGHSt 45, 97): Der Schweizer Staatsangehörige A hilft dem wegen diverser Betrugshandlungen gesuchten Dr. Schn. bei seiner Flucht aus Deutschland. Zwar hat sich A, so der *BGH*, nicht nach dem schweizerischen StGB wegen Strafvereitelung strafbar gemacht, da diese bei einem Handeln zum Nachteil einer ausländischen (hier: deutschen) Verfolgungsbehörde nur unter engen, hier nicht gegebenen, Voraussetzungen bejaht werden kann. Jedoch habe A nach deutschem StGB vorsätzlich eine Strafvereitelung, § 258 Abs. 1 Var. 1 StGB (Verfolgungsvereitelung), begangen. Der für die Anwendbarkeit deutschen Strafrechts maßgebliche (Strafvereitelungs-)Erfolg sei gem. § 3 StGB iVm § 9 Abs. 1 Var. 3 StGB auf deutschem Territorium eingetreten. Dass S möglicherweise davon ausging, auf sein Handeln sei deutsches Strafrecht gar nicht anwendbar, sei eine Frage des Verbotsirrtums nach § 17 StGB. Ein solcher Irrtum habe hier jedoch gar nicht vorgelegen, da S das Unrecht seines Handelns erkannt habe.

9 Andererseits sind die §§ 3 ff. StGB im Kontext des Strafverfahrens zugleich Verfahrensvoraussetzungen, da sie eine entsprechende Zuständigkeit der deutschen Gerichte begründen. Fehlen die Anwendungsvoraussetzungen, stellt dies ein Prozesshindernis dar, das schon zur Verfahrenseinstellung und nicht erst zum Freispruch führt: Die prozessuale Wirkung geht der materiellrechtlichen vor.

10 **Fall „Heroinkauf in Delhi“** (BGHSt 34, 1, verkürzt): Der österreichische Staatsbürger Ö erwirbt in Indien Heroin, um es selbst zu konsumieren. Während eines Aufenthalts in Schaffhausen findet man bei ihm einen Teil dieses Stoffs. Er wird in Deutschland wegen dieses Drogenkaufs in Indien zunächst nach § 29 Abs. 1 Nr. 1 BtMG iVm § 6 Nr. 5 StGB verurteilt. Doch der *BGH* hebt das Urteil auf. Nur wenn sich der Erwerb von Drogen als Teil eines Handeltreibens mit Betäubungsmitteln darstelle, seien die Voraussetzungen der Strafanwendungsregel des § 6 Nr. 5 StGB, des Vertriebs von Betäubungsmitteln, gegeben. Der bloße Ankauf zu eigenen Zwecken genügt dafür nicht. *„Soweit der Angeklagte wegen unerlaubten Erwerbs von Betäubungsmitteln nach § 29 Abs. 1 Nr. 1 BtMG verurteilt worden ist, gilt das deutsche Strafrecht nicht. Seiner Verurteilung steht insoweit ein Verfahrenshindernis entgegen“* (*BGH* aaO Rn. 2).

IV. Völkerrechtliche Systematik

1. Nichteinmischung; sachliche Anknüpfung

11 Das Strafrecht des einzelnen Nationalstaats über seine Grenzen hinaus auf einen fremden Staat auszudehnen, verstößt an sich gegen den völkerrechtlichen **Nichteinmischungsgrundsatz.** Dies hat der Ständige Internationale Gerichtshof des ehemaligen Völkerbundes in seiner Lotus-Entscheidung von 1927 hervorgehoben (*Ambos*, 2/1 f.): *Demons*, der Offizier des französischen Postschiffs Lotus, wurde nach einem Zusammenstoß im Mittelmeer mit einem türkischen Kohlefrachter, bei dem acht türkische Seeleute ums Leben kamen, in Istanbul von einem türkischen Gericht zu 80 Tagen Gefängnis verurteilt (*Kunig/Uerpmann*, Jura 1994, 186). Die Ausdehnung ist jedoch erlaubt, wenn sie auf einen der nachstehend genannten völkerrechtlich anerkannten Legitimationsgründe (BVerfGE 63, 343, 369: **„hinreichend sachlicher Anknüpfungspunkt“**) gestützt werden kann.

12 **Schema der Strafanwendungsprinzipien**

1. **Territorialitätsprinzip:** Die Straftat wird im Inland eines Staates begangen (vgl. § 3 StGB).
2. **Flaggenprinzip:** Die Tat wird auf einem Schiff oder in einem Flugzeug begangen, das die Flagge oder das Staatsangehörigkeitszeichen eines bestimmten Staates trägt (vgl. § 4 StGB).
3. **Schutzprinzip:** Bestimmte staatliche Interessen werden auch vor Beeinträchtigungen durch im Ausland begangene Straftaten geschützt (vgl. § 5 StGB).
4. **Weltrechtsprinzip:** Die Tat betrifft universelle Rechtsgüter, die vom nationalen Strafrecht, unabhängig von dem Tatort und der Nationalität des Täters, geschützt werden (vgl. § 6 StGB, § 1 VStGB).
5. **Personalitätsprinzip:**
   a) **Passives Personalitätsprinzip:** Das *Opfer* besitzt die Staatsangehörigkeit desjenigen Staates, der die strafrechtliche Bestimmung geschaffen hat (vgl. § 7 Abs. 1 StGB).
   b) **Aktives Personalitätsprinzip:** Der *Täter* besitzt die Staatsangehörigkeit desjenigen Staates, der die strafrechtliche Bestimmung geschaffen hat (vgl. § 7 Abs. 2 Nr. 1 StGB).
6. **Prinzip der stellvertretenden Strafrechtspflege:** Die Aufgabe der Strafverfolgung wird von der Strafjustiz eines anderen Staates übernommen (vgl. § 7 Abs. 2 Nr. 2 StGB).

2. Jurisdiction to prescribe, advocate and enforce

Im Völkerrecht wird im Zusammenhang transnationaler Strafrechtssetzung zwischen drei Kompetenzen unterschieden: **1.** den Geltungsbereich des nationalen Strafrechts festzulegen, **2.** den Anwendungsvorrang (oder -nachrang) des nationalen Strafrechts gegenüber dem fremden Recht zu definieren und **3.** die gerichtliche Zuständigkeit für das Strafrecht auszuüben und die Entscheidungen zu vollziehen (*Ambos*, 1/4). Diesen Kompetenzen sind unterschiedliche Grenzen gesetzt (LK-StGB/*Werle/Jeßberger*, Vor § 3 Rn. 5). Mit seiner strafrechtlichen Regelungsmacht, der sog. **jurisdiction to prescribe**, darf der Staat den Geltungsbereich auf das Territorium fremder Staaten erstrecken, sofern diese Ausdehnung des staatlichen Strafanwendungsrechts auf ein völkerrechtlich anerkanntes Geltungsprinzip gestützt werden kann (dazu unten Rn. 26). Darüber hinaus kann er bestimmen, ob das insoweit geltende Strafrecht auch angewendet wird und nicht hinter dem ausländischen Strafrecht zurücktritt. Für die Ausübung der Strafgerichtsbarkeit, der sog. **jurisdiction to advocate,** und der staatlichen Vollzugsgewalt, der sog. **jurisdiction to enforce,** gilt das Territorialitätsprinzip absolut: So darf der Staat nach völkerrechtlichen Grundsätzen etwa Hoheitsakte, mit denen er Tatverdächtige verfolgt (wie etwa die Festnahme, Beschlagnahme von Gegenständen, Zeugenvernehmung usw.), nur auf seinem Hoheitsgebiet vornehmen. In Deutschland erübrigt sich jedoch weitgehend diese Differenzierung: Der Geltungs- und Anwendungsbereich des StGB sowie der Zuständigkeitsbereich der Strafjustiz (GVG, StPO) stimmen weitgehend überein, da deutsche Gerichte nur deutsches Strafrecht anwenden und nur dafür zuständig sind (LK-StGB/*Werle/Jeßberger*, Vor § 3 Rn. 13). **13**

V. Klausurtechnik: Die doppelte Geltungsprüfung

In den meisten strafrechtlichen Klausuren und Hausarbeiten fehlt es an einer Auslandsberührung des Falls. Dann erübrigen sich jegliche Ausführungen dazu, ob die Tat überhaupt in den Geltungsbereich des deutschen Strafrechts fällt. Anders verhält es sich jedoch, wenn der Sachverhalt einen Bezug zum Ausland aufweist, etwa weil die Tat im Ausland begangen wird, an ihr ein Ausländer beteiligt ist oder der Täter die Rechtsgüter eines Ausländers verletzt. Es wäre in solchen Fällen widersinnig, erst die fragliche deutsche Strafvorschrift durchzuprüfen, falls diese deutsche Strafnorm schlussendlich gar nicht zur Anwendung gelangen sollte (*Rengier*, 6/3). **14**

1. Materiellrechtliche Bewertung

15 **Prüfungsschema 1: Anwendbarkeit deutschen Strafrechts**

Der Tatbestandsprüfung vorangestellte Vorprüfung:

1. **Auslandsbezug der Tat**
2. **Anwendbarkeit des deutschen Strafrechts, §§ 3 ff. StGB**
   a) Territorialitätsprinzip, § 3 StGB iVm § 9 StGB, oder
   b) Flaggenprinzip, § 4 StGB oder
   c) Schutzprinzip, § 5 StGB, oder
   d) Weltrechtsprinzip, § 6 StGB, § 1 VStGB, oder
   e) Passives Personalitätsprinzip, § 7 Abs. 1 StGB, oder
   f) Aktives Personalitätsprinzip, § 7 Abs. 2 Nr. 1 StGB, oder
   g) Stellvertretende Strafrechtspflege, § 7 Abs. 2 Nr. 2 StGB
3. **Tat vom Schutzbereich der Norm erfasst**

16 Wird vom Bearbeiter eine rein *materiellrechtliche Bewertung* verlangt, empfiehlt sich eine Vorprüfung. Hierzu benennt man zunächst den Straftatbestand, unter den das Geschehen subsumiert werden soll. Sodann folgt nicht sogleich die Prüfung des Tatbestands (*Heinrich*, AT, Rn. 59). Vielmehr wird der Tatbestandsprüfung eine Vorprüfung „Geltungsbereich des deutschen Strafrechts" vorangestellt, die aus zwei Elementen besteht:

a) Anwendbarkeitsprüfung

17 Zunächst ist vorrangig zu prüfen, ob sich die Anwendbarkeit des deutschen Strafrechts aus einer der Anwendungsregeln ergibt, wie sie in den §§ 3 ff. StGB enthalten sind. Die *Reihenfolge*, in der man die §§ 3 ff. StGB prüft, entspricht dabei derjenigen des Gesetzes. Sofern sich die Anwendbarkeit deutschen Strafrechts nicht schon aus den §§ 3 ff. StGB, sondern aufgrund anderer gesetzlicher oder völkervertraglicher Vorgaben ergibt, werden diese im Aufgabentext abgedruckt oder ihre Relevanz zumindest durch den Sachverhalt nahegelegt (*Walter*, JuS 2006, 871).

b) Schutzbereichsprüfung

18 Danach ist zu erörtern, ob die Tat überhaupt in den Schutzbereich des deutschen Straftatbestands fällt. Manche Straftatbestände schützen nur inländische Rechtsgüter. Wenn diese durch die Auslandstat nicht verletzt

werden, kommt deutsches Strafrecht nicht zur Anwendung. Mehr Details zu dieser Prüfung werden in diesem Kapitel unter Rn. 73 ff. behandelt.

Beispiel: Der Deutsche D schlägt in der Schweiz einen Polizisten nieder, der ihn wegen des begründeten Verdachts einer Straftat festnehmen möchte. Danach hat sich D zwar gem. §§ 223 Abs. 1, 240 Abs. 1 StGB iVm § 7 Abs. 2 Nr. 1 StGB strafbar gemacht. D hat aber keine Straftat nach § 113 Abs. 1 StGB begangen: Der deutsche Straftatbestand des Widerstands gegen Vollstreckungsbeamte schützt nur inländische Vollstreckungsorgane, sofern nicht ausnahmsweise durch ein Gesetz oder internationale Verträge ausländische Amtsträger mit einbezogen werden (vgl. *Fischer*, § 113 Rn. 3). **19**

Bei manchen Tatbeständen ist die Betroffenheit inländischer Rechtsgüter durchaus fragwürdig, zB bei dem 2015 reformierten § 335a StGB. Dieser stellt die Bestechung und die Bestechlichkeit (§§ 332, 334 StGB) von ausländischen Richtern und Amtsträgern unter Strafe. Dabei muss sich der mit der Straftat angestrebte Vorteil nicht auf ein grenzüberschreitendes Geschäft beziehen. Dies führt zur Anwendung deutschen Strafrechts auf rein lokale Bestechungsvorgänge im Ausland, sofern einer der Strafanwendungsgründe gegeben ist (zB §§ 3, 7 Abs. 2 Nr. 1 StGB). Bei einer Bestechung eines nigerianischen Amtsträgers durch einen Deutschen zur Erlangung eines Vorteils in Nigeria wäre demnach der Anwendungsbereich des § 335a StGB eröffnet. Doch kann es nicht die Aufgabe des deutschen Staates sein, seine Strafrechtspflege derart zu globalisieren und sich in der ganzen Welt um sämtliche Bestechungsfälle ausländischer öffentlicher Dienste zu sorgen, von der praktisch sehr schwierigen, vielfach nahezu unmöglichen Strafverfolgung ganz abgesehen (*Brockhaus/Haak*, HRS 2015, 218). Auf prozessualer Ebene bietet § 153c StPO immerhin die Möglichkeit, von der Strafverfolgung Abstand zu nehmen (*Dann*, NJW 2016, 2016). **20**

Führt dieser doppelte „Geltungscheck“ – die Anwendbarkeitsprüfung und die Schutzbereichsprüfung – zu einem positiven Ergebnis, geht man sodann zur Tatbestandsprüfung über.

c) Reihenfolge der Prüfung

Es herrscht keine Einigkeit darüber, ob zuerst mit der Prüfung der §§ 3 ff. StGB begonnen werden sollte (so etwa SK-StGB/*Hoyer*, Vor § 3 Rn. 31) oder zunächst erörtert werden muss, ob das Verhalten in den Schutzbereich der Norm fällt (so etwa Sch/Sch/*Eser*, Vorbem §§ 3–7 Rn. 31). Für die erstgenannte Reihenfolge spricht zum einen, dass die Entscheidung, einen bestimmten Straftatbestand auf seinen **21** inländischen Schutzbereich zu untersuchen, eine positive Entscheidung über die prinzipielle Anwendbarkeit dieser Strafvorschrift nach den §§ 3 ff. StGB voraussetzt. Zum anderen ist das Strafverfahren einzustellen, wenn die Voraussetzungen der §§ 3 ff. StGB nicht vorliegen. Zusätzliche Erwägungen zum Schutzbereich der Strafnorm erübrigen sich dann (SK-StGB/*Hoyer*, Vor § 3 Rn. 31). Der Streit ist für Studierende ohne Belang (*Satzger*, Jura 2010, 111) und sollte im Übrigen nicht überbetont werden: Wichtig sind allein die mit dem Schutzbereich und den Strafanwendungsregeln verbundenen sachlichen Probleme.

22 Dabei sind freilich nicht *alle* Strafanwendungsregeln zu prüfen; sondern nur diejenigen Normen aus der Normengruppe der §§ 3–7, 9 StGB zu behandeln, zu deren Prüfung der Sachverhalt Anlass gibt. Zuweilen ergibt sich die Anwendbarkeit deutschen Strafrechts aus mehreren Gründen, die dann auch alle aufgeführt werden sollten, so etwa wenn ein Deutscher im Ausland einen Deutschen verprügelt (§ 7 Abs. 1 StGB und § 7 Abs. 2 Nr. 2 StGB) oder ein Ausländer in Deutschland Betäubungsmittel unbefugt vertreibt (§ 3 StGB und § 6 Nr. 5 StGB).

2. Strafprozessuale Bewertung

a) Verfahrensvoraussetzung

23 Wird in der Aufgabenstellung vom Bearbeiter verlangt, eine Entscheidung über die *strafprozessuale* Zulässigkeit der Strafverfolgung zu treffen, erörtert man die (nationale) Zuständigkeit der deutschen Strafgerichtsbarkeit unter der Überschrift „Verfahrensvoraussetzungen“ oder (negativ formuliert) „Verfahrenshindernisse“ (*BGH* NJW 1995, 1844; *Volk/Engländer*, § 14 Rn. 11). Dabei ist auch hier eine zweistufige Prüfung – Anwendungsbereich des deutschen Strafrechts und, falls bejahend, Schutzbereich des Straftatbestands – vorzunehmen. Die *örtliche* Zuständigkeit ergibt sich aus den §§ 7 ff. StPO.

b) Opportunitätsprinzip

24 Für zahlreiche Fallkonstellationen des Internationalen Strafrechts sieht die StPO vor, dass die Staatsanwaltschaft von der Verfolgung der Tat absehen kann. Solche Ausnahmen vom Legalitätsprinzip sind in den §§ 153c, 153d, 153f, 154b StPO enthalten. Wenn somit in einem Fall mit Auslandsbezug in der Aufgabenstellung danach gefragt wird, welche Entscheidung die StA treffen kann, so ist auch zu prüfen, ob nach den genannten Bestimmungen eine Einstellung des Verfahrens aus Opportunitätserwägungen in Betracht kommt. Bei einer völkerrechtlichen Verpflichtung zur Strafverfolgung (§ 6 Nr. 9 StGB) ist die

Verfahrenseinstellung wegen einer Ermessensreduzierung auf Null jedoch ausgeschlossen (NK-StGB/*Böse*, § 6 Rn. 23). Bei Völkerrechtsverbrechen iSd VStGB sieht § 153f StPO gleichwohl die Möglichkeit einer Verfahrenseinstellung, freilich unter engen Voraussetzungen, vor.

VI. „Tat" und „Täter" in den §§ 3 ff. StGB

Die Anwendungsregeln verwenden durchgängig die Begriffe „Tat" und „Taten" bzw „Täter". Der *Tatbegriff* ist dabei im Regelfall weit zu interpretieren. Darunter fallen Straftaten oder wenigstens rechtswidrige Taten, nicht jedoch Ordnungswidrigkeiten. Zu den Taten zählen auch Anstiftungs- und Beihilfehandlungen. 25

Die Tat bezeichnet in den Fällen der §§ 3, 4, 7 StGB den zugrundeliegenden Lebenssachverhalt als einheitlichen geschichtlichen Vorgang, wie er dem strafprozessualen Tatbegriff in § 264 StPO entspricht. Dies hat etwa zur Konsequenz, dass bei einer grenzüberschreitenden, auch hierzulande begangenen Straftat die nicht in Deutschland verwirklichten Tatanteile dem deutschen Strafrecht unterliegen. Wird hingegen zur Anwendung des deutschen Strafrechts an einzelne Tatbestände angeknüpft, so in den Fällen der §§ 5, 6 StGB, geht es um den „materiellen" Tatbegriff. Mit der „Tat" ist dann nur die Erfüllung des konkreten Straftatbestandes gemeint (*Ambos,* 1/24; *Esser*, 16/19).

Auch der *Täterbegriff* ist weit auszulegen. Obwohl das Gesetz allgemein unter Täter nur den Allein-, Mittäter oder mittelbaren Täter iSd§ 25 StGB versteht, bedeutet Täterschaft nach hM im strafanwendungsrechtlichen Sinne auch Anstiftung oder Beihilfe (so die hM; vgl. *Satzger*, 5/9). Die Gegenansicht beruft sich auf § 9 Abs. 2 StGB, der zwischen Täterschaft und Teilnahme differenziere und andernfalls überflüssig wäre (Sch/Sch/*Eser*, § 3 Rn. 4). Jedoch bezeichnet das Gesetz in § 8 StGB nicht nur die Täterschaft, sondern auch die Teilnahme als „Tat" im Sinne der §§ 3 ff. StGB. Damit kommt in § 8 StGB der Wille des Gesetzgebers zum Ausdruck, in Fällen mit Auslandsbezug auch die Teilnehmer zu erfassen. Dem Gesetzgeber ist zwar bei der Wortwahl ein Fehler unterlaufen, da es für Täter und Teilnehmer den gesetzlichen Oberbegriff des Beteiligten (§ 28 Abs. 2 StGB) gibt. Doch ist die Relativität der Rechtsbegriffe methodologisch nichts Ungewöhnliches (*Engisch*, S. 121). Rechtsbegriffe müssen immer im Kontext der konkreten Norm ausgelegt werden. Erst diese Beziehung erzeugt ihre Sinnhaftigkeit. 26

Beispiel: Der Chinese C erschießt aus Habgier in China den Chinesen D. Der Chinese E hat dem C hierfür in China vorsätzlich die Schusswaffe zur Verfügung gestellt. Während eines geschäftlichen 27

Aufenthalts in Deutschland werden C und E aufgrund eines entsprechenden internationalen Haftbefehls festgenommen. Eine vom chinesischen Staat beantragte Auslieferung wird von den deutschen Behörden gem. § 8 IRG abgelehnt, weil C und E in China die Todesstrafe droht. Können hierzulande der C wegen § 211 StGB und der E wegen §§ 211, 27 StGB verurteilt werden? Die Anwendbarkeit des § 211 auf die Tat des C ergibt sich aus § 7 Abs. 2 Nr. 2 StGB. Somit liegt eine nach deutschem Recht strafbare Haupttat vor. Damit ist eine (ungeschriebene) Akzessorietätsvoraussetzung für die Bestrafung eines Teilnehmers gegeben. Darüber hinaus müssen aber auch in Bezug auf E die Voraussetzungen des § 7 Abs. 2 Nr. 2 StGB vorliegen. Dies ist zu bejahen, wenn der Begriff des „Täters" in § 7 StGB weit interpretiert wird und auch Teilnehmer (Anstifter, Gehilfen) einschließt. Andernfalls könnte nur der Täter C, nicht jedoch der Gehilfe E, in Deutschland verurteilt werden. – Weitere Beispiele zu dieser Problematik bei *Satzger*, Jura 2010, 194.

B. Die Geltungsprinzipien

28 Nationale Strafanwendungsregeln sind völkerrechtlich unbedenklich, wenn sie einen hinreichend sachlichen Anknüpfungspunkt (oben Rn. 11) zwischen Lebenssachverhalt und dem jeweiligen strafenden Staat bilden, der auch „*genuine link*" genannt wird (*Safferling*, 3/14). Die meisten Prinzipien des deutschen StGB weisen einen solchen völkerrechtlich anerkannten, bereits oben skizzierten (Rn. 12) „link" auf, so namentlich **1.** das Territorialitäts- und Flaggenprinzip (§§ 3, 4 StGB), **2.** das Staatsschutzprinzip (§ 5 StGB), **3.** das Weltrechtsprinzip (§ 6 StGB), **4.** das passive Personalitätsprinzip (§ 7 Abs. 1 StGB) und **5.** das aktive Personalitätsprinzip (§ 7 Abs. 2 Nr. 1 StGB). Nur im Ausnahmefall wird auf einen solchen genuine link verzichtet und die Anwendbarkeit anders legitimiert: Wird **6.** der deutsche Staat stellvertretend für andere tätig, weil der Täter nicht ausgeliefert werden kann (§ 7 Abs. 2 Nr. 2 StGB), ist dies Ausdruck der Solidarität unter Staaten: Der nicht auslieferbare Täter soll einer gerechten Strafverfolgung nicht entgehen (*Oehler*, § 49 Rn. 811). Soweit **7.** die Anwendbarkeit auf völkerrechtlichen Verträgen oder Übereinkommen beruht (vgl. auch § 6 Nr. 9 StGB), bildet der Vertragsschluss bzw der Beitritt zur Konvention die Anwendungslegitimation.

29 Die Hauptprinzipien des Strafanwendungsrechts haben sich in einer langen rechtsgeschichtlichen und rechtsphilosophischen Entwicklung herausgebildet. Das Territorialitätsprinzip als international bedeutsamstes Ordnungsprinzip verdanken wir insbesondere dem Einfluss des niederländischen Völkerrechtsphilosophen *Hugo Grotius* sowie der deutschen Naturrechtsphilosophen *Samuel Pufendorf* und *Christian Wolff* (eingehend dazu *Oehler*, §§ 6–14). Der **Gesetzgeber** hat sich bei der Reform des Allgemeinen Teils durch das 1975 in Kraft getretene 2. StRG dafür entschieden, das seit dem Nationalsozialismus vorherrschende Personalitätsprinzip zwar nicht aufzuheben, aber doch zurückzudrängen und stattdessen dem **Territorialitätsprinzip**, das schon das Reichsstrafgesetzbuch von 1871 geprägt hatte, den Vorrang einzuräumen (LK-StGB/*Werle/Jeßberger*, Entstehungsgeschichte Vor §§ 3 ff.). Der Gebietsgrundsatz gilt jedoch nicht ausnahmslos, sondern wird durch das Personalitätsprinzip und weitere Grundsätze teilweise ergänzt und wird seit einigen Jahren durch die Ausdehnung des Weltrechtsprinzips (§ 6 StGB; § 1 VStGB) sowie spezielle Strafanwendungsregeln (§ 335a StGB) immer stärker **verwässert.** Dem Modell des Gesetzes von 1975 liegt aber ein **„partiell erweitertes Territorialitätsprinzip“** (*Satzger*, 5/4) zugrunde.

I. Das Territorialitätsprinzip § 3 StGB

Prüfungsschema 2: Territorialitätsprinzip 30

1. Tatort im Inland, wobei Konkretisierung des räumlichen Bezugspunktes durch § 9 StGB und
2. Täter kein Exterritorialer

1. Die Grundaussage

Der Gebietsgrundsatz des § 3 StGB, wonach deutsches Strafrecht auf alle im Inland begangenen Taten anzuwenden ist, spiegelt das völkerrechtliche Territorialitätsprinzip wieder: Jeder hat sich an die Regeln desjenigen Staates zu halten, in dessen Hoheitsgebiet er sich aufhält. Die innerstaatliche Rechtsordnung setzt sich dann gegenüber jedermann durch, unabhängig davon, ob der Täter oder das Opfer die deutsche Staatsangehörigkeit besitzt. 31

2. Exterritoriale

Bestimmte Personengruppen unterstehen trotz ihrer Tatbegehung im Inland nicht der deutschen Gerichtsbarkeit (§ 20 GVG). Dies sind die sog. Exterritorialen wie etwa Staatsoberhäupter, Botschafter und Diplomaten, teilweise auch die Angehörigen der hier stationierten ausländischen 32

Streitkräfte (Details bei Sch/Sch/*Eser*, Vorbem. §§ 3–9 Rn. 58). Ihre völkerrechtlich begründete Immunität beruht darauf, dass im Falle hoheitlichen Fehlverhaltens eines Exterritorialen die rechtliche Entscheidung darüber der Justiz des Entsendestaats obliegen soll, wie auch eine gewisse persönliche Bewegungsfreiheit des Exterritorialen gewährleistet sein muss. Somit fallen sowohl Dienstvergehen in Ausübung des Amtes (zB Bestechlichkeit) als auch außerdienstliche Straftaten (zB eine Vergewaltigung) unter den Schutzbereich der Immunität. Sie führt – vergleichbar der Immunität von Bundestags- und Landtagsabgeordneten (L/K/*Kühl*, § 36 Rn. 4) – zu einem Verfahrenshindernis. Die Tat darf mithin in Deutschland nicht verfolgt werden (zur Ausnahme bei Völkerrechtsverbrechen vgl. LK-StGB/*Werle/Jeßberger,* Vor § 3 Rn. 377). Der Diplomat kann in solchen Fällen nur zur „persona non grata" erklärt werden (*BVerfG* NJW 1998, 50, 52).

Fall „Rauschmittel im Gepäck" (BGHSt 32, 275): T war Sonderbotschafter des Iran. Bei seiner Einreise nach Deutschland entdeckten Zollbeamte über ein Kilo Rohopium. – Besonders umstritten war T's Diplomatenstatus, der aber vom *BGH* in einer ausführlichen Begründung bejaht wurde. T hätte daher wegen der unerlaubten Einfuhr von Betäubungsmitteln (§ 29 BtMG) nicht strafrechtlich verfolgt werden dürfen. *BGH* aaO: „Da dem Verfahren nach alledem ein Verfahrenshindernis entgegensteht, war es einzustellen (§ 206a StPO)."

33 Die prozessuale Exemtion (Verfahrenshindernis) löst aber keine materiellrechtliche Exemtion (Strafbarkeitsausschluss) aus (hM; vgl. Sch/Sch/*Eser*, Vorbem. §§ 3–9 Rn. 63). Der Exterritoriale kann daher formal durchaus eine Straftat begehen, was entsprechende Konsequenzen etwa für die Strafbarkeit von Teilnehmern oder die Ausübung des Notwehrrechts hat.

Beispiel: Der Konsul K des ausländischen Staates I ärgert sich darüber, dass in der Hotelbar der Gast H Witze über den Regierungschef des Landes I reißt. K's deutscher Begleiter B meint daraufhin gegenüber K: „An deiner Stelle würde ich diesem Herrn die Fresse polieren." K schlägt daraufhin auf H ein. H weiß sich nicht anders dagegen zu wehren, als dass er seinerseits dem K einen kräftigen Faustschlag ins Gesicht versetzt, woraufhin der K von H ablässt. – K hat sich zwar wegen einer Körperverletzung, § 223 Abs. 1 StGB, strafbar gemacht. Wegen seiner verfahrensrechtlichen Immunität kann die Tat aber nicht verfolgt werden. Anders verhält es sich mit B: Falls B kein Diplomat sein sollte, würde er sich wegen einer

Anstiftung zu einer Körperverletzung, §§ 223, 26 StGB, strafbar machen und auch von der deutschen Strafjustiz entsprechend verfolgt und verurteilt werden können. Der H hat durch den Faustschlag ins Gesicht des K ebenfalls den Tatbestand des § 223 StGB verwirklicht. Jedoch war H – trotz der Immunität des K – einem gegenwärtigen, rechtswidrigen Angriff ausgesetzt, seine Körperverletzung damit wegen Notwehr, § 32 StGB, gerechtfertigt.

Mit der Beendigung der Diensttätigkeit bleibt nach dem Völkerrecht (Art. 39 Abs. 2 des Wiener Übereinkommens über diplomatische Beziehungen v. 18.4.1961) die Immunität quasi „zur Hälfte" bestehen, da strafbare Diensthandlungen, die während der Dienstzeit begangen wurden, weiterhin nicht verfolgt werden können (*BVerfG* NJW 1998, 50, 51). Während der Amtszeit begangene außerdienstliche Straftaten (wie etwa ein Betäubungsmitteldelikt) unterliegen aber von nun an, sofern nicht verjährt, der deutschen Strafverfolgung (*OLG Düsseldorf*, NJW 1986, 2204; LK-StGB/*Werle/Jeßberger,* Vor § 3 Rn. 376). 34

II. Die Bestimmung des Territoriums; Ubiquitätsprinzip, § 9 StGB

Prüfungsschema 3: Ubiquitätsprinzip 35

1. Ort der Tatbegehung bei Täter

a) Tätigkeitsort

b) Bei Unterlassen: Aufenthaltsort oder Erfolgsabwendungsort

c) Erfolgsort

d) Der Versuchsort

2. Tatort bei Teilnahme

a) Ort der Tatbegehung durch Täter

b) Handlungsort des Teilnehmers

c) Ort des Unterlassens des Teilnehmers

d) Vom Teilnehmer vorgestellter Ort der Tatbegehung

In § 9 StGB werden die maßgeblichen Kriterien für die Bestimmung des Tatorts genannt. Sie bilden die maßgebliche Weichenstellung dafür, in welche Richtung die Anwendungsentscheidung gehen muss: Bei einem inländischen Tatort ist § 3 StGB, bei einem ausländischen Tatort sind die §§ 4–7 StGB maßgeblich. 36

37 Das deutsche Strafrecht folgt dabei nicht nur der Tätigkeitstheorie, wonach der Tatort dort liegt, wo gehandelt wird. In Anknüpfung an den völkerrechtlichen Auswirkungsgrundsatz („effects principle"), wird auch die Erfolgstheorie einbezogen, die den Ort des Erfolgseintritts für maßgeblich erklärt (*Ambos*, 3/8). Damit verbindet es beide Theorien zu einem umfassenden Tatortkonzept, das den Anwendungsbereich des deutschen Strafrechts völkerrechtlich unbedenklich ausdehnt. Dies kann freilich auch dazu führen, dass bestimmte Fallkonstellationen trotz ihres Auslandsbezugs als Inlandstaten betrachtet werden.

38 Das Gesetz unterscheidet dabei zwischen dem Tatort bei Täterschaft (§ 9 Abs. 1 StGB) und demjenigen bei der Teilnahme (§ 9 Abs. 2 StGB). Bei der Teilnahme bemisst sich der Tatort nach dem Ort der Anstiftungs- und Beihilfehandlung (§ 9 Abs. 2 Alt. 2 StGB), aber auch nach demjenigen der Haupttat (§ 9 Abs. 2 Alt. 1 StGB).

39 Tatort iSd § 9 Abs. 1 StGB ist danach überall (= ubiquitär, daher Ubiquitätsprinzip) dort,

– wo der Täter gehandelt hat (§ 9 Abs. 1 Var. 1 StGB),
– wo er im Falle des Unterlassens hätte handeln müssen (§ 9 Abs. 1 Var. 2 StGB),
– wo der Erfolg eingetreten ist (§ 9 Abs. 1 Var. 3 StGB) oder
– wo der Erfolg hätte eintreten sollen (§ 9 Abs. 1 Var. 4 StGB).

1. Tätigkeitsort

40 Für den Tätigkeitsort nach § 9 Abs. 1 Var. 1 StGB bildet der Aufenthaltsort des Täters bei der Vornahme (oder dem Versuch) der auf die Tatbestandsverwirklichung gerichteten Handlung den Maßstab. Rein vorbereitende Handlungen fallen darunter nur dann, wenn sie selbstständig strafbar sind, etwa im Falle des § 30 StGB, oder wenn sie im Rahmen der Mittäterschaft, § 25 Abs. 2 StGB, zugerechnet werden können (NK-StGB/*Böse*, § 9 Rn. 5).

41 Bei mittelbarer Täterschaft ist Tatort sowohl der Ort, an dem der Tatmittler gehandelt hat, als auch derjenige, an dem der mittelbare Täter auf das Werkzeug einwirkt. Bei Mittäterschaft bestimmen manche den Handlungsort für jeden Beteiligten gesondert (SK-StGB/*Hoyer*, § 9 Rn. 5; vgl. auch *Ambos,* 1/17), während die hM in Fortführung von § 25 Abs. 2 ein Zurechnungsmodell favorisieren und den inländischen Tatort dem im Ausland handelnden Mittäter zurechnen möchte (vgl. BGHSt 61, 290; NK-StGB/*Böse*, § 9 Rn. 5).

Übungsklausur: *Hecker/Zöller*, Klausur 5, S. 62.

2. Begehungsort beim Unterlassungsdelikt

Im Falle des Unterlassens ist nach hM der Tatort iSd§ 9 Abs. 1 Var. 2 StGB dort, wo der Täter hätte handeln können und müssen (Aufenthaltsort), aber auch dort, wohin sich der Täter zur Abwendung des Erfolgs hätte begeben müssen (Erfolgsabwendungsort; vgl. MK-StGB/*Ambos,* § 9 Rn. 14; aA *Walter*, JuS 2006, 871: nur Erfolgsabwendungsort). **42**

Beispiel: Die belgische Ehefrau F und ihr belgischer Mann M unternehmen eine gemeinsame Bergwanderung im deutsch-österreichischen Grenzgebiet. M rutscht aus und fällt in Deutschland in die Tiefe. F, die sich noch auf österreichischem Gebiet befindet und insgeheim schon lange von M genug hat, könnte zu M heruntersteigen, unternimmt aber bewusst nichts zur Rettung ihres Mannes. M verblutet. Strafbarkeit der F nach deutschem StGB?

Lösung: Aus § 9 Abs. 1 Var. 2 StGB ergibt sich die prinzipielle Anwendbarkeit der §§ 212, 13 StGB. Zudem liegt der Erfolgsort iSd § 9 Abs. 1 Var. 3 StGB in Deutschland. F ist als Ehefrau Garantin und hätte ihrem Mann auf deutschem Terrain helfen müssen.

3. Erfolgsort

a) Allgemeines

Der Tatort kann gem. § 9 Abs. 1 Var. 3 StGB sodann der Ort sein, an dem der zum Tatbestand gehörende Erfolg eintritt. Wenn somit etwa der Tötungserfolg (§ 212), die Gesundheitsschädigung (§ 223), der Vermögensschaden (§ 263) oder der Computersabotageerfolg (§ 303b; vgl. *Schramm*, BT-1, 6/59) auf deutschem Gebiet eintritt, liegt auch der Tatort in Deutschland. **„Erfolg"** meint aber nicht jede Folge der Tat: Falls die fragliche Handlung erst nach der Vollendung wirksam wird oder mittelbar Wirkungen zeitigt, die für die Verwirklichung des Tatbestands nicht erheblich sind, so fällt dies nicht unter den Erfolgsbegriff des § 9 Abs. 1 StGB (Sch/Sch/*Eser*, § 9 Rn. 6). **43**

Fall „Festgehalten in Syrien" (*BGH* NStZ 2015, 338 mit Bespr. *Hecker,* JuS 2015, 947): Der A verbrachte seine 15-jährige Tochter zunächst im Einvernehmen mit seiner geschiedenen Frau, die das alleinige Sorgerecht innehatte, nach Syrien. Nach einigen Monaten wollte die Tochter nach Deutschland zurückkehren. Als sie und ihre Mutter den A hierfür um Erlaubnis baten, wurden sie vom A misshandelt und die Mutter kehrte allein nach Deutschland zurück, wo sie Anzeige erstattete. Erst mehrere Jahre später gelang der Tochter die Flucht aus Syrien. **Lösung des *BGH*:** Es handelt sich um eine Inlandstat, auch wenn die eigentliche Tathandlung im Ausland stattgefunden hat. Denn der von § 235 Abs. 1 Nr. 1 StGB vorausgesetzte Erfolg einer durch räumliche Trennung bewirkten Beeinträchtigung der Personensorge der allein sorgeberechtigten Mutter war nach Rückkehr der Mutter auch in Deutschland eingetreten, weshalb es sich nach §§ 3, 9 StGB um eine Inlandstat handelt. § 5 Nr. 6 a StGB steht dem nicht entgegen, weil der Gesetzgeber durch diese Vorschrift nur sicherstellen wollte, dass in den Fällen des § 235 Abs. 2 Nr. 2 StGB auch Auslandstaten nach deutschem Recht strafbar bleiben.

b) Transitdelikte

44 Besondere Probleme im Zusammenhang mit dem Erfolgsort treten bei den Transitdelikten auf. Als Transitdelikte bezeichnet man Deliktsformen, bei denen das vom Täter gewählte Mittel oder Werkzeug neben dem Tätigkeits- und Erfolgsort noch weitere Orte oder Rechtsgebiete durchläuft (LK-StGB/*Werle/Jeßberger,* § 9 Rn. 39). In solchen Fällen durchquert das Tatobjekt auf seinem Weg vom ausländischen Handlungsort zum ausländischen Erfolgsort nur das Bundesgebiet; Deutschland ist mithin nur Transitland (BeckOK-StGB/v. *Heintschel-Heinegg,* § 9 Rn. 40). Sofern am Transitort ein gutgläubiger Tatmittler die Tat, etwa Transporthandlungen, durchführt, wird dessen Handeln und auch dessen Handlungsort dem Hintermann zugerechnet: Es liegt dann, falls der Tatmittler in Deutschland handelt, eine inländische Tatbegehung nach der 1. Var. des § 9 Abs. 1 StGB vor (MK-StGB/*Ambos,* § 9 Rn. 23). Auch kann die Durchfuhr selbstständig unter Strafe gestellt sein (zB in § 29 Abs. 1 S. 1 Nr. 5 BtMG iVm § 11 Abs. 1 S. 2 BtMG). In anderen Fällen kommt es darauf an, ob und wo ein vom Tatbestand erfasster Erfolg eingetreten ist. Wenn somit kein inländischer Handlungs- oder Erfolgsort bestimmt werden kann, liegt auch kein inländischer Tatort vor.

Beispiel: Der Holländer A schickt eine Paketbombe von Amsterdam nach Prag an die Adresse des tschechischen Politikers P. Das Paket wird mit einem niederländischen Flugzeug transportiert, das einen Zwischenstopp in München einlegt, wo die Bombe durch Zufall vom deutschen Postbediensteten B gefunden wird. Strafbarkeit des A wegen eines Tötungsdelikts nach deutschem StGB?

Lösung: 1. Der **Handlungsort** des Tatmittlers B liegt in Deutschland; damit ist das deutsche StGB gem. § 9 Abs. 1 Var. 1 StGB anwendbar. Sofern A Kenntnis davon hatte, dass das Paket auch durch die Hände deutscher Postmitarbeiter geht, ist es zwar denkbar, im Versand einen versuchten Mord zum Nachteil des P in mittelbarer Täterschaft zu erblicken, §§ 212, 211 I, II 2. Gr. Var. 1 (Heimtücke), 22, 23 I, 25 I Alt. 2 StGB. Dies setzt aber voraus, dass schon das Versuchsstadium erreicht wurde (zum sehr umstrittenen Beginn des Versuchs bei mittelbarer Täterschaft vgl. *Kühl*, AT, § 20 Rn. 90 ff.). **2.** Deutschland ist aber nicht der **Erfolgsort** iSd § 9 Abs. 1 Var. 3 StGB, da hier kein zum Tatbestand der §§ 211 ff. StGB gehörender Tötungserfolg eingetreten ist. **3**. Nach dem **Versuchsort**, § 9 Abs. 1 Var. 4 StGB käme eine Anwendbarkeit des deutschen StGB in Betracht, sofern nach der Vorstellung des A in Deutschland jemand getötet werden sollte, wofür es aber im Sachverhalt keine Anhaltspunkte gibt. **4.** Allerdings ergibt sich eine Strafbarkeit des A nach deutschem Recht gem. § 3 StGB wegen des Durchführens explosionsgefährlicher Stoffe iSd § 40 Abs. 2 Nr. 1 SprengstoffG.

c) Schlichte Tätigkeitsdelikte

Bei den **schlichten Tätigkeitsdelikten** ist allein der Ort der Hand- **45**
lung maßgeblich. Unerheblich ist dabei, an welchem Ort die vom Tatbestand geschützte Rechtsgutsbeeinträchtigung eintritt.

Fall „Ein Porsche auf Abwegen“ (Abwandlung aus *OLG Stuttgart* NStZ 2004, 403 und *OLG Köln* NStZ-RR 2009, 84): F betreibt als Einzelkaufmann in Konstanz (Deutschland) einen Handel mit Fahrzeugen der Marke Porsche. Mit einem Porsche Cayenne des F unternimmt der Franzose P eine Probefahrt auf der österreichischen Seite des Bodensees. P beschließt plötzlich, das Fahrzeug nicht zu F zurückzufahren, sondern stattdessen das Auto in der Schweiz zu verkaufen, um mit dem Verkaufserlös zu verschwinden. P fährt über Österreich nach Zürich, wo ihm der Schweizer Z das Fahrzeug in Kenntnis der Herkunft abkauft. Strafbarkeit von P und Z? **Lösung:** Die von P theoretisch begangene Unterschlagung iSd § 246 StGB ist ein schlichtes Tätigkeitsdelikt, dessen Handlungsort hier in Österreich lag. Dass durch die Unterschlagung ein deutscher Eigentümer geschädigt wurde, macht aus ihr keine Inlandstat, da diese Folge im Inland kein Erfolg iSd § 9 Abs. 1 Var. 3 StGB ist (vgl. auch *OLG Köln* aaO). Hinsichtlich der von Z begangenen Hehlerei ist Zürich als Handlungsort der Tatort; Konstanz bildet nicht den Erfolgsort (vgl. auch *OLG Stuttgart* aaO). Somit ist hinsichtlich der Tat des P und des Z nach deutschem Recht eine Bestrafung wegen Unterschlagung bzw Hehlerei nicht möglich.

46 Schwierigkeiten bereitet zuweilen die Bestimmung des Tätigkeitsorts bei Drogenkriminalität.

Fall „Cannabisöl für Serbien" (*BGH* NStZ 2014, 407): Der in Serbien lebende A spezialisierte sich auf die Herstellung und Anwendung von Cannabisöl zu Therapiezwecken in der Schmerz- und Krebsbehandlung. Er fuhr 2015 in die Niederlande und kaufte dort sechs Kilogramm Cannabispflanzen für 2400 Euro. Da ihm der Transport mit dem Auto durch Deutschland nach Serbien zu riskant erschien, weil er wusste, dass dies strafbar ist und die Pflanzen zu viel Stauraum in Anspruch nahmen und daher auffällig sein würden, verarbeitete er die Pflanzen noch in den Niederlanden zu insgesamt rund 1,7 Kilogramm Cannabisöl. Er begab sich auf den Weg über Deutschland nach Serbien. Die Behältnisse mit dem Cannabisöl verstaute er an verschiedenen Stellen im Fahrzeug. Bei einer Polizeikontrolle in Deutschland wurden aber die Betäubungsmittel aufgefunden. **Lösung des *BGH*:** Handeltreiben mit Betäubungsmitteln nach § 29 Abs. 1 Nr. 1 BtMG sei ein Tätigkeitsdelikt. Für die Frage, ob die Tat gemäß § 3 iVm § 9 Abs. 1 StGB im Inland begangen wurde, ist deshalb allein auf den Handlungsort abzustellen. Beim Handeltreiben sei ein Handlungsort überall dort gegeben, wo ein Teilakt verwirklicht wird, mithin auch dort, wo der Täter zum Zweck des Umsatzgeschäfts eine auf die Tatbestandsverwirklichung des § 29 Abs. 1 Nr. 1 BtMG gerichtete Tätigkeit im Inland entfaltet. Dass der Weiterverkauf des Cannabisöls erst im Ausland eintreten sollte, ist für die Bestimmung des Begehungsortes ebenso unerheblich wie der Umstand, dass es zu seiner Herbeiführung noch weiterer Tätigkeiten des Angeklagten bedurfte.

d) Konkrete Gefährdungsdelikte

47 Der konkrete Gefahrerfolg, der von manchen Straftatbeständen für die Vollendung der Tatbestandsverwirklichung vorausgesetzt wird, stellt ebenfalls einen Erfolg iSd 3. Var. des § 9 Abs. 1 StGB dar (vgl. auch *BayObLG* NJW 1957, 1327). Wird beispielsweise ein Kind im polnischen Grenzgebiet bei Slubice ausgesetzt und geht es über die Grenze nach Frankfurt/Oder, so ist auf den Täter § 221 Abs. 1 StGB anwendbar, wenn die Lebens- oder Leibesgefahr für das Kind auf deutschem Gebiet eintritt.

e) Abstrakte Gefährdungsdelikte

48 In den sog. abstrakten Gefährdungstatbeständen wird schon die Tatbegehung als solche wegen der ihr typischerweise innewohnenden

Gefährlichkeit unter Strafe gestellt, ohne dass es zusätzlich des Eintritts eines bestimmten Außenwelterfolgs in Gestalt einer konkreten Gefahr bedarf. Beispiele hierfür wären etwa die Trunkenheit im Verkehr (§ 316 StGB), die Falschaussage vor Gericht (§ 153 StGB), die Brandstiftung (§ 306 StGB) oder das Verwenden von Kennzeichen verfassungswidriger Organisationen (*Fischer*, § 86a Rn. 2).

Übungsklausur: *Hecker/Zöller*, Klausur 1, S. 1 ff.

Abstrakte Gefährdungsdelikte haben einen **Handlungsort**. Ob sie aber darüber hinaus einen **Erfolgsort iSd Strafanwendungsrechts** haben, ist zweifelhaft. Teilweise wird dies bejaht, da auch die abstrakte Gefährdung, die mit der Tat verbunden sei, eine Veränderung in der Außenwelt und damit einen von der Tathandlung trennbaren Erfolg iSd § 9 Abs. 1 Var. 3 StGB darstelle (so zB *Hecker*, 2/40; LK-StGB/*Werle/Jeßberger*, § 9 Rn. 89; SK-StGB/*Hoyer*, § 9 Rn. 7) bzw der Erfolg eines abstrakten Gefährdungsdelikts überall dort liege, wo die Gefahr in eine Verletzung des geschützten Rechtsguts umschlagen könne (*Safferling*, 3/23). Wenn also der absolut fahruntüchtige französische Autofahrer direkt an der französisch-deutschen Grenze mit seinem Fahrzeug von der Straße abkommen und auf deutsches Gebiet geraten kann (so das Bsp. von *Rath*, JA 2006, 437), von einer Fabrik in Frankreich toxische Stoffe aufgrund falscher Lagerung über die Luft nach Deutschland gelangen und dies zur Kontamination der hiesigen Böden führen kann (so das Bsp. von *Hecker*, 2/37) oder ein holländischer Unternehmer bei der Ausschreibung eines deutschen Bauprojekts in Absprache mit anderen Unternehmen von Amsterdam aus ein überhöhtes Angebot abgibt (so das Bsp. von *Satzger*, Jura 2010, 112), so fiele dies, da eine abstrakte Gefahr für den deutschen Straßenverkehr (§ 316 StGB), für die deutsche Umwelt (§ 325 StGB) oder für den freien Wettbewerb in Deutschland (§ 298 StGB) geschaffen wurde, gem. § 9 Abs. 1 Var. 3 StGB unter das deutsche Strafrecht. Nicht anders verhielte es sich in den Fällen, in denen der X im Ausland (erwachsenen-) pornographische Videos ins Internet stellt, die auch in Deutschland von Minderjährigen angeschaut werden können. Hier ließe sich mit einer abstrakten Gefährdung der ungestörten sexuellen Entwicklung von deutschen Jugendlichen eine Anwendbarkeit des § 184 Abs. 1 Nr. 1 StGB begründen. 49

Überzeugender ist jedoch die nunmehr auch vom *BGH* übernommene Gegenansicht, die bei abstrakten Gefährdungsdelikten in solchen Fallkonstellationen eine Anwendbarkeit des deutschen StGB verneint. Abstrakten Gefährdungsdelikten fehle es an einem Erfolg gemäß § 9 Abs. 1 Var. 3 StGB iS einer durch die tatbestandsmäßige Handlung hervorgerufenen räumlich und oder zeitlich abtrennbaren Außenwelts- 50 veränderung (*BGH* NStZ 2015, 81; vgl. Sch/Sch/*Eser*, § 9 Rn. 7a; *Esser,* 16/34) Damit wird die Entscheidung der Bestrafung demjenigen Staat überlassen, in dem der Täter gehandelt hat. Zum einen hat der deutsche Gesetzgeber für die abstrakten Gefährdungsdelikte gem. der §§ 153 ff. StGB explizit die Anwendbarkeit des StGB im Rahmen des § 5 Nr. 10 StGB angeordnet; fiele die Handlung schon unter § 9 StGB, wäre diese Regelung überflüssig (S/S/W/*Satzger*, § 9 Rn. 7). Zum anderen würde andernfalls das deutsche StGB eine kriminalpolitisch zweifelhafte Anwendungserweiterung erfahren, da so im Ausland begangene Handlungen kriminalisiert würden, obwohl es an jeglicher konkreten Gefährdung im Inland fehlt. Abgesehen davon kann der Gesetzgeber jederzeit durch eine entsprechende Erweiterung des Katalogs in § 5 StGB eine Entscheidung darüber treffen, bei welchen abstrakten Gefährdungsdelikten er künftig die Anwendbarkeit deutschen Strafrechts wünscht.

Fall „Hakenkreuze auf Youtube" (*BGH* NStZ 2015, 81): Im April 2011 gründete der Deutsche A von einem Computer in Tschechien aus auf dem Internet-Videoportal Youtube eine Plattform mit der Bezeichnung „Arische Musikfraktion". Auf diese lud er u. a. Abbildungen von Hakenkreuzen hoch. **Lösung des *BGH*:** § 86a Abs. 1 Nr. 1 StGB setzt ein Verbreiten von Kennzeichen verfassungswidriger Organisation im Inland voraus. Zwar seien die tatbestandsmäßigen Kennzeichen in Deutschland abrufbar gewesen, eine Anwendbarkeit des deutschen Strafrechts folgt daraus laut *BGH* jedoch nicht. Bei § 86a StGB handelt es sich um ein abstraktes Gefährdungsdelikt, das keinen zum Tatbestand gehörenden Erfolg besitzt, so dass eine Inlandstat über § 9 Abs. 1 Var. 3 oder 4 StGB (Erfolgsort) nicht begründet werden kann. Weil A die Kennzeichen ausschließlich über einen Computer im Ausland hochlud, ist dieser Ort auch der maßgebliche Handlungsort. Anderer Ansicht nach konstituiert sich der Erfolgsort bei abstrakten Gefährdungsdelikten, die über digitale Medien verbreitet werden, an jedem Ort, an dem sich die abstrakte Gefahr realisieren könnte (*Heinrich,* GA 1999, 72) bzw dort, wo sie ihre Wirkung entfaltet (*KG* NJW 1999, 3500). Einschränkend dazu werden teilweise weitere subjektive oder objektive Anforderungen verlangt, zB dass der Täter den Abruf zielgerichtet hervorgerufen hat oder dass aufgrund der beim Hochladen verwendeten Sprache ein territorialer Bezug zum Inland hergestellt werden kann. (vgl. *Satzger*, 5/48 ff. mwN).

f) Abstrakt-konkrete Gefährdungsdelikte

51 Anders könnte es sich jedoch bei Delikten verhalten, die für die Vollendung neben der abstrakt gefährlichen Tathandlung ein besonderes weiteres Gefährdungselement voraussetzen. Dies kann etwa bei **rechtsextremen Straftaten** wie etwa der **Volksverhetzung**, § 130 StGB, die eine Eignung zur Friedensstörung voraussetzt, oder bei der Eignung zur Schädigung von Leib, Leben usw. in § 311 Abs. 1 StGB der Fall sein. Diese Straftaten werden auch als abstrakt-konkrete oder potenzielle Gefährdungsdelikte bezeichnet. Nach einer Ansicht ist auch bei diesen Delikten die durch die Tatbegehung begründete allgemeine Gefahr nicht ausreichend für die Anwendung deutschen Strafrechts. Vielmehr müsse darüber hinaus eine konkrete Gefahr für das Rechtsgut geschaffen werden, woran es aber vielfach bei diesen letztlich doch abstrakten Gefährdungstatbeständen fehle. Dagegen erblicken der 1. Strafsenat des *BGH* (beachte aber den 3. Strafsenat, unten Rn. 51b) und ein Teil des Schrifttums in der Schaffung der tatbestandlich vorausgesetzten potenziellen Gefahr einen Erfolg.

51a **Fall „Töben"** (BGHSt 46, 212, gekürzt): Der Australier Fredrik Töben stellt in Australien auf der Homepage des von ihm mitgegründeten Adelaide-Instituts englischsprachige, auch in Deutschland zugängliche Artikel in das Internet. In ihnen wird der Holocaust als Erfindung jüdischer Kreise dargestellt, um das deutsche Volk finanziell zu erpressen und politisch zu diffamieren. Während eines Aufenthalts in Deutschland wird T wegen des Verdachts der Volksverhetzung nach § 130 StGB festgenommen. – T könnte sich der Volksverhetzung in Gestalt des Beschimpfens (Abs. 1 Nr. 1), des Aufstachelns (Abs. 1 Nr. 2) und der Leugnung (Abs. 3) strafbar gemacht haben, sofern hier deutsches Strafrecht überhaupt anwendbar ist. Dies wäre, da der Handlungsort in Australien liegt, nur möglich, wenn der vom Tatbestand erfasste Sachverhalt zugleich einen Erfolg iSd § 9 Abs. 1 Nr. 3 darstellen würde. Die hM verneint dies, da § 130 StGB im Kern ein abstraktes Gefährdungsdelikt sei und die vom Tatbestand geforderte Eignung zur Friedensstörung nicht zu einer konkreten Gefahr uminterpretiert werden könne (so etwa *Hilgendorf*, NJW 1997, 1873; *Kudlich*, StV 2001, 397; *Lagodny*, JZ 2001, 1198). Es drohe eine uferlose Ausdehnung des deutschen Strafrechts auf Internetsachverhalte, was namentlich dann höchst problematisch sei, wenn die Handlung im Ausgangsstaat straflos sei (*Sieber*, ZRP 2001, 100). Neben der Belastung deutscher Strafbehörden wäre dies auch im Hinblick auf das Vertrauen des Äußernden auf Straflosigkeit durchaus problematisch (*Kudlich*, StV 2001, 397).

Jedoch verdient die Gegenansicht, wie sie vom *BGH* aaO begründet wurde, hier den Vorzug (vgl. etwa *Rengier*, 6/14; LK-StGB/*Werle/Jeßberger,* § 9 Rn. 33; weitgehend auch *Hecker*, 2/34). Die Eignung zur Friedensstörung ist nicht bloß ein handlungsorientiertes Merkmal, sondern antizipiert den Erfolg, den es durch den Straftatbestand zu verhindern gilt: Diejenigen Personengruppen, gegen die das Volk durch eine der in § 130 StGB genannten Handlungen aufgehetzt werden soll, sollen in Frieden in Deutschland leben. Daher fordert das Gesetz, dass schon ansatzweise Handlungen unterbleiben, die dazu geeignet sind, den öffentlichen Frieden zu stören. Mit diesem Merkmal ist ein besonderes und hinlänglich konkretes, über eine rein abstrakte Gefahr hinausgehendes Gefährdungspotenzial für die genannten Personengruppen bezeichnet, das zwar keinen Erfolg iSd der dogmatischen Tatbestandslehre, aber einen Erfolg iSd Strafanwendungsrechts darstellt (*BGH* aaO). Der Umstand, dass die Auschwitz-Lüge (nur) in englischer Sprache und über eine abrufbare Homepage im Internet verbreitet wird, ändert nichts daran, dass auch auf diesem Wege der Vorwurf gegenüber jüdischen Bürgern erhoben wird, sie oder ihre Eltern, Verwandte usw. seien Lügner, die mit ihrer Lüge auch noch unrechtmäßig Geld in Gestalt von Wiedergutmachungsleistungen durch den deutschen Staat erhalten hätten. Eine solche Behauptung kann – ebenso wie ein in deutscher Sprache verfasstes Buch, das in Deutschland erworben werden kann – konkret dazu geeignet sein, zumindest in Teilen (zB rechtsextremen Kreisen) der deutschen Bevölkerung ein gesellschaftliches Klima zu erzeugen oder zu verstärken, das strafbare Übergriffe gegenüber Juden etwa in Gestalt von verbalen und körperlichen Angriffen, Brandanschlägen oder Sachbeschädigungen provoziert. T hat sich damit der Volksverhetzung schuldig gemacht. *BGH* aaO: „Stellt ein Ausländer von ihm verfasste Äußerungen, die den Tatbestand der Volksverhetzung im Sinne des § 130 Abs. 1 oder des § 130 Abs. 3 StGB erfüllen („Auschwitzlüge"), auf einem ausländischen Server in das Internet, der Internetnutzern in Deutschland zugänglich ist, so tritt ein zum Tatbestand gehörender Erfolg (§ 9 Abs. 1 Var. 3 StGB) im Inland ein, wenn diese Äußerungen konkret zur Friedensstörung im Inland geeignet sind."

51b Der 3. Strafsenat des *BGH* entschied dagegen 2017 in einem Fall, in dem der Holocaust in einer öffentlichen Veranstaltung in der Schweiz geleugnet wurde, dass das Merkmal der Eignung zur Störung des öffentlichen Friedens keinen zum Tatbestand gehörenden Erfolg darstelle. Dementsprechend könne die Anwendung deutschen Strafrechts über § 9 Abs. 1 Var. 3 oder 4 nicht begründet werden (*BGH* NStZ 2017, 146).

g) Objektive Bedingungen der Strafbarkeit, Erfolgsqualifikationen, Regelbeispiele

Setzt die Strafbarkeit des Täters den Eintritt einer objektiven Bedingung voraus (zB der Todeseintritt oder die schwere Körperverletzung in § 231 StGB, die Eröffnung des Insolvenzverfahrens in § 283 Abs. 6 StGB oder die Rauschtat in § 323a StGB), so stellt sich die Frage, ob der (deutsche) Ort des Bedingungseintritts als Erfolgsort iSd § 9 Abs. 1 Var. 3 StGB angesehen werden kann. Teilweise wird dies abgelehnt, weil es sich dabei um strafbarkeitsbegrenzende, täterbegünstigende Merkmale handle, die einer territorialen Ausweitung des deutschen Strafrechts entgegenstünden (S/S/W/*Satzger*, § 9 Rn. 5; *Rath*, JA 2006, 438). Die hM weist hingegen zu Recht darauf hin, dass in diesen Fällen die von der Strafnorm erfasste Schädigung im Inland eintritt und der Schutzzweck des § 9 StGB gerade auf solche Erfolge (auch nicht formal tatbestandsmäßige) gerichtet ist (BGHSt 42, 235, 242; *Hecker*, ZIS 2011, 398). Vom Schutzzweck des § 9 Abs. 1 Nr. 3 StGB sind ferner strafschärfende Regelbeispiele (zB § 263 Abs. 3 Nr. 2 StGB; vgl. L/K-*Kühl*, § 9 Rn. 2; aA NK-StGB/*Böse*, § 9 Rn. 9) und Erfolgsqualifikationen (zB § 227 StGB; vgl. LK-StGB/*Werle/Jeßberger*, § 9 Rn. 36) erfasst. 52

Übungsklausur: *Hecker/Zöller*, Klausur 2, S.11

4. Versuchsort, § 9 Abs. 1 Var. 4 StGB

Beim Versuch eines Begehungsdelikts bestimmt sich der Handlungsort nach Var. 1 des § 9 Abs. 1 StGB, während Erfolgsort nach Var. 4 des § 9 StGB derjenige ist, an dem der tatbestandliche Erfolg aus Sicht des Täters hätte eintreten sollen. Dies gilt gleichermaßen für Vorbereitungshandlungen wie etwa die Vorstufen der Beteiligung nach § 30 StGB (Bsp. von Sch/Sch/*Eser*, § 9 Rn. 9: Im Ausland wird ein in Deutschland auszuführender Raubmord verabredet). 53

5. Besonderheiten bei Teilnehmern, § 9 Abs. 2 StGB

Bei bloßer Teilnahme (Anstiftung, Beihilfe) werden durch § 9 Abs. 2 StGB die räumlichen Bezugspunkte der möglichen Tatorte vom Gesetz erweitert. Tatort ist danach nicht allein der Tatort des Täters, sondern auch der Ort, **1.** an dem der Teilnehmer gehandelt hat oder hätte handeln müssen oder **2.** an dem der Erfolg aus Sicht des Teilnehmers hätte eintreten sollen. 54

Es sind dabei Konstellationen denkbar, dass der Teilnehmerbeitrag einer Auslandstat im Inland erbracht wird, die im Ausland aber gar nicht strafbar ist (zB die Anstiftung zu einem Inzest unter erwachsenen 55

Geschwistern, § 173 StGB, der in dem ausländischen Staat, in dem es zum Inzest kommt, gar nicht unter Strafe gestellt ist).

Die Bestrafung des Teilnehmers ist völkerrechtlich zulässig, da sie an das Territorium anknüpft (LK-StGB/*Werle/Jeßberger,* § 9 Rn. 52). Auch stellt die Bestrafung eines Teilnehmers, der zu einer im Ausland nicht strafbaren Tat anstiftet oder Hilfe leistet, keinen Verstoß gegen den Akzessorietätsgrundsatz dar. Entscheidend ist, dass der Unwert der Inlandsteilnahme durch die deutsche Rechtsordnung bestimmt wird und nicht durch ausländische Unrechtsmaßstäbe (*Satzger*, 5/40), mögen kriminalpolitische Bedenken auch nachvollziehbar sein (vgl. *Oehler*, Rn. 360). In weniger drastischen Fällen kann hier eine Verfahrenseinstellung nach § 153c Abs. 1 Nr. 1 StPO in Betracht gezogen werden. Zu welch widersprüchlichen Ergebnissen § 9 Abs. 2 StGB führen kann, zeigt folgendes

Beispiel – „Die Fahrt nach Zürich“: Der in Stuttgart lebende S möchte sich das Leben nehmen und nimmt daher telefonisch Kontakt mit dem in der Schweiz lebenden Arzt A auf, dessen Zürcher Klinik sich auf Suizidassistenz spezialisiert hat. Damit S die erforderliche Hilfe erlangen kann, muss er in die Klinik des A in die Schweiz gebracht werden. S, der selbst keinen Führerschein hat und ungern mit der Bahn fährt, fragt seinen alten Bekannten B, ob dieser ihn mit dessen Auto in die Schweiz fahren könnte. S klärt B über das Ziel dieser Reise auf und B willigt ein. Er fährt S in die Schweiz. In Zürich angekommen, nimmt sich S mit Hilfe des A das Leben.

Lösung: In Deutschland wäre die Haupttat gemäß § 217 StGB – Geschäftsmäßige Förderung der Selbsttötung – strafbar. Der Arzt A bleibt in dieser Konstellation straflos, da die Suizidassistenz in der Schweiz keinen Straftatbestand erfüllt. Für den B greift die Vorschrift des § 9 Abs. 2 S. 2 StGB. Danach kann die Teilnahme an einer im Ausland begangenen Haupttat auch dann verfolgt werden, wenn die Haupttat am Tatort selbst nicht unter Strafe steht. Sofern B nicht zu dem privilegierten Personenkreis des § 217 Abs. 2 StGB gehört, macht er sich durch die Verbringungen des S in die Schweiz der Beihilfe zur geschäftsmäßigen Förderung der Selbsttötung strafbar, §§ 217 Abs. 1, 27 Abs. 1 StGB (*Kudlich/Hoven*, ZIS 2016, 345). Dies führt zu nur schwer erklärlichen Wertungswidersprüchen. Die (nicht geschäftsmäßige) Beschaffung von tödlichen Mitteln für einen eigenverantwortlich handelnden Suizidenten bleibt straflos, während sich derjenige strafbar macht, der die Fahrt zu einer ausländischen Sterbehilfeklinik organisiert oder durchführt (MK-StGB/*Brunhöber,* § 217 Rn. 95).

III. Das Flaggenprinzip, § 4 StGB

Wird auf einem Schiff, das die deutsche Flagge zu Recht trägt, oder in einem Flugzeug, das berechtigterweise das deutsche Staatsangehörigkeitszeichen führt, eine Straftat begangen, so ist gem. § 4 StGB deutsches Strafrecht anwendbar. Dadurch werden eventuelle Zuständigkeitslücken (etwa auf Hoher See oder im Luftraum) völkerrechtlich pragmatisch geschlossen (MK-StGB/*Ambos,* Vor §§ 3–7 Rn. 26: „extraterritoriale Hoheits- und Strafgewaltserstreckung"), während nach überkommener Ansicht das (Flug-)Schiff eine Art wandelndes deutsches Territorium darstellte und das deutsche Hoheitsgebiet erweiterte (so noch RGSt 22, 362). § 4 StGB greift aber ebenso ein, wenn sich das Schiff auf fremdem Hoheitsgebiet befindet und mithin auch der fremde Staat die Strafgewalt beansprucht. Dies kann Jurisdiktionskonflikte (oben Rn. 5) auslösen. Liegt das Schiff in einem deutschen Gewässer oder fliegt das Flugzeug über deutsches Hoheitsgebiet, ergibt sich die Anwendbarkeit aber bereits nach § 3 StGB. 56

Fall „Angriff in Somalia" (*BGH* NStZ 2009, 464): Das Schiff „Spessart" der deutschen Marine, dessen Heimathafen in Kiel liegt, wird vor Somalia von einem mit sieben Piraten besetzten Motorboot angegriffen. Die Marinesoldaten erwidern das Feuer, stellen das Piratenboot und nehmen die sieben Personen fest. Die Bundesregierung stellt bei der StA Kiel Strafanzeige gegen die Piraten. Die StA hält sich aber nicht für zuständig und fordert stattdessen eine Gerichtsstandsbestimmung gem § 13a StPO vom *BGH.* Dem widerspricht jedoch der *BGH*: Auf die zahlreichen in Betracht kommenden Straftaten (etwa §§ 212, 22; §§ 249, 22 StGB) ist gem. § 4 StGB iVm § 9 StGB (der Erfolg sollte auf dem deutschen Schiff eintreten) auch deutsches Strafrecht anzuwenden. „Die örtliche Zuständigkeit des *LG Kiel* ergibt sich daher nach § 10 StPO" (*BGH* aaO).

IV. Straftaten mit Inlandsbezug (Staatsschutzprinzip), § 5 StGB

Die offizielle Überschrift des § 5 StGB, „Straftaten gegen inländische Rechtsgüter", ist unglücklich gewählt, da die Norm auch Straftaten gegen Rechtsgüter im Ausland erfasst (zB Schwangerschaftsabbruch im Ausland durch deutschen Arzt, § 5 Nr. 9 StGB). 57

Übungsklausur: *Hecker/Zöller*, Klausur 12, S. 134.

Der gemeinsame Nenner der verschiedenen Varianten des § 5 StGB besteht vielmehr darin, dass es sich um im Ausland begangene Straftaten handelt, die einen Bezug zum Inland aufweisen (LK-StGB/*Werle/Jeßberger*, § 5 Rn. 4). § 5 ist ebenso wie § 7 Abs. 1 Nr. 2 eine Ausprägung des Grundsatzes, dass nationales Strafrecht inländische Rechtsgüter auch im Ausland schützen muss (**Schutzprinzip**; protective principle; *Ambos*, 3/69). Anders als in § 7 Abs. 1 StGB geht es hier aber nicht um den Schutz der Rechtssphären eines individuellen Deutschen (passives Personalitätsprinzip), sondern überwiegend um denjenigen des deutschen Staates oder entsprechender kollektiver Interessen (Realprinzip), wie auch § 5 StGB (unten Rn. 61), anders als § 7 StGB, eine Strafbarkeit der Tat nach ausländischem Strafrecht nicht voraussetzt. Der Unterschied zu § 6 StGB besteht darin, dass es sich bei den Straftaten nach § 5 StGB nicht um solche gegen internationale, sondern nur um solche gegen nationale Rechtsgüter handeln soll.

58 Der Aufbau des § 5 StGB ist **regelungstechnisch verwirrend.** Die Regelung als Ganzes stellt sich als ein **buntes Sammelsurium** und eine Kombination verschiedener Anwendungsprinzipien dar. Der Bezug zum deutschen Inland als Regelungskern des § 5 StGB zeigt sich wie folgt: § 5 StGB erfasst mehrheitlich Straftaten gegen den **deutschen Staat** (§ 5 Nr. 1–5 und 10–14a StGB) wie zB Hochverrat oder Landesverrat, die auch dann strafbar sein sollen, wenn sie vom Ausland aus begangen werden (sog. Staatsschutzprinzip). Zuweilen muss ein **Deutscher** (Individualschutzprinzip; § 5 Nr. 6, 7, 8a und 14 StGB) oder ein **deutsches Unternehmen** (als Opfer einer Wirtschaftsspionage, § 5 Nr. 7 StGB) verletzt worden sein. Manchmal wird (zusätzlich) die deutsche Staatsangehörigkeit des Täters (aktives Personalitätsprinzip) vorausgesetzt (§ 5 Nr. 5b, 8, 9, 11a, 12, 13, 14a, 15 StGB). Aber auch der **inländische Wohnsitz** des Täters oder Opfers (Domizilprinzip) kann eine Rolle spielen (§ 5 Nr. 3a, 5b, 6, 6a, 8a, 9 StGB).

> **„Feuer in Bamako"** (Bsp. angelehnt an *Ambos*, 3/67, 91): Aus Protest gegen die Präsenz deutscher Bundeswehrsoldaten in Mali verbrennt der malische Staatsbürger S in Bamako auf dem Dach eines Bundeswehrcontainers eine dort von einem Bundeswehrsoldaten öffentlich gehisste deutsche Flagge und verbreitet das von ihm mit dem Smartphone gedrehte Video über Facebook. – Die Tat des S kann von der deutschen Strafrechtspflege gem. § 90a Abs. 2 StGB verfolgt werden, da hier das Schutzprinzip nach § 5 Nr. 3 b StGB einschlägig ist. Hätte es sich um eine deutsche Flagge gehandelt, die sich S selbst besorgt hätte, wäre eine Verfolgung nicht möglich gewesen: Zwar wäre §§ 90a Abs. 1 Nr. 2, 11 Abs. 3 StGB in Betracht gekommen; aber die Voraussetzungen für dessen Anwendung nach § 5 Nr. 3 a StGB waren nicht gegeben.

V. Weltrechtsprinzip, § 6 StGB

International besonders anerkannte Rechtsgüter werden vom deutschen Strafrecht auch dann geschützt, wenn kein Inlandsbezug der Tat besteht. Den legitimierenden Anknüpfungspunkt bildet das Interesse aller Staaten einschließlich des deutschen Staates, besonders bedeutsamen, universellen Rechtsgütern durch eine **universelle Jurisdiktion** einen strafrechtlichen Schutz in der ganzen Welt zu gewähren (**Weltrechtsprinzip**, „universal jurisdiction"; vgl. MK-StGB/*Ambos*, § 6 Rn. 1). Daher listet § 6 Nr. 2–7 StGB einige Straftaten von besonderem internationalen Gewicht auf wie etwa die Kernenergieverbrechen (Nr. 1), den Menschenhandel (Nr. 4) oder die Verbreitung von Kinder- und Jugendpornographie (Nr. 6). **59**

§ 6 StGB erschöpft sich aber nicht in der Sicherstellung des Weltrechtsprinzips. Über § 6 Nr. 9 StGB sind auch zwischenstaatliche Abkommen einbezogen, aufgrund derer die deutsche Strafjustiz zur Strafverfolgung verpflichtet ist (**Vertragsprinzip**; vgl. NK-StGB/*Böse*, § 6 Rn. 1). Dazu gehören etwa die UN-Folterkonvention, das Europäische Terrorismusübereinkommen, das Übereinkommen gegen die grenzüberschreitende organisierte Kriminalität oder die Diplomatenschutzkonvention (Einzelheiten mit Nachweisen bei NK-StGB/*Böse*, § 6 Rn. 22). Doch wird europäisches Sekundärrecht (dh Verpflichtungen aus den früheren Rahmenbeschlüssen oder heutigen Richtlinien) von § 6 Nr. 9 nicht erfasst (*Satzger*, 5/76). Die Einbeziehung des Subventionsbetrugs, § 6 Nr. 8 StGB, befremdet auf den ersten Blick, kann aber mit einem dem Staatsschutzprinzip in § 5 StGB angenäherten Schutzzweck zu Gunsten der Europäischen Union begründet werden (Loyalitätsprinzip; vgl. unten 76, 4/62). **60**

Die gravierendsten Verbrechen gegen Universalrechtsgüter sind allerdings nicht im StGB, sondern seit 2002 in einem eigenen deutschen Gesetz, dem Völkerstrafgesetzbuch (VStGB) geregelt; so der Völkermord (§ 6 VStGB), die Verbrechen gegen die Menschlichkeit (§ 7 VStGB), die Kriegsverbrechen (§ 8 VStGB) und das Verbrechen der Aggression (§ 13 VStGB). Für diese Straftaten ordnet das VStGB die Geltung des Weltrechtsprinzips an (dazu 2/24, allerdings mit Einschränkungen bei § 13 VStGB). **61**

Allgemeine Voraussetzung des § 6 StGB ist jedoch, ebenso wie bei Straftaten nach §§ 5, 7 und § 9 StGB, dass die Tat im **Ausland** begangen wird. Jeder Ort, der nicht im Inland liegt, ist Ausland. Dazu gehören auch solche Räume, die keiner Strafgewalt unterliegen (unten Rn. 62). Bei einzelnen in § 6 aufgelisteten Straftaten ist jedoch umstritten, ob das Weltrechtsprinzip uneingeschränkt gilt oder es nicht **doch** bei manchen Tatbeständen eines (ungeschriebenen) **inländischen An-** **62**

knüpfungspunkts für die Strafbarkeit bedarf (sog. bedingtes oder eingeschränktes Weltrechtsprinzip; zu den umstrittenen Begrifflichkeiten *Ambos*, 3/97).

Fall „Ecstasy-Rausch in Holland" (BGHSt 61, 290 mit Bspr. *Heim*, NJW 2017, 1043): Im Auftrag eines niederländischen Rauschgiftlieferanten übergab der niederländische Staatsangehörige A bei zwei Gelegenheiten in den Niederlanden 40.000 bzw 250.000 Ecstasy-Pillen an den J. Es handelte es sich bei der Übergabe um polizeilich angeschobene Scheingeschäfte. Nach seiner Auslieferung nach Deutschland (ein Mittäter wurde zuvor in Deutschland verurteilt) wurde A vom *LG Bonn* wegen Beihilfe zum unerlaubten Handeltreiben mit Betäubungsmitteln in nicht geringer Menge verurteilt, obwohl die Tat des A nicht den geringsten Inlandsbezug zu Deutschland hatte. Der **2. Strafsenat des *BGH*** bestätigte die Verurteilung (BGHSt 61, 290 mit Bspr. *Heim*, NJW 2017, 1043): Die Anwendbarkeit deutschen Strafrechts ergebe sich aus § 6 Nr. 5 StGB, ohne dass hierfür ein Inlandsbezug nötig sei (anders noch zwei Jahre zuvor der gleiche 2. Strafsenat, *BGH* NStZ 2015, 568). Der Wortlaut des § 6 Nr. 5 lasse insofern keine Beschränkung erkennen. Ob darin nicht jedoch ein Verstoß gegen den völkerrechtlichen Nichteinmischungsgrundsatz vorliegt, ist fraglich. Zwar haben fast sämtliche Staaten das Übereinkommen der Vereinten Nationen vom 20.12.1988 gegen den unerlaubten Verkehr mit Suchtstoffen ratifiziert, so dass durchaus von einem Konsens über die Strafbarkeit des organisierten Drogenhandels ausgegangen werden kann. Dennoch ordnet das Übereinkommen keine Jurisdiktion nach dem Weltrechtsprinzip an, sondern betont in Art. 2 Abs. 2 und Abs. 3 den völkerrechtlichen Nichteinmischungsgrundsatz. Der *BGH* betont, dass im Einzelfall gemäß § 153c StPO von der Verfolgung abgesehen werden kann, sofern diese nicht im öffentlichen Interesse liegt. Damit vertritt der *BGH* doch die Ansicht, dass grundsätzlich kein Inlandsbezug erforderlich sei. Vielmehr ergibt sich das inländische Verfolgungsinteresse direkt aus dem Weltrechtsprinzip (vgl. SK-StGB/*Hoyer*, § 6 Rn. 3; *Ambos*, 3/100).

VI. Das passive Personalitätsprinzip, § 7 Abs. 1 StGB

63 **Prüfungsschema 4: Passives Personalitätsprinzip**

1. Tat im Ausland
2. Tat ist gegen Deutschen gerichtet
3. Strafbarkeit der Tat am Tatort (oder keine Strafgewalt)

Ist das Opfer der Straftat ein Deutscher und ist die Tat auch im Ausland mit Strafe bedroht oder unterliegt der Tatort keiner Strafgewalt, so ist auf die Tat gem. § 7 Abs. 1 StGB deutsches Strafrecht anwendbar. **64**

1. Zum Begriff des Deutschen

Wer als Deutscher iSd § 7 StGB angesehen werden kann, bestimmt sich nach dem Inländerbegriff in **Art. 116 Abs. 1 GG** und seinen einfachgesetzlichen Konkretisierungen vor allem durch das Staatsangehörigkeitsgesetz. Zu deutschen Staatsangehörigen gehören daher auch Personen mit doppelter Staatsangehörigkeit, so uU in Deutschland geborene Kinder von Ausländern bis zur Volljährigkeit (*Ambos*, 3/47). **65**

Eine juristische Person mit Sitz in Deutschland ist – entgegen einer beachtlichen Minderheitsmeinung (so etwa NK-StGB/*Böse,* § 7 Rn. 4) – **keine Deutsche** (hM; vgl. Sch/Sch/*Eser*, § 7 Rn. 6, *Esser*, 16/59). Schon der Wortlaut legt es nahe, dass „Deutscher" nur ein Mensch sein kann. Zudem hatte der Gesetzgeber bei der Schaffung der heutigen Norm natürliche Personen im Blick, die sich im Ausland aufhalten, nicht aber juristische Personen (BT-Drs. IV/650 S. 112). Andernfalls wäre darüber hinaus die besondere Einbeziehung von deutschen Betrieben in § 5 Nr. 7 StGB überflüssig. Wenn somit etwa im Ausland eine Hehlerei an Waren begangen wurde, die zuvor in einem deutschen Unternehmen entwendet worden sind, scheitert die Anwendbarkeit des deutschen § 259 StGB zum einen am fehlenden Erfolgsort iSd § 9 Abs. 1 Var. 3 StGB, da die Hehlerei ein schlichtes Tätigkeitsdelikt ist, zum anderen an der fehlenden Einbeziehung von Unternehmen in den Bereich des § 7 Abs. 1 StGB (*OLG Stuttgart* NStZ 2004, 402; *KG* NJW 2006, 3017). Sofern die Straftat ein Erfolgsdelikt ist und ein deutsches Unternehmen durch eine Auslandstat geschädigt wird, kann die Anwendbarkeit deutschen Strafrechts zwar nicht auf § 7 Abs. 1 StGB, aber auf § 9 Abs. 1 Var. 3 StGB gestützt werden, sofern der Schaden nicht nur wirtschaftlich, sondern auch rechtlich unmittelbar beim Unternehmen auf deutschem Boden (§ 3 StGB) eintritt. **66**

Beispiel „Untreue in Rom": Das deutsche Unternehmen B-AG mit Sitz in Frankfurt a. M. hat in Rom eine rechtlich unselbstständige Zweigniederlassung (vgl. § 13 HGB). Der italienische Mitarbeiter M der B-AG veruntreut in Rom Firmengelder in beträchtlichem Umfang. – Die B-AG ist keine natürliche Person und damit nicht Deutsche iSd § 7 Abs. 1 StGB. Anders als Tochterfirmen, die rechtlich selbstständig sind und ihren Sitz im Ausland haben, handelt es sich hier nur um eine Dependance des deutschen Unternehmens. Daher tritt der Vermögensschaden rechtlich bei der Gesellschaft in Deutschland ein, weshalb der Erfolgsort gem. § 9 Abs. 1 Var. 3 StGB und damit der Tatort nach § 3 StGB in Deutschland liegt. Auch ist M gegenüber der B-AG und nicht gegenüber der italienischen Zweigniederlassung treupflichtig (zu umgekehrten Fallkonstellationen vgl. *OLG Frankfurt* NJW 1989, 675).

Übungsklausur: *Hecker/Zöller*, Klausur 3, S. 33 ff.

2. Strafbarkeit auch im Ausland bzw keine Strafgewalt

67 Die Tat muss zudem im Ausland unter einen Straftatbestand – nicht bloß einen Ordnungswidrigkeitstatbestand – fallen (eingeschränktes passives Personalitätsprinzip). Die identische Tatortnorm (lex loci) liefert die völkerrechtliche Legitimation dafür, dass jemand einer ihm fremden Rechtsordnung unterworfen wird (*Ambos*, 3/73): Denn er hätte sich auch dann strafbar gemacht, wenn sich die Tat gegen einen Angehörigen des Tatortstaates gerichtet hätte (*Satzger*, 4/11). Für die Annahme einer solchen „identischen Strafnorm" reicht die Strafbarkeit des Verhaltens als solche. Die ausländische Strafvorschrift muss sich also weder mit der deutschen Strafnorm decken noch eine ähnliche Schutzrichtung aufweisen (hM; vgl. BGHSt 42, 275; Sch/Sch/*Eser*, § 7 Rn. 8; aA SK-StGB/*Hoyer*, § 7 Rn. 4; *Rath*, JA 2007, 33: parallele Schutzrichtung erforderlich). Rechtfertigungs- und Entschuldigungsgründe des fremden Staates sind auch bei der deutschen rechtlichen Bewertung zu berücksichtigen, sofern sie nicht mit universal anerkannten Rechtsgrundsätzen kollidieren (zu dieser Problematik bei der Frage der Rechtfertigung von Schüssen an der ehemaligen innerdeutschen Grenze aufgrund eines Schießbefehls vgl. BGHSt 42, 275). Verfahrensrechtliche Hindernisse (zB Strafantragserfordernisse) berühren die Frage der Strafbarkeit nicht (*BGH* NStZ-RR 2011, 245; L/K-*Kühl* § 7 Rn. 2; aA *Esser*, 16/57: auch alle prozessualen Verfahrensvoraussetzungen müssen vorliegen). Abweichend von § 7 StGB und ebenso wie bei den in § 5 StGB genannten Delikten ist es bei bestimmten Straftaten unerheblich, ob die Tat auch nach dem Tatortrecht strafbar ist (so zB bei § 21 KWKG; zu § 129b Abs. 1 StGB vgl. *BGH* NStZ-RR 2011, 199).

Übungsklausuren: *Ambos*, FL, Fall 1 Rn. 3 ff.; *Hecker/Zöller*, Klausur 4, S. 54.

68 Die Tat kann aber auch dann bestraft werden, wenn der Tatort **keiner Strafgewalt** unterliegt (wie etwa die Antarktis, die Hohe See oder der Weltraum; *Fischer*, § 7 Rn. 8).

VII. Das aktive Personalitätsprinzip, § 7 Abs. 2 Nr. 1 StGB

Prüfungsschema 5: Aktives Personalitätsprinzip 69

1. Begehung der Tat im Ausland
2. Deutsche Staatsangehörigkeit des Täters
   – entweder bereits im Tatzeitpunkt oder
   – nach der Tat
3. Strafbarkeit am Tatort (oder dort keine Strafgewalt)

Deutsches Strafrecht findet ferner dann Anwendung, wenn der Täter 70 während der Tat im Ausland Deutscher war (§ 7 Abs. 2 Nr. 1 Var. 1 StGB). Ein Staat hat, wie völkerrechtlich anerkannt ist, die Strafgerichts-Hoheit über seine Staatsangehörigen im Ausland. Dafür besteht insbesondere dann eine Notwendigkeit, wenn der Deutsche trotz der von ihm im Ausland begangenen Straftat gem. Art. 16 Abs. 2 S. 1 GG nicht ins Ausland ausgeliefert werden kann (Ausnahmen: Art. 16 Abs. 2 S. 2 GG). Dies ist sogar selbst dann möglich, wenn der Täter erst nach der Tat die deutsche Staatsangehörigkeit erlangt hat (§ 7 Abs. 2 Nr. 1 Var. 2 StGB). Hinter dieser sog. Neubürgerklausel steht der Gedanke, dass die Veränderung der Staatsangehörigkeit zur Nichtverfolgbarkeit der Tat im ursprünglichen Heimatstaat führen kann. Dann soll aber wenigstens die deutsche Strafjustiz die Tat im Wege stellvertretender Strafrechtspflege ahnden können. Da im Tatzeitpunkt aber für den Täter im Regelfall seine Bestrafung nach deutschem Recht nicht erkennbar war, wird zu Recht verlangt, dass gegen den Täter in Deutschland keine härtere Strafe verhängt werden darf als nach dem Herkunftsrecht (BGHSt 39, 317, 321). Es ist mithin auf der Rechtsfolgenseite das jeweils mildere Recht (lex mitior) zugrundezulegen (MK-StGB/*Ambos*, § 7 Rn. 26): Ist das Strafrecht des Heimatstaates milder, wird auf dieser Grundlage die Strafe verhängt; ist das deutsche Strafrecht milder, bestimmt dieses die Strafe.

§ 7 Abs. 2 StGB setzt – ebenso wie dessen Abs. 1 (oben Rn. 67) – ein- 71 schränkend voraus, dass die Tat im Ausland unter Strafe gestellt ist oder der Tatort keiner Strafgewalt unterliegt (eingeschränktes aktives Personalitätsprinzip).

VIII. Das Prinzip der stellvertretenden Strafrechtspflege, § 7 Abs. 2 Nr. 2 StGB

72 **Prüfungsschema 6: Stellvertretende Strafrechtspflege**

1. Begehung der Tat im Ausland
2. Strafbarkeit am Tatort (oder dort keine Strafgewalt)
3. Täter im Tatzeitpunkt Ausländer
4. Täter im Inland betroffen
5. Keine Auslieferung ans Ausland möglich

73 Darüber hinaus „springt" das deutsche Strafrecht gem. § 7 Abs. 2 Nr. 2 StGB für die ausländische Strafjustiz stellvertretend ein, wenn ein Ausländer im Ausland eine Auslandstat begeht, er aber in Deutschland angetroffen wird (so vor allem, weil er nach Deutschland geflohen ist) und nicht ans Ausland ausgeliefert wird. Dann nimmt der deutsche Staat stellvertretend die Strafgewalt für den ausländischen Staat wahr. Die Regelung begründet eine Verpflichtung zur nationalen Strafverfolgung, wenn nicht ausgeliefert wird. Sie beruht auf dem von *Grotius* entwickelten Grundsatz des **„aut dedere, aut iudicare"** (Auslieferung oder Verfolgung; *EuGH* NJW 2017, 378, 380; *Klip*, S. 213). Der Täter muss im Inland „betroffen" sein, seine Anwesenheit hier muss also festgestellt worden sein (wenn er zB hierzulande lebt oder auf einem deutschen Flughafen festgenommen wurde) und er darf Deutschland nicht wieder verlassen haben (etwa in sein Heimatland zurückgekehrt sein, *BGH* NStZ-RR 2007, 48).

Darüber hinaus muss feststehen, dass der Täter nicht ausgeliefert wird (NK-StGB/*Böse*, § 7 Rn. 20), entweder weil ein Auslieferungsersuchen gar nicht gestellt wurde, das Auslieferungsersuchen vom Gericht abgelehnt wurde oder die Auslieferung (zB wegen Erkrankung des Verfolgten) undurchführbar ist (MK-StGB/*Ambos*, § 7 Rn. 29). Die Maßstäbe hierfür finden sich im IRG und völkerrechtlichen Auslieferungsverträgen (NK-StGB/*Böse*, § 7 Rn. 19). Voraussetzung ist stets, dass wegen der Art der Tat nach den Grundsätzen des IRG eine Auslieferung zulässig wäre (L/K-*Kühl*, § 7 Rn. 5), was bei Bagatell- oder politischen Straftaten vielfach nicht der Fall ist (§ 3 Abs. 2, 6 Abs. 1 IRG). Auslieferungshindernisse wie zB die Gefahr der Todesstrafe nach § 8 IRG (etwa bei Mordverdacht) begründen nur die Undurchführbarkeit der Auslieferung und stehen einer nationalen Strafverfolgung (zB wegen Mordes) nicht im Wege (LK-StGB/*Werle/Jeßberger*, § 7 Rn. 104). Die Strafe wird wiederum durch den lex mitior-Grundsatz begrenzt.

Fall „Völkermord in Bosnien" (BGHSt 45, 65): Der bosnische Serbe S war im jugoslawischen Bürgerkrieg 1992 an Säuberungsaktionen gegenüber muslimischen Bosniern beteiligt. Er wurde daraufhin in Deutschland wegen Völkermordes (damals: § 220a StGB) in Tateinheit mit Mord in 30 Fällen zu einer lebenslangen Freiheitsstrafe verurteilt. – S besitzt eine ausländische Staatsbürgerschaft; er wurde auf dem Düsseldorfer Flughafen festgenommen; seine Taten wären sowohl nach bosnisch-herzegowinischem wie jugoslawischem Strafrecht strafbar; seine Auslieferung wäre nach den Regeln der Internationalen Rechtshilfe möglich gewesen; Bosnien-Herzegowina hat jedoch keinen Auslieferungsantrag gestellt, noch hätte Deutschland S an die (damalige) Bundesrepublik Jugoslawien ausgeliefert. Damit konnte S auf der Grundlage des § 7 Abs. 2 Nr. 2 StGB in Deutschland verurteilt werden.

C. Der Schutzzweck

Prüfungsschema 7: Schutzzweck der Norm 74

Der Schutzzweck der inländischen, deutschen Norm ist betroffen bei

1. der Verletzung inländischer Rechtsgüter (vor allem eines Individualrechtguts),
2. nicht jedoch prinzipiell bei der Verletzung eines ausländischen Rechtsguts, es sei denn, dass
   a) das inländische Rechtsgut zugleich ausländische Interessen mit einschließt oder
   b) die Tat Rechtsgüter der EU betrifft.

I. Inländische Rechtsgüter

Darüber hinaus kommt eine Anwendbarkeit deutschen Strafrechts 75
nur dann in Betracht, wenn der inländische Schutzbereich der Norm berührt wurde, die Tat somit überhaupt von der Schutzrichtung der deutschen Strafnorm erfasst ist (zur Prüfungsreihenfolge in Klausuren vgl. oben Rn. 12). Dies ist **stets** zu **bejahen**, wenn der deutsche Straftatbestand ein **Individualrechtsgut** schützt. Der in der Überschrift gewählte Begriff „inländisches Rechtsgut" ist allerdings zunächst etwas verwirrend, denn es spielt hierbei keine Rolle, ob die Tat von einem Ausländer oder Inländer, im Ausland oder im Inland begangen wurde. Er besagt nur, dass das inländische (= deutsche) Strafrecht

Rechtsgüter einer bestimmten Art, eben die Individualrechtsgüter, immer schützt. Ein Ausschluss des deutschen Strafrechts kann sich dann nur aus den Strafanwendungsregeln der §§ 3 ff. StGB ergeben (Sch/Sch/*Eser*, Vorbem §§ 3–9 Rn. 33). Dies ist eine Ausprägung des völkerrechtlichen Fremdenrechts, wonach einem Menschen oder einer juristischen Person auch in der Fremde ein Mindestmaß an strafrechtlichem Schutz seiner individuellen Rechtsgüter zu gewähren ist (MK-StGB/*Ambos,* Vor §§ 3–7, Rn. 85). Wird bspw ein Ausländer in Deutschland geschlagen (§ 223 StGB), bestohlen (§ 242 StGB) oder Opfer eines Sexualdelikts (§§ 174 ff. StGB), macht sich der Täter nach deutschem Strafrecht strafbar: Der Tatort liegt in Deutschland (§ 3 iVm § 9 Abs. 1 StGB) und die Tat wird vom Schutzbereich der jeweiligen Norm erfasst. Ebenso fällt es unter § 266 StGB, wenn das Vermögen einer nach englischem Gesellschaftsrecht verfassten „Limited" (Ltd. = Private Limited Company by shares), die ihren Sitz im Ausland (zB auf den Britischen Jungfern-Inseln) hat, durch das treupflichtwidrige Verhalten ihres Directors von Deutschland aus geschädigt wird (*Schramm/Hinderer*, ZIS 2010, 494 zu *BGH* NStZ 2010, 632).

II. Ausländische Rechtsgüter

76 Rechtsgüter ausländischer Staaten werden durch das deutsche Strafrecht grundsätzlich *nicht* geschützt. Dies gilt selbst dann, wenn der Tatort im Inland liegt (*Ambos*, 1/32). Soweit deutsche Straftatbestände ausschließlich Rechtsgüter des deutschen Staates zum Gegenstand haben (so etwa die Staatsschutzdelikte, §§ 80 ff. StGB), kann daher eine Verurteilung eines Deutschen auf der Grundlage der deutschen Norm nicht erfolgen, wenn die Tat sich gegen ausländische Staatsinteressen richtet (zum Beispiel des Widerstands gegen ausländische Vollstreckungsbeamte siehe oben Rn. 16). Insoweit ist allein der ausländische Staat zum Schutz seiner Rechtsgüter berufen.

Eine Ausnahme davon bilden diejenigen Straftatbestände, die ausdrücklich auch ausländische Staaten schützen, wie zB die §§ 102 ff. StGB oder die Vorbereitung einer schweren staatsgefährdenden Gewalttat nach § 89a StGB, der neben den Verfassungsgrundsätzen der Bundesrepublik Deutschland auch den Bestand und die Sicherheit anderer Staaten und internationaler Organisationen gewährleisten soll (*Fischer* § 89a Rn. 5).

77 Schwierig ist hingegen die Zuordnung solcher Straftatbestände, die zum einen Interessen des deutschen Staates dienen, andererseits aber auch Individualinteressen einbeziehen. So schützt etwa **§ 170 Abs. 1 StGB** die Sozialkassen vor unberechtigter Inanspruchnahme ihrer Mittel und den Unterhaltsberechtigten vor der Gefährdung seines materiellen Lebensunterhalts (hM; L/K-*Kühl*, § 170 Rn. 1). Umstritten sind hier insbesondere solche Auslandsfälle, in denen ein nach deutschem Recht Unterhaltspflichtiger seinem im Ausland lebenden unterhaltsberechtigten Kind keinen Unterhalt zahlt. Da das Kind im Ausland lebt, fällt der Unterhaltsberechtigte nicht dem deutschen, sondern dem ausländischen Sozialsystem zur Last, weshalb überwiegend die Anwendbarkeit des § 170 StGB verneint wird (BGHSt 29, 85; bejahend aber zB MK-StGB/*Ambos*, Vor §§ 3–7 Rn. 87). Zahlt hingegen ein im Ausland lebender Deutscher seinem hier lebenden Kind keinen Unterhalt, bleibt für § 170 Abs. 1 StGB Raum (*Fischer*, § 170 Rn. 3a), Aber auch bei den **Umweltdelikten** (dazu *Hecker*, 2/7) und den **Aussagedelikten** kann die Entscheidung schwierig sein.

Übungsklausur: *Ambos*, FL, Fall 5 Rn. 3 ff. (zu § 170 StGB).

Beispiel „Lügen in Paris": Der Deutsche Z sitzt in Paris auf dem Beifahrersitz des Autos seines französischen Freundes F, als es zu einem Zusammenstoß zwischen dem Fahrzeug des F und demjenigen des Franzosen G kommt. Obwohl F allein schuld ist, verklagt F den G vor einem Zivilgericht in Paris auf Schadensersatz in Höhe von 10.000 EUR. Der als Zeuge geladene Z lügt vor dem Pariser Gericht zum Vorteil des F. Der Prozessgegner des F wird daraufhin von dem Gericht zur Zahlung verurteilt. – Hinsichtlich der Bestrafung des Z wegen § 153 StGB ist zunächst zu beachten, dass weder die Voraussetzungen des § 3 StGB noch des § 5 Nr. 10 StGB vorliegen. Eine Anwendbarkeit des § 153 StGB könnte sich aber aus der besonderen Strafanwendungsregel des § 162 StGB ergeben. Doch dazu müsste es sich um eine Aussage vor einem internationalen Gericht iSd § 162 StGB handeln (wie etwa dem *EuGH*, *EGMR* oder *IStGH*; vgl. L/K-*Kühl*, § 162 Rn. 2), was hier aber nicht der Fall ist.

Deutsches Strafrecht könnte hier jedoch aufgrund des aktiven Personalitätsprinzips, § 7 Abs. 2 Nr. 1 StGB, einschlägig sein. Z hat im Ausland eine Falschaussage begangen, die auch dort strafbar ist. Die Anwendbarkeit des deutschen Strafrechts setzt aber zusätzlich voraus, dass überhaupt ein inländisches Rechtsgut betroffen ist. Die §§ 153 ff. StGB weisen nach hM insoweit neben dem Schutz der deutschen Rechtspflegekumulativ einen unmittelbaren (auch vom deutschen StGB geschützten) Individualbezug auf, als sie auch die Verfahrensbeteiligten vor einer Falschaussage schützen. Dies ist nicht nur bei einer strafgerichtlichen Verurteilung zu einer Geld- oder Freiheitsstrafe, sondern auch – wie hier – bei einer auf einer Falschaussage beruhenden zivilgerichtlichen Verurteilung der Fall (vgl. *Ambos*, 1/39). Der von Z (als Gehilfe oder Mittäter) darüber hinaus begangene Prozessbetrug betrifft von vorneherein ein Individualrechtsgut (Vermögen), weshalb diese Tat ebenfalls auf der Grundlage des § 7 Abs. 2 Nr. 1 StGB nach dem deutschen § 263 StGB strafbar ist.

III. Auslands- und Inlandsschutz; Rechtsgüter der EU

78 Die Anwendbarkeit deutschen Strafrechts kann sich ferner auch dann ergeben, wenn die tatbestandlich geschützten Interessen sich **zugleich auf diejenigen eines ausländischen Staates oder auf solche Rechtsgüter der Allgemeinheit erstrecken, die keinen spezifischen nationalen Bezug aufweisen**. So werden von §§ 267 ff. StGB, die den Schutz der Urkundenechtheit und Unversehrtheit im Auge haben, auch solche Urkunden erfasst, die den Interessen eines ausländischen Staates dienen (*BayObLG* NJW 1980, 1057 – Benzingutscheinfall). Als weitere Schutzvorschrift für ausländische Interessen ist § 335a StGB anzusehen, welcher dem Schutz der Lauterkeit des öffentlichen Dienstes ausländischer Staaten dient.

Übungsklausur: *Hecker/Zöller*, Klausur 8, S. 97.

Eine Schutzbereichsausdehnung zugunsten der **EU** kann sich aufgrund des Loyalitätsprinzips (Art. 4 Abs. 3 AEUV) zB bei der Verletzung von Finanzinteressen der EU ergeben (dazu 4/66), sofern nicht spezielle Assimilierungsnormen (§§ 164, 264 Abs. 7 Nr. 2 StGB) deutsches Strafrecht ohnehin für anwendbar erklären (*Hecker*, 2/6). Europäische Amtsträger iSv § 11 Abs. 1 Nr. 2a StGB können gemäß § 5 Nr. 15 lit. b StGB unabhängig von der Tatortstrafbarkeit nach den §§ 331 bis 337 StGB bestraft werden, sofern ihre Dienststelle den Sitz im Inland hat. Spiegelbildlich ist gemäß § 5 Nr. 15 lit. d StGB der Strafanwendungsbereich für die Täter eröffnet, die gegenüber einem deutschen Amtsträger ein Korruptionsdelikt begehen.

Testfragen zum 1. Kapitel

Frage 1: Inwieweit besitzen die Regelungen der §§ 3 ff. StGB eine rechtliche Doppelnatur? **Rn. 7**

Frage 2: Was versteht man unter Jurisdiktionskonflikten? **Rn. 6**

Frage 2: Welche Anknüpfungsprinzipien für die Anwendbarkeit deutschen Strafrechts kennen Sie? **Rn. 10**

Frage 4: Was versteht man unter jurisdiction to prescribe, to advocate und to enforce? **Rn. 13**

Frage 5: Was versteht man unter dem „genuine link“? **Rn. 26**

Frage 6: Wie lautet das zentrale Anwendungsprinzip des deutschen Strafrechts? **Rn. 28**

Frage 7: Was sind Exterritoriale und wie werden sie behandelt? **Rn. 32**

Frage 8: Was besagt das Ubiquitätsprinzip? **Rn. 38**

Frage 9: Welche Strafanwendungsprobleme treten bei der Volksverhetzung im Internet auf? **Rn. 49**

Frage 10: Erläutern Sie das passive Personalitätsprinzip! **Rn. 61**

Frage 11: Wer ist Deutscher iSd § 7 StGB? **Rn. 65**

Frage 12: Kann auch ein deutsches Unternehmen „Deutscher" iSd § 7 StGB sein? **Rn. 64**

Frage 13: Was besagt das aktive Personalitätsprinzip? **Rn. 67**

Frage 14: Bei welchem Strafanwendungsprinzip spielt der Grundsatz „aut dedere, aut iudicare" eine Rolle? **Rn. 73**

Frage 15: Schützt das deutsche Strafrecht auch ausländische Rechtsgüter? **Rn. 74**

Kapitel 2. Das Völkerstrafrecht

A. Begriff und Grundlagen des Völkerstrafrechts

1 Das Völkerstrafrecht ist unmittelbar wirksames, internationales Strafrecht, das die von einem Einzelnen zu verantwortende schwerwiegende Verletzung völkerrechtlicher Normen unter Strafe stellt und die Durchsetzung des dadurch entstandenen völkerrechtlichen Strafanspruchs regelt (*Hecker*, 2/82; *Safferling*, 4/3). Die Strafbefugnis (ius puniendi) dient dem Schutz des Friedens, der Sicherheit und dem Wohl der Welt, mithin der Menschheit als solcher (*Ambos*, 5/3; *Werle/Jeßberger*, Rn. 97). In seinem Mittelpunkt stehen die vier Kernverbrechen (*core crimes*) des Völkermords, der Verbrechen gegen die Menschlichkeit, der Kriegsverbrechen und des Verbrechens der Aggression.

I. Kombination von Völkerrecht und Strafrecht

1. Formale und materielle Betrachtung

2 Das Völkerstrafrecht ist, wie schon die beiden Hälften dieses Wortes – „Völker" und „Strafrecht" – zum Ausdruck bringen, eine Mischung aus Völkerrecht und Strafrecht. Die Regelungen des Völkerstrafrechts sind zunächst **formal** dem **Völkerrecht** zuzuordnen. Die einzelnen Straftatbestände und die für sie geltenden Grundsätze fließen aus dem Völkerrecht. Es begründet eine unmittelbare strafrechtliche Verantwortlichkeit des Einzelnen, ohne dass hierzu die Schaffung eines nationalen Straftatbestands nötig ist. Die Regelungen des Völkerstrafrechts gehören **materiell** aber zum **Strafrecht** (*Safferling*, 4/4). Denn es legitimiert – trotz der makrokriminellen Dimension des Verhaltens – eine Haftung der *Einzel*person für ein von ihr begangenes internationales Verbrechen (*Ambos*, 5/1). Die Rechtsfolgen sind zudem solche, die typischerweise dem Strafrecht vorbehalten sind, mithin Strafen in Gestalt einer Freiheits- oder Geldstrafe. Neben diesem Strafrecht im materiellen Sinne ist auch das Völkerstrafprozessrecht eine Mischung aus Völkerrecht und Strafprozessrecht.

3 Völkerstrafrecht begründet keine Strafbarkeit der Völker (*Safferling*, 4/1). Denn Staaten als Ganzes werden völkerrechtlich nach den Grundsätzen des **Völker*delikts*rechts** (*Gless*, Rn. 644) im untechnischen Sinne „bestraft", wenn sie etwa Schadensersatz oder Wieder-

gutmachung auf zwischenstaatlicher Basis leisten (vgl. Art. 34 ff. der Draft Articles on Responsibility of States). Neben dem Völkerstrafrecht bestehen sodann UN-Sanktionsmechanismen: So kann der UN-Sicherheitsrat **„smart sanctions"** verhängen (zB Wirtschaftsembargos, Einfrieren von Vermögen). Sie ergehen auf Grundlage von Kap. VII der UN-Charta (*Gless*, Rn. 645). Diese Maßnahmen können neben Staaten auch Organisationen und Individuen treffen (*Gless* ebd.). Außerdem entscheiden sich manche Gesellschaften nach einem vollzogenen Umbruch, etwa nach Ablösung eines Unrechtsregimes, für weitgehend außerjuridische, institutionalisierte Alternativen der Bewältigung begangenen Unrechts in Form sog. **Transitional Justice** (vgl. *Safferling*, 4/79; *Werle/Jeßberger*, Rn. 262 ff.). Bei ihnen steht die soziale Anerkennung des Opfers, die Aussöhnung zwischen Tätern und Opfern und die Aufklärung menschlicher Schicksale ohne den Druck der Strafverfolgung im Vordergrund. So wurde durch die Wahrheits- und Versöhnungskommission in Südafrika (TRC) das Schicksal vieler Opfer des ehemaligen Apartheidsregimes aufgeklärt und damit zugleich eine Versöhnung mit den Tätern erzielt (vgl. *Tomuschat*, in: *Cassese*, ICJ, 545). Dafür kamen allerdings viele Täter trotz der von ihnen begangenen schwersten Menschenrechtsverletzungen in den Genuss einer – aus Sicht der Opfer vielfach problematischen – Amnestie (*Werle/Jeßberger,* Rn. 269).

2. Vertragsbasierte Völkerrechtsverbrechen

4 Die Straftatbestände des **Terrorismus** und **Drogenhandels** sind – als sog. völkervertragsbasierte Verbrechen – völkerrechtlich sehr umstritten und darüber hinaus nicht in das Statut des Internationalen Strafgerichthofs in Den Haag aufgenommen worden (zu diesen „treaty based crimes" vgl. *Ambos*, 7/275). Sie bleiben daher im Folgenden ausgeblendet. Im Übrigen können bestimmte terroristische Akte bereits unter die Kernverbrechen der Verbrechen gegen die Menschlichkeit oder der Kriegsverbrechen und damit unter das klassische Völkerstrafrecht fallen (*Werle/Jeßberger*, Rn. 145).

3. Völkerrecht im Strafverfahren

5 Im Übrigen entfaltet das Völkerrecht in mannigfacher Weise über **völkerrechtliche Verträge** eine Ausstrahlungswirkung etwa auf das **nationale Strafverfahren**. Dazu gehört zB das Wiener Übereinkommen über konsularische Beziehungen (**WÜK**), das den Rang eines einfachen Bundesgesetzes einnimmt (*BVerfG* NJW 2007, 499). Danach muss ein ausländischer Festgenommener bereits bei seiner Fest-

nahme von der Polizeibehörde des Empfangsstaats über sein Recht aus Art. 36 Abs.1 lit b WÜK informiert werden, dass die konsularische Vertretung des Entsendestaats über die Festnahme unmittelbar unterrichtet wird und Mitteilungen an sie weitergeleitet werden. Wird diese Vorgabe, die jetzt auch in § 114b Abs. 2 S. 3 StPO festgehalten ist, nicht beachtet, so löst dies nach der *BGH*-Rspr. jedoch nicht pauschal ein Beweisverwertungsverbot aus, sondern unterliegt vielmehr einer Abwägung (*BGH* StV 2011, 603; *BVerfG* NJW 2014, 532).

Übungsklausur: *Esser*, ZIS 2008, 629 (Festnahme eines türkischen Staatsangehörigen in Deutschland wegen Raubes).

II. Ecksteine der historischen Entwicklung des Völkerstrafrechts

Erste Ansätze eines Völkerstrafrechts finden wir bereits in der frü- 6
hen Neuzeit. So wurden zunächst die **Piraterie** und im 19. Jahrhundert die **Sklaverei** durch zahlreiche völkerrechtliche Verträge zu Delikten ausgestaltet, die zwar Verbrechen nach dem nationalen Recht darstellten, für die aber nach Völkergewohnheitsreicht das Universalitätsprinzip galt (*Werle/Jeßberger*, Rn. 153; *v. Arnauld*, Rn. 1309). Auch entstanden mit dem Haager und Genfer Recht erste Formen des **Kriegsrechts** (ius *in* bello; *Ambos*, 6/6 ff.). Im Haager Recht wurden bestimmte Methoden und Mittel der Kriegsführung (etwa der Einsatz bestimmter Waffen oder bestimmte Umgangsformen mit Kriegsgefangenen) einem völkerrechtlichen Verbot unterstellt, vor allem durch, die **Haager Landkriegsordnung** von 1899 und 1907, die bis heute gültiges Vertragsrecht darstellt. Es wurde zudem bereits zuvor in Gestalt des Genfer Rechts ein völkerrechtlicher Schutz von Menschen, die nicht oder nicht mehr am Krieg teilnehmen (dh vor allem für im Krieg verletzte Soldaten und Zivilpersonen) geschaffen, beginnend mit der **1. Genfer Konvention** von 1864. Das Genfer Recht ist eng mit der Gründung des Internationalen Komitees vom Roten Kreuz (IKRK) verbunden, das sich bis heute weltweit um die Opfer von Kriegen kümmert. Der maßgebliche Konventionsentwurf stammte aus der Feder von Gustave Moynier, einem Genfer Juristen und späteren Präsidenten des IKRK. Im Gefolge des deutsch-französischen Kriegs (1870/71) hatte Moynier auch die Forderung erhoben, ein internationales Schiedsgericht zur Verfolgung von Kriegsverbrechen zu schaffen, konnte sich aber damit nicht durchsetzen.

Nach dem Ersten Weltkrieg wurden im Friedensvertrag von **Ver-** 7
sailles (1919) Straftatbestände aufgenommen, die eine individuelle Ahndung der begangenen Kriegsverbrechen ermöglichen sollten.

Insbesondere der deutsche Kaiser Wilhelm II. sollte strafrechtlich verfolgt werden, was aber letztlich an seiner Flucht nach Holland scheiterte, das ihm Asyl gewährte. Die alliierten Mächte überließen aus politischen Erwägungen die Strafverfolgung schließlich Deutschland, das daraufhin ein Gesetz zur Verfolgung von Kriegsverbrechen und Kriegsvergehen erließ (1919). Doch in den sog. **Leipziger Prozessen**, die vor dem dortigen Reichsgericht (ab 1921) stattfanden, kam es nur bei sechs von anfänglich 1744 Tatverdächtigen zu Schuldsprüchen (LK-StGB/*Werle*, Einl. VStGB Rn. 6: „Eher Schein- und Schauverfahren zur Befriedigung der Siegermächte").

8 Nach den Völkerverbrechen im Zweiten Weltkrieg setzten die alliierten Siegermächte mit dem Londoner Viermächteabkommen (v. 8.8.1945) den **Internationalen Militärgerichtshof** (IMG) in **Nürnberg** ein, um die deutschen Hauptkriegsverbrecher verurteilen zu können. Da mittels des IMG-Statuts erstmals tatsächlich Einzelpersonen wegen der von ihnen begangenen humanitären Verbrechen verurteilt wurden (*Safferling*, 4/30), stellt sich das Londoner Abkommen als „Geburtsurkunde des Völkerstrafrechts" (*Werle/Jeßberger,* Rn. 15) dar. Im ersten Nürnberger Prozess wurde das Verfahren gegen 22 prominente Repräsentanten des nationalsozialistischen Regimes eröffnet, hiervon wurden zwölf zum Tode durch den Strang verurteilt (*Werle/Jeßberger,* Rn. 22 ff.). In den zwölf Nürnberger Nachfolgeprozessen vor US-amerikanischen Besatzungstribunalen wurden weitere Entscheidungsträger der Nazizeit strafrechtlich zur Verantwortung gezogen. Das in den Nürnberger Prozessen entwickelte Recht ist heute als sog. Nürnberger Recht völkergewohnheitsrechtlich anerkannt, wie auch die Straftatbestände des IMG-Statuts die Grundlage für die heutigen Strafvorschriften des IStGHSt bilden. Das Nürnberger Recht kam schon bei dem Internationalen Militärtribunal für den Fernen Osten (IMGFO) zur Anwendung, wo japanischen Kriegsverbrechern der Prozess gemacht wurde (1946–1948).

9 Der vollendete **Völkermord an den europäischen Juden** und die Euthanasie-Aktionen während der nationalsozialistischen Gewaltherrschaft (1933–1945) waren Gegenstand einiger Strafprozesse auch vor **nationalen Gerichten**, so etwa in den Auschwitz-Prozessen in Frankfurt am Main (ab 1963), im Majdanek-Prozess in Düsseldorf (ab 1975) im Eichmann-Prozess in Jerusalem (1961), im Barbie-Prozess in Lyon (1987), im Demjanjuk-Prozess in München (2011) oder im Gröning-Prozess in Lüneburg (2015; BGHSt 61, 252 m. Anm. *Grünewald*, NJW 2017, 500 und *Roxin,* JR 2017. 83). Von großer Bedeutung ist bis heute die 1958 in Ludwigsburg geschaffene Zentrale Ermittlungsstelle zur Aufklärung von NS-Verbrechen, die bei der Vorbereitung und Koordination der Strafprozesse in Deutschland maßgeblich beteiligt war.

Die **Völkermordkonvention** (Genozidkonvention) der UN (1948), der auch Deutschland beigetreten ist (1952), erklärte den Genozid zu einem internationalen Verbrechen. Die in ihm enthaltene Genoziddefinition wurde in das deutsche Strafrecht übernommen, zunächst in § 220a StGB aF (1952–2001) und später in § 6 VStGB (2002). Mit den vier Genfer Konventionen (1949) einschließlich ihrer drei Zusatzprotokolle (1977, 2005) wurden für den Bereich der bewaffneten Konflikte (wie etwa der Kriege zwischen den Ländern, aber auch der Bürgerkriege innerhalb des Landes) strafbewehrte Verbote aufgestellt, wie zB das Verbot der vorsätzlichen Tötung, der Folterung oder der Verursachung schwerer Leiden. Zwar forderte eine von der Generalversammlung der UN eingesetzte Völkerrechtskommission die Errichtung eines Internationalen Strafgerichtshofs (1949). Aber in den Zeiten des sog. Kalten Krieges zwischen Ost und West kam es, von wenigen Impulsen abgesehen, zu einem Stillstand in der Entwicklung des Völkerstrafrechts. 10

Erst im Zusammenhang mit den humanitären Verbrechen, die im **Bürgerkrieg des früheren Jugoslawiens** (ab 1991) begangenen wurden, und der von den Hutu an den Tutsi begangenen Massaker und Massenvergewaltigungen im Bürgerkrieg von **Ruanda** (1994), hat die Staatengemeinschaft wieder Völkerstrafgerichte etabliert. Dies geschah zunächst in Gestalt der vom UN-Sicherheitsrat errichteten internationalen Straftribunale für das frühere Jugoslawien (*JStGH*) und für Ruanda (*RStGH*), die durch eine gemeinsame Berufungskammer eng miteinander verknüpft waren. Den vorläufigen Schluss- und Höhepunkt der neueren völkerstrafrechtlichen Entwicklung bildet die Errichtung des **Internationalen Strafgerichtshofs (*IStGH* = International Criminal Court = ICC)** mit Sitz in Den Haag im Jahre 2002. 11

III. Jugoslawien- und Ruandatribunal, Internationaler Strafgerichtshof

1. Die ad-hoc-Straftribunale

Unter einem ad-hoc-Tribunal wird ein Straftribunal verstanden, das aus Anlass eines bestimmten historischen Ereignisses geschaffen wird, um die während dieser Phase begangenen Völkerrechtsverbrechen ahnden zu können. Dazu gehören vor allem das Jugoslawien- und Ruandatribunal. 12

a) *JStGH*

Der *JStGH* mit Sitz in Den Haag wurde – auf der Grundlage der Resolutionen 808 und 827 des UN-Sicherheitsrats – als ad-hoc-Tribunal eigens und nur für die während der Jugoslawienkriege (ab 1991) auf 13 dem Terrain des früheren Jugoslawiens begangenen Völkerrechtsverbrechen geschaffen (*Ambos*, 6/15; *Esser*, § 18; *Werle/Jeßberger*, Rn. 328 ff.). Die Idee, ein solches Gericht zu schaffen, wurde 1991 von dem jugoslawischen Journalisten *Mirko Klarin* gestiftet (vgl. *Hazan*, Justice in a time of war, 2004, S. 16). Maßgebliche völkerrechtliche Grundlage ist das *JStGH*-Statut, das vier Tatbestände relevanter Völkerrechtsverbrechen benennt, die Verfolgungszuständigkeit auf den Zeitraum ab 1991 begrenzt und eine im Verhältnis zu den nationalen Gerichten vorrangige Zuständigkeit des *JStGH* festlegt. Allerdings wurden später zahlreiche Verfahren, die nicht Führungskräfte betrafen, an die nationalen Gerichte abgegeben (*Ambos*, 6/15). Der *JStGH*, der zum 31.12 2017 **offiziell geschlossen** wurde, beendete mit einer aufsehenerregenden letzten Verhandlung am 29.11.2017 seine Arbeit. Während der Verkündung des Urteils im Berufungsverfahren gegen sechs bosnisch-kroatische Kriegsverbrecher nahm der Angeklagte Slobodan Praljak noch im Gerichtssaal einen Schluck aus einer Flasche mit Gift und verstarb daraufhin am gleichen Tag in einem Krankenhaus in Den Haag. Insgesamt wurden 161 Menschen wegen völkerrechtlicher Kernverbrechen vom *JStGH* angeklagt, 90 von ihnen wurden vom Gerichtshof verurteilt (http://www.icty.org/en/content/infographic-icty-facts-figures).

b) *RStGH*

14 Auch der Internationale Strafgerichtshof für Ruanda, der seinen Sitz in Arusha (Tansania) hatte, wurde – auf der Grundlage der Resolution 955 des UN-Sicherheitsrats – ad-hoc eigens und nur für die 1994 in Ruanda begangenen Völkerrechtsverbrechen geschaffen (*Ambos*, 6/18; *Esser*, § 20; *Werle/Jeßberger*, Rn. 333). Das *RStGH*-Statut orientierte sich inhaltlich weitgehend an dem *JStGH*-Statut. Das Ruanda-Tribunal stellte seine Arbeit zum 31.12.2015 ein. Von den insgesamt 93 angeklagten Personen wurden 62 verurteilt (http://unictr.unmict.org/sites/unictr.org/files/publications/ictr-key-figures-en.pdf).

c) *MICT*

14a Beide *Ad-hoc*-Gerichtshöfe übergaben die verbleibenden Aufgaben nach ihrer Schließung endgültig an die jeweiligen Abteilungen des Mechanism for International Criminal Tribunals (*MICT*). Dieses Nachfolgeorgan der Tribunale wurde am 22.12.2010 vom UN-Sicherheitsrat auf Grundlage der Resolution 1966 eingerichtet und nahm seine Arbeit 2012 in Aruscha sowie 2013 in Den Haag auf. Er übernimmt die von den Gerichtshöfen noch unerledigten Aufgaben (zB Rechtsmittelverfahren, Verfahren gegen flüchtige Angeklagte), darf jedoch selbst keine neuen Anklagen erheben (*Werle/Jeßberger,* Rn. 332).

2. *IStGH*

a) Rom-Statut

15 Der *IStGH* wurde auf der Grundlage eines Statuts, das 1998 in Rom von einer Staatenkonferenz vereinbart wurde (auch **„Rom-Statut"**, „Römisches Statut" oder in der Schweiz „Römer Statut" genannt), im Jahre 2002 ins Leben gerufen. Er ist prinzipiell für alle ab diesem Zeitpunkt begangenen Völkerstraftaten zuständig. Die nachstehenden Ausführungen zum Völkerstraf- und Völkerstrafprozessrecht in diesem Kapitel behandeln die Grundzüge der materiellrechtlichen, gerichtsverfassungsrechtlichen und verfahrensrechtlichen Bestimmungen, wie sie im IStGHSt enthalten sind.

16 Dabei ist der *IStGH* grundsätzlich an das aktive Personalitätsprinzip und das Territorialitätsprinzip gebunden (zu diesen Begriffen oben 1/29, 63). Der *IStGH* verfolgt im Regelfall nur solche Völkerrechtsverbrechen, die auf dem Territorium eines *IStGH*-Vertragsstaats oder von einem Staatsangehörigen dieses Staats begangen wurden (Art. 12 Abs. 1, 2 lit. a, b IStGHSt). Diese Verfolgungsbeschränkungen bestehen ausnahmsweise dann nicht, wenn der UN-Sicherheitsrat den *IStGH* anruft (unten Rn. 100). Dem deutschen Völkerstrafgesetzbuch liegt dagegen das Weltrechtsprinzip zugrunde (§ 1 VStGB; dazu unten Rn. 24).

b) Vertragsparteien des Rom-Statuts

16a Von den 127 Staaten, die im UN-Plenum an der Abstimmung teilgenommen hatten, haben über 100 Staaten zugestimmt. Inzwischen sind 123 Staaten Vertragsparteien des IStGHSt (Stand 12.6.2018). Allerdings haben sieben Staaten das Statut abgelehnt, so neben China, Israel, Libyen, Jemen und Katar die USA, die speziell eine zu starke Einschränkung ihrer Souveränität und außenpolitischen Handlungsmöglichkeiten befürchteten sowie die Anklagebehörde für zu mächtig hielten. Dennoch unterzeichneten die USA das Römische Statut im Jahr 2000, haben es jedoch nie ratifiziert und erklärten mittlerweile außerdem, eine Ratifikation nicht mehr in Betracht ziehen zu wollen. Auch eine Vielzahl weiterer Länder hat das Statut zwar unterschrieben, aber nicht ratifiziert (zB die Russische Föderation, Syrien und die Ukraine, die sich jedoch für einzelne fragliche Verbrechen der Gerichtsbarkeit des *IStGH* gem. Art. 12 Abs. 3 IStGHSt unterworfen hat). Darüber hinaus gibt es auch weiterhin eine beträchtliche Anzahl an Ländern, die das Römische Statut nicht einmal unterschrieben haben (zB China, Indien, Türkei, Israel).

c) Die Krise des *IStGH*

16b Der *IStGH* befindet sich in einer **zweifachen Legitimationskrise** und ist insoweit einer Anti-*IStGH*-Bewegung ausgesetzt (*Ambos*, 6/35): Er kann wegen seiner fehlenden Universalität grundsätzlich keine Verbrechen verfolgen, die auf dem Gebiet eines Staates verübt werden, der nicht Vertragspartei ist; ausnahmsweise kann der *IStGH* zwar auch zuständig sein, wenn der Sicherheitsrat gegenteilig entscheidet oder der Tatbeteiligte Staatsangehöriger einer Vertragspartei ist (oben Rn. 16). Doch dies ist eher selten der Fall. Dem ***IStGH*** selbst sind meist die Hände gebunden. Somit können **schwerste Völkerstraftaten**, wie sie etwa seit Jahren in **Syrien** oder dem **Irak** begangen werden, allenfalls national verfolgt werden. Dies zeigen die in Deutschland auf der Grundlage des im VStGB statuierten Weltrechtsprinzips (§ 1 VStGB, unten Rn. 24) durchgeführten sog. Strukturverfahren (siehe unten Rn. 27a).

16c Der Internationale Strafgerichtshof befindet sich zudem in einer weiteren **Krise**. Die afrikanischen Staaten Burundi, Südafrika und Gambia haben 2016 ihren Austritt erklärt; teilweise wurden diese Austritte freilich für verfassungswidrig erklärt (Südafrika) bzw. widerrufen (Gambia). Auch die **Afrikanische Union** erwägt bereits seit längerem einen Exit ihrer Mitgliedstaaten wegen der einseitig auf Afrika bezogenen Strafverfolgungspraxis des *IStGH* und wirft dem *IStGH* **Rassismus** und Postkolonialismus vor (vgl. *Kaleck*, Mit zweierlei Maß, 2012). Die Afrikanische Union fordert stattdessen einen **afrikanischen Strafgerichtshof** für afrikanische Fälle – eine Idee, deren Umsetzung durchaus zu einer größeren Wirkungsmacht und Legitimation des Völkerstrafrechts in Afrika beitragen könnte (*Werle/Vormbaum*, JZ 2015, 581). Zudem hat **Russland** 2016, nach den Ermittlungen wegen des Kaukasuskrieges, seine Unterschrift unter das Statut zurückgezogen.

IV. Die Modelle der Zuständigkeit zur Verfolgung von Völkerstraftaten

1. Direct/indirect enforcement

17 Die Völkergemeinschaft kann direkt mittels international tätiger Strafgerichte (direct enforcement) Völkerrechtsverbrecher verfolgen. Den rechtlichen Rahmen bilden dabei spezielle Statuten, die für diese Organe geschaffen wurden. Beispiele hierfür sind der Internationale Militärgerichtshof in Nürnberg (1946; Statut: IMGS), der sich gegen die 24 Hauptkriegsverbrecher des Naziregimes richtete (*Esser*, 17/14) und das Militärtribunal von Tokio (1946; Statut: IMTFE). In diesen

Fällen lag die Zuständigkeit für die Verfolgung entsprechender Völkerrechtsstraftaten allein bei den eigens eingerichteten internationalen Militärtribunalen (sog. exklusive Zuständigkeit oder „Nürnberger Modell", *Werle/Jeßberger,* Rn. 284). Der *JStGH* und *RStGH* besaßen dagegen eine mit dem nationalen Gericht konkurrierende Zuständigkeit, allerdings mit Vorrang der internationalen Strafrechtspflege (*Werle/Jeßberger,* Rn. 287).

Völkerrechtsverbrechen können aber auch indirekt von den natio- **18** nalstaatlichen Gerichten auf der Grundlage nationalen Strafrechts verfolgt werden (indirect enforcement), sofern dieses Verletzungen des (humanitären) Völkerrechts erfasst, so etwa in Deutschland durch das VStGB (zum Ruanda-Prozess vor dem *OLG Stuttgart* unten Rn. 25).

2. Das Komplementaritätsprinzip

Prüfungsschema 8: Komplementaritätsprinzip **19**

1. An sich Zuständigkeit des nationalen Strafrechts und der nationalen Strafjustiz für humanitäre Verbrechen
2. Aber ausnahmsweise Zulässigkeit des Verfahrens vor dem *IStGH* gem. Art. 17 Abs. 1 IStGHSt,
   a) wenn der zuständige Staat nicht willens oder nicht fähig ist, die vier Kernverbrechen zu verfolgen
   b) und es sich um eine ausreichend schwere Strafsache handelt (Art. 17 Abs. 1 lit d)

Das IStGHSt enthält zum einen den Katalog von Straftatbeständen, **20** die schwerste Verletzungen des humanitären Völkerrechts und der Menschenrechte erfassen, zum anderen strafverfahrens- und gerichtsverfassungsrechtliche Regelungen zum *IStGH.* Die Rechtssetzungs- und Verfolgungskompetenz liegt aber dennoch primär bei den Vertragsstaaten des Römer Statuts, wie sich aus dem in der Präambel und im Art. 17 des IStGHSt zum Ausdruck kommenden Grundsatz der ergänzenden Rechtsprechung (**Prinzip der Komplementarität**) ergibt. Die einzelnen Staaten sollen Völkerstraftatbestände in ihr nationales Strafrecht integrieren und die Strafgerichtsbarkeit über die Täter ausüben (indirect enforcement). Vor allem dann, wenn ein Staat nicht willens oder nicht in der Lage ist, entsprechend tätig zu werden (Art. 17 Abs. 1 a, b IStGHSt), begründet dies die ergänzende (subsidiäre) Anwendung der völkerrechtlichen Straftatbestände und die Zuständigkeit des *IStGH.* Insoweit besteht eine Ganzheit des Völkerstrafrechts, die aus zwei Elementen, dem nationalen Strafrecht mit nationaler Strafgerichtsbarkeit und dem ergänzenden internationalen Strafrecht mit internationaler Strafgerichtsbarkeit des *IStGH*, besteht (pointiert *Esser*, 21/5: *IStGH* als „Notfall- und Reservegericht"). Mit der *Unwilligkeit* sind vor allem Konstellationen gemeint, in denen eine Regierung einen Straftäter deckt (Rechtsmissbrauch), etwa indem sie nur einen Scheinprozess durchgeführt hat (vgl. Art. 17 Abs. 2 lit. a IStGHSt), mit der *Unfähigkeit* solche, in denen die Staatsgewalt zusammengebrochen ist oder zumindest keine funktionstüchtige Rechtspflege besteht (vgl. *Schröder*, in: *Graf Vitzthum*, VII Rn. 49). Umgekehrt formuliert: Findet ein Strafverfahren im Mitgliedstaat statt oder hat es stattgefunden, ist das Verfahren vor dem *IStGH* unzulässig (*Ambos*, 8/10). Ob diese Voraussetzungen vorliegen, bestimmt der *IStGH* selbst.

21 Es besteht indes keine völkerrechtliche Verpflichtung, dass der Vertragsstaat in seinem nationalen Recht auf das IStGHSt verweist (sog. Verweisungsmodell) oder dessen wesentliche Teile in eine nationale Gesetzesform gießt (sog. Kodifikationsmodell; *Ambos*, 6/37). Unterlässt er die vorgeschlagenen Maßnahmen, gelten die materiellrechtlichen und verfahrensrechtlichen Bestimmungen des Römischen Statuts zumindest für Verfahren vor dem *IStGH* unmittelbar (direct enforcement). Der betreffende Staat kann bei fehlender Umsetzung dann uU als unfähig zur Strafverfolgung iSd Art. 17 Abs. 1 IStGHSt angesehen werden (*Esser,* 21/24).

3. Hybride Tribunale

22 Neben diesen beiden Grundformen völkerrechtlich ausgerichteter Strafgerichtsbarkeit existieren sog. hybride Tribunale, die gemischt international-nationale Elemente aufweisen (*Esser,* 17/35; *Werle/Jeßberger*, Rn. 81ff.). Sie werden auch „gemischte" oder „internationalisierte" Tribunale genannt (*Ambos* 6/42 mit Fn. 294). Sie können dementsprechend sowohl mit nationalen wie ausländischen Richtern besetzt sein. Dazu gehören bspw die Sondertribunale für den Libanon, Kambodscha (Rote Khmer-Tribunal), Sierra Leone, Osttimor, Irak oder Senegal (dazu A/B/E/E-*Eckelmans,* Rn. 1623 ff.; *Esser,* 17/35 ff.; *Werle/Jeßberger*, Rn. 276 ff.).

V. Das deutsche Völkerstrafgesetzbuch

1. Kodifikationsmodell

23 Das deutsche Völkerstrafgesetzbuch (VStGB v. 26.6.2002, BGBl I 2254) ist am 30.6.2002 – einen Tag vor dem IStGHSt – in Kraft getreten

(*Hecker*, 2/90). Deutschland hatte sich bei der Umsetzung des Römischen Statuts dazu entschlossen, umfassende gesetzliche Regelungen zu schaffen (sog. Kodifikationsmodell), anstatt in einer gesetzlichen Bestimmung bloß auf das IStGHSt zu verweisen (sog. Verweisungsmodell). Mit dem Gesetz bringt Deutschland zum Ausdruck, selbst die im IStGHSt enthaltenen Völkerrechtsverbrechen zu verfolgen. Da eine Strafe nach der verfassungsrechtlichen Vorgabe des Art. 103 Abs. 2 GG nur auf einer gesetzlichen Grundlage, nicht aber aufgrund Völkergewohnheitsrechts möglich ist, mussten nationale Strafbestimmungen geschaffen werden.

Als maßgebliches Strafanwendungsprinzip gilt hierbei gem. § 1 **24** VStGB das **Weltrechtsprinzip** (dazu oben 1/53), dh das VStGB greift auch dann ein, wenn die Tat im Ausland begangen wurde und keinen Bezug zum Inland aufweist. Wird in Deutschland somit jemand gefasst, der eine Völkerstraftat begangen hat, so bemisst sich die Strafbarkeit seines Verhaltens nach den völkerrechtlichen Straftatbeständen in den §§ 6–14 VStGB und er unterliegt der deutschen Strafgerichtsbarkeit. Der *IStGH* kann aber eine Überstellung gem. Art. 89 IStGHSt iVm § 2 *IStGH*-G (v. 21.6.2002, BGBl I 2144) verlangen.

Fall „FDLR“ (*OLG Stuttgart*, Urt. v. 28.9.2015, 5–3 StE 6/10): **25** Vor dem 5. Strafsenat des ***OLG Stuttgart*** (Az.: 5 – 3 StE 6/10) begann 2011 der erste in Anwendung des VStGB geführte Strafprozess. Angeklagt waren der Präsident der ruandischen Hutu-Miliz FDLR, *Ignace Murwanashyaka*, und sein Stellvertreter *Straton Musoni*. Sie sollen im Frühjahr 2009 von Deutschland aus ihre Milizen bei der Begehung von Massakern und Massenvergewaltigungen unterstützt haben. *Ignace Murwanashyaka* wurde deshalb **nach über vier Jahren Prozessdauer** wegen Rädelsführerschaft in einer ausländischen terroristischen Vereinigung gem. § 129b Abs.1 iVm § 129a Abs. 1 Nr.1, Abs. 4 StGB und der Beihilfe zu vier Kriegsverbrechen gem. §§ 8 Abs. 1 Nr. 1, 9 Abs. 1 VStGB iVm § 27 StGB zu einer Freiheitsstrafe von 13 Jahren verurteilt. Im Falle von *Straton Musoni* konnte eine Beihilfehandlung zu Kriegsverbrechen nicht festgestellt werden. Er wurde deshalb lediglich wegen der Rädelsführerschaft in einer ausländischen terroristischen Vereinigung zu acht Jahren Freiheitsstrafe verurteilt. Das Gericht blieb mit diesen beiden Strafen **weit** hinter den Anträgen der Bundesanwaltschaft **zurück**, die den Angeklagten vorgeworfen hatte, über die Vorgesetztenverantwortlichkeit des § 4 VStGB selbst Täter von Kriegsverbrechen gewesen zu sein.

Das Verfahren wurde vom Gericht selbst ex-post **sehr kritisch** beurteilt: Die **Kosten** für den Prozess beliefen sich auf rund **4,8 Milli-**

onen Euro. Der **Vorsitzende Richter** Jürgen Hettich übte in seiner mündlichen Urteilsbegründung **Kritik an dem Verfahren**: Ein derartiges Mammutverfahren mit Auslandsbezug lasse sich mit der deutschen Prozessordnung „nicht in den Griff bekommen" (Deutschlandfunk vom 28.5.2015). Allein das Erheben von Beweismitteln in einer 6000 Kilometer entfernten Region sei eine „Herkulesaufgabe" gewesen. „So geht das nicht", lautet das Fazit des Richters (Süddeutsche Zeitung v. 28.9.2015). – Vor dem ***BGH*** ist gegen das Stuttgarter Urteil **Revision** anhängig; sie soll 2018 verhandelt werden (taz v. 16.2.2018).

2. Begleitmaßnahmen

26 Um der Verpflichtung aus Art. 89 IStGHSt nachkommen zu können, wurde in Art. 16 Abs. 2 S. 2 GG die Möglichkeit geschaffen, einen deutschen Staatsbürger an einen Internationalen Gerichtshof (somit auch den *IStGH*) zu überstellen. Hier sollte übrigens nicht von Auslieferung gesprochen werden, da begrifflich zwischen der Überstellung einer Person, die (vertikal) von einem Staat (Deutschland) zu einer übergeordneten Stelle (*IStGH*) erfolgt, und der Auslieferung (horizontal) im Verhältnis zwischen zwei Staaten zu unterscheiden ist (*Safferling*, 8/30 mit Grafik). Auf den ersten Blick scheint die Erweiterung des Art. 16 Abs. 2 GG überflüssig zu sein, verfolgt doch die deutsche Strafjustiz auch deutsche Völkerrechtsverbrecher (oben Rn. 23). Doch angesichts des vereinzelten Auftretens deutscher Söldner sowie von Doppelstaatsangehörigen kann nicht ausgeschlossen werden, dass der *IStGH* auch Taten Deutscher verfolgen und deshalb um eine Überstellung bitten wird (so die Begründung des Deutschen Bundestags, BT-Drs. 14/2668 S. 4). Außerdem wurde im *IStGH*-G die Kooperation Deutschlands mit dem *IStGH* geregelt (wie etwa die Überstellung von Verdächtigen, die Durchbeförderung und Rechtshilfe durch die Vollstreckung von Entscheidungen des *IStGH*).

3. Keine Implementation im StGB

27 Der deutsche Gesetzgeber hat sich – ebenso wie etwa derjenige Großbritanniens – dazu entschlossen, ein gesondertes Völkerstrafgesetzbuch zu schaffen. Diese Platzierung des Völkerstrafrechts in einem eigenen Strafgesetzbuch wird im Schrifttum überwiegend begrüßt, da damit der besondere Stellenwert der Gesetzesmaterie zum Ausdruck komme, ihren Eigenarten besser Rechnung getragen werden könne, eine größere Übersichtlichkeit entstehe und die Rechtsmaterie besser handhabbar sei (so etwa *Hecker*, 2/90; *Esser*, 23/5). Insbesondere

Deutschland hat die Entstehung des IStGHSt mit sehr großem Engagement gefördert (*Werle/Jeßberger*, Rn. 61) und damit ein in weiten Teilen der Welt höchst angesehenes und von ausländischen Rechtswissenschaften intensiv rezipiertes Gesetz geschaffen. Dennoch mag man es bedauern, dass der deutsche Gesetzgeber – entgegen der Regel, dass die wichtigsten Straftatbestände in das StGB gehören – das Völkerstrafrecht nur neben und nicht in dem Kernstrafrecht angesiedelt hat. Eine Kollateralfolge davon ist, dass damit etwa auch der früher im StGB angesiedelte Völkermord (§ 220a StGB aF) aus dem Pflichtfachbereich des deutschen Jurastudiums herausgefallen und zu einer Spezialmaterie für Studenten im strafrechtlichen Schwerpunktbereich geworden ist. Auch kann auf die gelungene Integration der völkerstrafrechtlichen Straftatbestände im französischen Strafrecht, vgl. Art. 211–213 Code Pénal, und im schweizerischen StGB (vgl. *Gless* Rn. 927 ff.) verwiesen werden.

4. Strukturverfahren

Der Generalbundesanwalt hat zudem die Möglichkeit, im Kontext **27a**
von Situationen, die die Begehung von Makroverbrechen als naheliegend erscheinen lassen, in sog. Strukturverfahren personenunabhängig zu ermitteln. Diese neuartige, völkerstrafrechtsfunktionale Ausprägung eines Ermittlungsverfahrens dient der Ermittlung von über den Einzelfall hinausgehenden Sachverhalten und damit der Beweissicherung für möglicherweise zukünftig in Deutschland geführte personenbezogene Strafverfahren. Außerdem können die erlangten Informationen auch im Rahmen der Rechtshilfe für Verfahren anderer nationaler oder internationaler Gerichte genutzt werden (*Frank/Schneider-Glockzin*, NStZ 2017, 1, 5; *Klinge*, DRiZ 2017, 308, 309).

Bspe. zu Strukturverfahren zum Krieg in Syrien: Bezüglich der kriegerischen Auseinandersetzungen in Syrien und im Irak führt die Generalbundesanwaltschaft derzeit zwei solcher Strukturverfahren durch. Ihre Informationen erlangt sie dabei zum überwiegenden Teil von aus den Krisengebieten geflohenen Menschen, die sich nunmehr in Deutschland aufhalten.

Das **erste Strukturverfahren** beschäftigt sich dabei mit schwersten Verletzungen des humanitären Völkerrechts und der Menschenrechte, die durch Mitglieder der Terrororganisation **„Islamischer Staat"** (IS) auf dem Gebiet des Iraks und Syriens begangen worden sind. Besonderes Gewicht wird dabei auf die Untersuchung der Verbrechen gelegt, die der IS an Mitgliedern der Minderheit der

Jesiden begangen hat. 2014 wurden tausende Männer dieser Religionsgemeinschaft von IS-Kämpfern ermordet, Frauen und Kinder wurden aus ihren Siedlungsgebieten im irakischen Sindschar-Gebirge verschleppt und anschließend als Sexsklavinnen und Kindersoldaten missbraucht. Der Menschenrechtsrat der Vereinten Nationen hat die Angriffe auf die Jesiden mittlerweile als Völkermord bezeichnet (Bericht vom 15.6.2016, A HRC/32/CRP.2)

Das **zweite Strukturverfahren** bezieht sich dagegen auf diejenigen Völkerrechtsverbrechen, welche insbesondere vom **Assad-Regime** im syrischen Bürgerkrieg begangen worden sind. Im Zentrum der Ermittlungen stehen dabei die sog. „Ceasar"-Fotos. Hierbei handelt es sich um Aufnahmen, die ein ehemaliger syrischer Militärfotograf in Damaskus angefertigt und ins Ausland überbracht hat. Zu sehen sind hierauf Szenen der staatlichen Folter und unmenschlichen Behandlung.

Zu den Strukturverfahren *Frank/Schneider-Glockzin*, NStZ 2017, 1, 5; *Kaleck/Kroker*, JICJ 16 (2018), 165, 178 ff.; *Klinge* DRiZ 2017, 308, 309.

VI. Rechtsquellen und Auslegung

28 *Rechtsquellen* für das Völkerstrafrecht sind internationale Konventionen wie etwa die Genfer Konventionen oder die Genozidkonvention der UN, allgemeine Rechtsgrundsätze und das Völkergewohnheitsrecht. Weiterhin sind auch Resolutionen des UN-Sicherheitsrates nach Art. 25 der UN-Charta für alle Mitgliedstaaten verbindlich und stellen für diese sowie für die UN-Organe Rechtsquellen dar (*Esser,* 18/37). Zu nennen sind in diesem Zusammenhang insbesondere die auf UN-Resolutionen beruhenden Statuten zum *JStGH* und *RStGH* (*JStGH*: Resolution 827 vom 25.5.1993, UN-Doc. S/RES/827; *RStGH*: Resolution 955 vom 8.11.1994, UN-Doc. S/RES/955). Auf einem Völkervertrag beruht dagegen das **Statut des *IStGH***; es wird ergänzt durch völkerrechtliche Vereinbarungen zu den Verbrechenselementen („Elements of Crimes") und den Prozess- und Beweisregeln (RPE=„Rules of Procedure and Evidence"), das Völkergewohnheitsrecht und allgemeine völkerrechtliche Rechtsgrundsätze (*Ambos*, 5/6). Art. 21 IStGHSt enthält eine besondere Regelung zu der Art und dem Rangverhältnis dieser für den Gerichtshof maßgeblichen Rechtsquellen (*Safferling*, 4/86; *Werle/Jeßberger*, Rn. 215).

29 Für die *Auslegung* zwischenvertraglicher Verträge gelten bestimmte Interpretationsmethoden, wie sie in Art. 31–32 der Wiener Vertragsrechtskonvention von 1969 (WVK) festgehalten sind, die aber überwiegend dem klassischen Kanon der Methodenlehre entsprechen (*Gless,* Rn. 655f.). Dazu gehören der Wortlaut („ordinary meaning"), der systematische Zusammenhang und das angestrebte Ziel und der Zweck der Regel (vgl. Art. 31 WVK). Darüber hinaus spielen die allgemeinen Vertragsziele (effet utile) sowie die gewohnheitsrechtskonforme und verbotskonforme Auslegung eine Rolle. Als Rechtserkenntnisquellen dienen auch richterliche Entscheidungen und Lehrmeinungen. Von höchstens sekundärer Bedeutung ist, anders als im nationalen Recht, die historische Interpretation (Art. 32 WVK).

Völkermordentscheidung des *BVerfG* (NJW 2001, 1848): Der bosnische Serbe B, der bei seiner Einreise nach Deutschland festgenommen wurde, wird vom *OLG Düsseldorf* wegen Völkermords, § 220a StGB iVm § 6 Nr. 1 StGB aF, zu lebenslanger Freiheitsstrafe verurteilt. Der *BGH* hat die Verurteilung im Wesentlichen bestätigt (NStZ 1999, 369). Beide Gerichte haben sich zur Begründung der Anwendbarkeit des § 220a StGB auch auf Art. VI der Genozidkonvention (GK) gestützt. Nach Ansicht des B steht seiner Verurteilung gleichwohl das Völkerrecht entgegen. Seine Verfassungsbeschwerde hat das *BVerfG* aber verworfen. Es hat sich für die völkerrechtskonforme, an Art. VI GK orientierte Interpretation des § 6 StGB maßgeblich auf die Auslegungsgrundsätze in der WVK berufen (*BVerfG* aaO S. 1853). Zwar hat das *BVerfG* festgestellt, dass die historische Interpretation der GK *gegen* eine globale Verfolgung des Völkermords spreche. Diese Auslegungsmethode sei aber nach Art. 32 WVK nur ergänzend heranzuziehen, wenn die Auslegung der GK nach Art. 31 WVK zu mehrdeutigen, unklaren, offensichtlich sinnwidrigen oder unvernünftigen Ergebnissen führe. Doch die Interpretation der GK iSd Art. 31 WVK habe für die Fachgerichte eindeutig ergeben, dass die GK die Geltungserstreckung nach dem Universalitätsprinzip zulasse. Dieses Ergebnis sei auch nicht sinnwidrig oder unvernünftig. **30**

Eine besondere Bedeutung kommt schließlich auch der **rechtsvergleichenden Interpretation** zu (vgl. B/B/F-M/*Burghardt,* S. 235; *Safferling*, 4/109). So handelt es sich bei den allgemeinen Rechtsgrundsätzen des Völkerrechts (als Rechtsquelle auch im Völkerstrafrecht) um Prinzipien, die durch eine wertende Rechtsvergleichung gewonnen werden, indem man die materiellrechtlichen oder prozessualen Prinzipien, die im innerstaatlichen Recht der Völker gelten, aufgreift und dabei überprüft, ob sie zur Übertragung auf das Völkerrecht geeignet sind (*Graf Vitzthum*, in: *ders.*, I Rn. 143). Zudem greifen internationale Strafgerichtshöfe bei der Auslegung einzelner Völker- **31** straftatbestände auch auf das Begriffsverständnis in den nationalen Strafgesetzbüchern zurück. Es kommt so zu einer Mischform zweier unterschiedlicher rechtlicher Systeme von nationalem und internationalem Recht (*Delmas-Marty*, in: *Cassese* S. 98: „a sort of hybridization").

32 **Fall „Kunarac"** (*JStGH*, Urt. v. 22.2.2001, IT-96-23): *Dragoljub Kunarac* war Anführer einer serbischen Aufklärungsgruppe in der bosnisch-herzegowinischen Stadt Foca. Dort hatte er u. a. muslimische Frauen über Monate gefangen gehalten und wiederholt vergewaltigt (zu dem Fall vgl. auch *Ambos*, NStZ-RR 2002, 289). Er wurde vom *JStGH* wegen Kriegsverbrechen und Verbrechen gegen die Menschlichkeit zu 28 Jahren Haft verurteilt. Da der *JStGH* keine eigene Haftanstalt besitzt, verbüßt Kunarac seine Freiheitsstrafe in Deutschland. – Ein Verbrechen gegen die Menschlichkeit stellt es nach Art. 5g) JStGHSt dar, wenn jemand – im Rahmen eines bewaffneten Konflikts – gegen die Zivilbevölkerung eine Vergewaltigung („rape") begeht (vgl. die entsprechende Bestimmung in § 7 Abs. 1 Nr. 6 VStGB). Da der Vergewaltigungsbegriff völkergewohnheitsrechtlich nicht bestimmt ist, musste der *JStGH* auf die allgemeinen Rechtsgrundsätze des Völkerrechts zurückgreifen und hierzu die Methode der Rechtsvergleichung anwenden. Eine Definition für „rape" hat der *JStGH* schließlich anhand eines Vergleichs der Vergewaltigungsregelungen in 27 Staaten gewonnen (*JStGH* aaO §§ 436 ff.). Er ist zu dem Ergebnis gelangt, dass eine Vergewaltigung („rape") nicht erst dann vorliegt, wenn bestimmte Nötigungsmittel eingesetzt werden (wie etwa die Ausübung von oder Drohung mit Gewalt nach dem StGB Bosnien-Herzegowinas oder dem früheren deutschen StGB in §§ 177, 178 StGB aF). Ein „rape" sei dagegen bereits dann – in einer niedrigschwelligen Betrachtungsweise – zu bejahen, wenn das Opfer dem Sexualakt nicht freiwillig zugestimmt hat oder anderweitig unfreiwillig daran teilgenommen hat (*JStGH* aaO para 457 in Anlehnung an das Strafrecht u. a. in England, Indien, Südafrika und Belgien; beachte dazu den neuen § 177 StGB nF, BGBl. I 2016, 2460).

33 Zudem ist auch das nationale Gericht, das auf der Basis des Komplementaritätsgrundsatzes das Völkerstrafrecht in Gestalt nationaler Strafbestimmungen durchsetzt (wie etwa Deutschland auf der Grundlage des VStGB), dazu gezwungen, sein Recht mit den grundlegenden Aussagen im IStGHSt zu vergleichen und diese zu integrieren (*Delmas-Marty* aaO). Nach der expliziten Vorgabe in Art. 21 Abs. 1 lit. c IStGHSt berücksichtigt der *IStGH* bei der Anwendung der völkerrechtlichen Strafbestimmungen auch die innerstaatlichen Rechtsvorschriften

der Staaten, die im Regelfall die Gerichtsbarkeit über das Verbrechen ausüben würden. Im Übrigen gehorcht das IStGHSt einer **eigenen Methodik**, die sich aus einer autonomen, funktionalen, komparativen und normativen Interpretation zusammensetzt (näher dazu *Safferling*, 4/106). Er kann hierbei auch die Rechtsprechung anderer internationaler Strafgerichtshöfe (insbesondere *JStGH* und *RStGH*) in seine Auslegung miteinbeziehen, muss jedoch in jedem Falle genau prüfen, ob die von diesen Gerichtshöfen gefundenen Ergebnisse ohne weiteres auf das Statutsrecht übertragbar sind (*Werle/Jeßberger*, Rn. 223). In jedem Fall zu beachten sind bei der Auslegung die international anerkannten Menschenrechte (Art. 21 Abs. 3 IStGHSt, näher dazu A/B/E/E/*Eckelmans*, Rn. 1581).

Fall „Erdemović" (*JStGH*, Urt. v. 29.11.1996, IT-96-22-T): Dem bosnischen Serben *Dražen Erdemović* wurde vorgeworfen, während des Bosnien-Kriegs als Mitglied der bosnisch-serbischen Armee in der Nähe von Srebrenica an der Tötung hunderter unbewaffneter bosnischer Muslime beteiligt gewesen zu sein. Der *JStGH* verurteilte ihn zu einer Freiheitsstrafe von 10 Jahren. Nach Einlegung von Rechtsmitteln wurde E schließlich wegen Verbrechens gegen die Menschlichkeit zu 5 Jahren Freiheitsstrafe verurteilt, wobei die Reduzierung der Freiheitsstrafe wesentlich auf die Strafmilderung eines zu seinen Gunsten angenommenen Nötigungsnotstands gestützt wurde (vgl. *Ambos*, NStZ-RR 1998, 161, 167 f.). – Der *JStGH* hat sowohl hinsichtlich der Strafbarkeit von Völkerrechtsverbrechen als auch für die Strafzumessung das frühere Strafgesetzbuch Jugoslawiens mit den völkerrechtlichen Bestimmungen des *JStGH*-Statuts verglichen und dabei außerdem internationale und jugoslawische Gerichtsentscheidungen zur Strafzumessung bei Völkerrechtsverbrechen herangezogen (*JStGH* aaO paras 34, 61). Hinsichtlich der strengen Voraussetzungen des Nötigungsnotstands und seiner strafmildernden Wirkung berief sich der *JStGH* beispielhaft auf das französische Strafrecht und die französische Strafrechtsprechung (*JStGH* aaO para 19 mit Fn. 13). 34

B. Die vier Kernverbrechen des Völkerstrafrechts

Das materielle Völkerstrafrecht besteht aus einem Allgemeinen Teil, 35 der die vor die Klammer der einzelnen Straftatbestände gezogenen Grundsätze des Völkerstrafrechts enthält, und einem Besonderen Teil, in dem die konkreten Völkerstraftaten geregelt sind. Im Folgenden wird diese Reihenfolge umgekehrt und erst mit den vier Kernverbrechen (core crimes) des Völkerstrafrechts begonnen.

I. Völkermord

36 **Prüfungsschema 9: Völkermord nach Art. 6 IStGHSt**

A. Objektiver Tatbestand (actus reus)

1. Geschützter Personenkreis: nationale, ethnische, rassische oder religiöse Gruppe
2. Tathandlungen
   a) Tötung von Mitgliedern der Gruppe
   b) Verursachung von schweren körperlichen oder seelischen Schäden
   c) Verhängung von Maßnahmen zur Geburtenverhinderung
   d) Gewaltsame Überführung von Kindern in eine andere Gruppe

B. Subjektiver Tatbestand (mens rea)

1. Allgemeiner Vorsatz
2. Absicht, die Gruppe als solche ganz oder teilweise zu zerstören

1. Begriff und Rechtsgut

37 Die traditionelle (und auch in § 6 VStGB verwendete) deutsche Bezeichnung „Völkermord" für die in Art. 6 IStGHSt erfassten Verbrechen ist missverständlich. Denn der Straftatbestand ist nicht erst dann erfüllt, wenn ein ganzes Volk umgebracht wird, sondern bereits dann, wenn nur ein Angriff auf die Existenz oder den Fortbestand einer bestimmten Gruppe unternommen wird. Für die innere Tatseite reicht es aus, wenn mit dem Angriff ein Teil der Gruppe ausgelöscht werden soll (*Neubacher*, Jura 2007, 849). Diese Gruppe muss außerdem nicht zwingend ein Volk darstellen.

38 Der Genozid ist das schwerste überhaupt denkbare internationale Verbrechen („crime of the crimes"; *Neubacher*, Jura 2007, 851). Nach der Vernichtung der europäischen Juden unter Hitler (1941–1945) hat die Generalversammlung der Vereinten Nationen den Völkermordtatbestand durch die Genozidkonvention in das Völkerrecht eingeführt (1949). Seine Geltung unter allen Staaten (inter omnes) ist völkergewohnheitsrechtlich anerkannt. Er ist zwingendes Recht (ius cogens)

und kann daher nicht durch eine völkerrechtliche Vereinbarung oder nationale Gesetzgebung zur Disposition gestellt werden (*Cassese*, in: *ders.*, S. 333). Der Tatbestand schützt ein **kollektives Rechtsgut**, dh die physische und soziale Existenz der in der Vorschrift genannten Gruppen (BGHSt 45, 65 zu § 220a StGB aF; *Esser*, 22/6; *Safferling*, 6/9). Der Schutz der Individualrechtsgüter der einzelnen Gruppenangehörigen wird dagegen nicht bereits durch Art. 6 IStGHSt (so aber *Ambos*, 7/132; *Satzger*, 16/7), sondern nur durch die (tateinheitlich verwirklichten) entsprechenden Individualschutztatbestände wie etwa § 211 StGB gewährleistet (zum tateinheitlichen Vorliegen von Völkermord und Mord vgl. *BGH* aaO, 402 f.; *BVerfG* NJW 2001, 1848, 1853).

2. Geschützter Personenkreis

Zu den geschützten Personenkreisen gehören **nationale** Gruppen, 39
die sich durch die gleiche Staatsangehörigkeit auszeichnen, **ethnische** Gruppen, die bestimmte kulturelle Traditionen aufweisen und historisch gewachsen sind, **rassische** Gruppen, die gleiche vererbbare körperliche Merkmale (zB Hautfarbe) besitzen, und **religiöse Gruppen**, in denen eine Religion ausgeübt oder religiöse Bräuche gepflegt werden (zu diesen im Einzelnen teilweise umstrittenen Kriterien vgl. *Werle/Jeßberger*, Rn. 833 ff.). Die Aufzählung hat abschließenden Charakter. **Nicht** vom Tatbestand **erfasst** sind andere, namentlich **politische, wirtschaftliche, kulturelle** oder **soziale** Gruppen (hM; vgl. *Ambos*, 7/129; *Werle/Jeßberger*, Rn. 838), obwohl auf sie, wie Vergangenheit und Gegenwart zeigen, ebenfalls kollektiv ausgerichtete Übergriffe stattfinden (zB auf Mitglieder von Organisationen des politischen Gegners, Obdachlose, Behinderte oder Homosexuelle); diese Gruppen sind aber (allerdings nach hM nur zum Teil) in den Schutzbereich der Verbrechen gegen die Menschlichkeit (Art. 7 Abs. 1 lit. h IStGHSt) einbezogen (dazu unten Rn. 51a). Die Gruppe ist auch ein Akt sozialer Zuschreibung, dh sie wird nicht allein objektiv, sondern auch anhand subjektiver Kriterien bestimmt.

Fall „Kayishema und Ruzinanda" (*RStGH*, Urt. v. 21.5.1999, ICTR-95-1; vgl. dazu *Werle/Jeßberger* Rn. 828; *Ambos/Ruegenberg*, NStZ-RR 2000, 203): In Ruanda waren die Hutus *Clément Kayishema* und *Obed Ruzindana* an Massakern an Tutsis beteiligt. Sie wurden deshalb vom *RStGH* wegen Genozids zu lebenslanger bzw 25 Jahren Freiheitsstrafe verurteilt. Hatte der *RStGH* in einer früheren Entscheidung die Tutsis nicht als ethnische, sondern als vergleichbar stabile Gruppe angesehen (*RStGH* – Akayesu, Urt. v. 2.9.1998, para 40

512), kam der *RStGH* nun zu einem anderen Ergebnis und bejahte eine Bestimmung der Gruppe allein aus der subjektiven Sicht der Täter (aaO para 98): „Eine ethnische Gruppe ist eine solche, deren Mitglieder an einer gemeinsamen Sprache oder Kultur teilhaben; oder eine Gruppe, die sich selbst als eine solche kennzeichnet („self identification"); oder eine Gruppe, die von anderen (auch den Tätern) als solche identifiziert wird („identification by others")."

3. Tathandlungen

41 **1.** Hinsichtlich der **Tötung** reicht es aus, wenn nur ein Gruppenmitglied umgebracht wird. **2.** Mit der **Verursachung schweren körperlichen oder seelischen Schadens** sind gravierende Beeinträchtigungen der körperlichen Integrität gemeint wie bspw die Verletzung von Organen, Verlust des Sehvermögens, Entstellungen bzw gravierende psychische Beeinträchtigungen, wie sie im Regelfall etwa mit sexuellen Gewaltverbrechen verbunden sind. Die Handlung muss zudem die Gefahr der völligen oder teilweisen Zerstörung der Gruppe in sich bergen, ohne dass diese tatsächlich herbeigeführt werden muss (*Ambos*, 7/132). **3.** Die **Auferlegung von zerstörerischen Lebensbedingungen** besteht in der Schaffung von Lebensumständen, die geeignet sind, die physische Vernichtung der Gruppe ganz oder teilweise herbeizuführen (sog. langsamer Tod). Dazu gehört etwa das Vorenthalten von Nahrung, Unterkunft oder medizinischer Versorgung. Die aus den Jugoslawienkriegen bekannten „*ethnischen Säuberungen*" fallen als solche nicht darunter (*Safferling*, 6/25), denn Vertreibung bedeutet nicht (zwangsläufig) Vernichtung (*Ambos*, 7/139), stellen aber in der Regel ein Verbrechen gegen die Menschlichkeit (Art. 7 Abs. 1 d IStGHSt) und Kriegsverbrechen (Art. 8 Abs. 2 b IStGHSt) dar. Ein Todeseintritt ist nicht erforderlich. Der Täter muss das Mittel jedoch bewusst als Mittel der physischen Vernichtung einsetzen. **4. Die Verhängung von Maßnahmen zur Geburtenverhinderung** richtet sich gegen den biologischen Fortbestand der Gruppe und umfasst etwa die Sterilisation, erzwungene Geburtenkontrollen, die Trennung der Geschlechter, Heiratsverbote, aber auch Massenvergewaltigungen, die auf eine Veränderung der ethnischen Zusammensetzung ausgerichtet sind. Die allgemeine Legalisierung des Schwangerschaftsabbruchs genügt freilich nicht. **5.** Die **zwangsweise Überführung von Kindern** ist gegeben, wenn Kinder (= Personen unter 18 Jahren) aufgrund physischen oder psychischen Zwangs unfreiwillig von ihrer bisherigen Gruppe getrennt und in eine andere Gruppe gegeben werden. Dies gefährdet den sozialen und uU auch biologischen Fortbestand der Gruppe.

42 Es ist bei allen Handlungen nicht erforderlich, dass die Einzeltat des Täters sich als Teil einer auch von anderen mitverübten „Gesamttat" des Völkermords an der Gruppe darstellt. Auch der **„genocidal maniac"**, der Einzeltäter, der in zerstörerischer Absicht handelt, kann einen Genozid begehen (vgl. *Satzger*, 6/14).

4. Subjektive Voraussetzungen

43 Neben dem auf die Verwirklichung der eben genannten Umstände gerichteten Vorsatz muss der Täter auch eine Völkermordabsicht besitzen. Teilweise wird hierfür – in einer eher objektiven Betrachtungsweise – auf das Wissen abgestellt, an einer Zerstörungsaktion oder zumindest der Verwirklichung eines solchen Plans beteiligt zu sein. Überzeugender ist es jedoch, in einer subjektiven Betrachtungsweise die Willenskomponente, die Absicht, in den Vordergrund treten zu lassen, da diese Intention der Tat traditionell ihr Gepräge gibt (*Safferling*, 6/ 37; *Werle/Jeßberger*, Rn. 876) wie es auch der *IStGH* hervorgehoben hat (*IStGH*, *Al Bashir*, Entscheidung v. 4.3.2009, ICC-02/05-01/09-3, para 139 f.: „intent to destroy in whole or in part the targeted group"). Diese Absicht wird im Regelfall auf die Tötung einer beträchtlichen Zahl von Menschen gerichtet sein. Es kann aber auch genügen, wenn nur ein zahlenmäßig kleiner, aber für die Gruppe zentraler Teil umgebracht werden soll (zB die maßgebliche Führungsschicht; *JStGH*, *Goran Jelisić*, Urt. v. 14.12.1999, IT-95-10-T, para 82) und dies Auswirkungen auf die Gesamtexistenz der Gruppe hat.

43a Auch muss die Tötungshandlung nicht auf die physische Vernichtung der Gruppenmitglieder gerichtet sein. Es genügt, wenn mit der Tat die Auflösung der kulturellen Eigenheit der sozialen „Gruppe" intendiert ist. Mit dieser Einbeziehung kultureller Eigenschaften enthalten Art. 6 IStGHSt und § 6 VStGB, allerdings *nur* im subjektiven Tatbestand, doch Elemente eines **„kulturellen Genozids"** (vgl. *BVerfG* NJW 2001, 1848, 1850 f.; *Ambos*, 7/152).

Fall „Onesphore Rwabukombe" (*OLG Frankfurt*, Urt. v. 29.12.2015, Az.: 4 – 3 StE 4/10 – 4 – 1/15; *BGH*, Urt. v. 21.5.2015, Az.: 3 StR 575/14; *OLG Frankfurt*, Urt. v. 18.2.2014, Az.: 4 – 3 StE 4/10 – 4 – 3/10): Seit dem 18.1.2011 fand vor dem ***OLG Frankfurt*** ein völkerstrafrechtlich ausgerichteter Strafprozess statt, dessen Anklage auf Völkermord lautete. Wegen des Tatzeitpunkts (1994) kam allerdings als Grundlage nur Art. 220a StGB aF in Betracht. *Onesphore Rwabukombe*, einem in Deutschland lebenden ehemaligen Bürgermeister einer ruandischen Gemeinde, wurde in diesem Verfahren vorgeworfen, während des Völkermordes der Hutu an den Tutsi in Ruanda 1994, dem insgesamt 800.000 Menschen zum Opfer fielen, für das sog. „Kirchenmassaker von Kiziguro", bei dem mindestens 400 Angehörige der Gruppe der Tutsi getötet worden waren, mitverantwortlich gewesen zu sein. In seinem ersten Urteil vom 18.2.2014 konnte das ***OLG Frankfurt*** Mitwirkungshandlungen des Angeklagten an diesem Massaker zwar feststellen, verneinte aber seine Absicht, die „durch ihr Volkstum bestimmte Gruppe der Tutsi als solche ganz oder teilweise zu zerstören".

Das Urteil wurde im Folgenden vom ***BGH*** aufgehoben. Dieser stellte insbesondere fest, die erforderliche Völkermordabsicht müsse gerade nicht notwendig Endziel und Triebfeder des Täters gewesen sein und verwies das Verfahren zurück an das ***OLG Frankfurt***. Daraufhin wurde der Angeklagte wegen Völkermordes zu einer lebenslangen Freiheitsstrafe verurteilt. In der Literatur wurden die Ausführungen des *BGH* zur Völkermordabsicht teilweise als zu weitgehend kritisiert (*Safferling/Grzywotz,* JR 2016, 186, 188; *Ambos/Penkuhn,* StV 2016, 760, 764; im Sinne des *BGH* jedoch *Burghardt,* JZ 2016, 106, 107).

5. Der Völkermord in § 6 VStGB

44 Der deutsche Völkermordtatbestand in § 6 VStGB stimmt weitgehend mit demjenigen des Art. 6 IStGHSt überein. Der Begriff des Kindes ist völker- und verfassungsrechtskonform so auszulegen, dass darunter alle unter 18-jährigen Menschen fallen, und nicht, wie sonst im Strafrecht (vgl. § 19 StGB), nur die unter 14-jährigen (MK-StGB/*Kreß*, § 6 VStGB Rn. 66).

II. Verbrechen gegen die Menschlichkeit

45 **Prüfungsschema 10: Verbrechen gegen die Menschlichkeit nach Art. 7 IStGHSt**

1. Objektiver Tatbestand (actus reus)

a) Ausgedehnter oder systematischer Angriff

b) gerichtet gegen die Zivilbevölkerung

c) Einzeltat innerhalb des Angriffs

(1) Tötung eines Menschen

(2) Ausrottung

(3) Versklavung

(4) Vertreibung oder zwangsweise Überführung der Bevölkerung

(5) Freiheitsentzug

(6) Folter

(7) Bestimmte Formen sexueller Gewalt

(8) Verfolgung einer Gruppe oder Gemeinschaft

(9) Verschwindenlassen

(10) Apartheid

(11) Andere unmenschliche Handlungen

d) Zusammenhang zwischen Einzeltat und Gesamttat

2. Subjektiver Tatbestand (mens rea)

Vorsatz bezüglich der objektiven Tatbestandsmerkmale

1. Begriff und Rechtsgut

Die „Verbrechen gegen die Menschlichkeit" (VgM) heißen im englischen Original „crimes against humanity", womit deutlicher der Gegenstand der Norm bezeichnet wird. Der Täter greift die Humanität und damit die Menschheit als Ganzes an; er missachtet grundlegende Menschenrechte der Zivilbevölkerung (*Safferling*, 6/55: ideelles, **kollektives** Rechtsgut; weitergehend *Ambos*, 7/173; *Werle/Jeßberger*, Rn. 921: zugleich Schutz der Individualinteressen der einzelnen Opfer). Die Individualinteressen der Betroffenen werden, wie beim Völkermord, von individualschützenden Straftatbeständen erfasst (zB §§ 211, 177, 178 StGB). **46**

Der Begriff der VgM wird erstmals im Zusammenhang mit dem Massaker an den Armeniern im osmanischen Reich gebraucht und in den Nürnberger Prozessen als Tatbestand in seiner damaligen Gestalt (Art. 6c IMG-Statut) erstmals angewendet. Die VgM setzen, ebenso wie der Völkermord, keinen bewaffneten Konflikt voraus. Ansonsten gehen die VgM insoweit über den Völkermord hinaus, als sie sich nicht gegen bestimmte Gruppen richten müssen, sondern ihr Tatobjekt allgemein die Zivilbevölkerung bildet. Auch muss der Täter nicht die Absicht verfolgen, eine Gruppe ganz oder teilweise zu zerstören. **47**

Übungsklausuren: *Ambos*, FL, Fall 10 Rn. 1 ff., 19 ff.; *Safferling*, 6/107.

2. Objektiver Tatbestand

a) Angriff gegen die Zivilbevölkerung

48 Zunächst muss die Einzeltat des Täters in eine Gesamttat (sog. chapeau) eingebettet sein, wie sich aus dem Einleitungssatz des Art. 7 Abs. 1 IStGHSt ergibt (*Satzger*, 16/33). Die Gesamttat bildet der ausgedehnte oder systematische *Angriff* gegen die Zivilbevölkerung (Art. 7 Abs. 1 Hs. 1 IStGHSt). Der Angriff wird in Art. 7 Abs. 2 a IStGHSt definiert als Verhaltensweise, die in der wiederholten Begehung der einzelnen Tathandlungen nach Abs. 1 (sei es durch den Täter selbst, sei es durch Dritte) besteht und ein gewisses Maß an Organisation und Planmäßigkeit der Tatbegehung voraussetzt (*Werle/Jeßberger*, Rn. 937; qualitativer Bezug). Zwar nicht zwingend die Einzel-, aber doch die Gesamttat muss auf eine Vielzahl von Opfern gerichtet sein (quantitativer Bezug). Zudem muss nach Art. 7 Abs. 2 lit. a IStGHSt das sog. **Politikelement** gegeben sein, dh der Angriff zur Ausführung oder zur Unterstützung der Politik eines Staates oder einer Organisation dienen. Indizien hierfür sind zB politische Programme oder Propagandaw*erke (Werle/Jeßberger*, Rn. 943).

49 **Fall „Tadić"** (*JStGH*, Urt. v. 7.5.1997, IT-94-1-T): Der Serbe *Dusko Tadić* hatte während des Bürgerkriegs in Bosnien-Herzegowina in der Region Prijedo im Jahre 1992 an ethnischen Säuberungen teilgenommen und dabei bosnische Muslime und Kroaten getötet und (sexuell) misshandelt. Er wurde vom *JStGH* u. a. wegen Verbrechen gegen die Menschlichkeit zu einer Freiheitsstrafe von 20 Jahren verurteilt; die Berufungskammer hat später das Urteil noch verschärft (vgl. *Ambos/Ruegenberg*, NStZ-RR 2000, 198). Geklärt werden musste, ob ein VgM (freilich auf der Grundlage des JStGHSt) angenommen werden konnte, obwohl es offenbar keinen konkret bestimmbaren politischen Beschluss zur Vornahme der ethnischen Säuberungen gab. Der *JStGH* bejahte dies: Das Politikelement bei den VgM setze nicht voraus, dass die Politik, die damit verfolgt werde, in bestimmter Weise formalisiert sei (es also etwa eines Gesetzes, eines Befehls oder eines Beschlusses zur ethnischen Säuberung bedurft hätte). Eine Politik kann vielmehr auch „davon abgeleitet werden, in welcher Art und Weise die Aktionen durchgeführt werden. Dies gilt insbesondere dann, wenn sie systematisch und ausgedehnt geschehen"; dann komme in ihnen „eine Politik zum Vorschein", die auf solche Taten ausgerichtet ist (*JStGH* aaO para 653).

50 Zur *Zivilbevölkerung* gehören alle Personen, die nicht oder nicht mehr an dem Konflikt teilnehmen, mithin die allgemeine Bevölkerung, aber

auch Kämpfer, die ihre Waffen niedergelegt haben. Die Zivilbevölkerung muss eine Personenmehrheit bilden, die durch gemeinsame Merkmale verbunden ist (etwa das gemeinsame Bewohnen eines Gebietes). Die VgM sind Kollektivverbrechen; auf Einzelpersonen beschränkte Verbrechen während eines Konflikts genügen nicht (*Satzger*, 16/34).

b) Die Tathandlungen

In § 7 Abs. 1 lit. a–k IStGHSt sind 11 verschiedene Einzeltaten auf- **51**
gelistet, die Bestandteil eines VgM sein können und vielfach in § 7 Abs. 2 IStGHSt bzw den Elements of Crime legal definiert werden. Dazu zählen die **Tötung** (= vorsätzliche Tötung eines Menschen, ohne dass dabei Mordmerkmale vorliegen müssen (lit. a)), die **Ausrottung** (= auf die Vernichtung von Bevölkerungsteilen ausgerichtete Lebensbedingungen (lit. b)), die **Versklavung** (= Verdinglichung eines Menschen (lit. c)), die **Vertreibung oder zwangsweise Überführung der Bevölkerung** (= unzulässige Verbringung aus bisherigem Gebiet in ein anderes (lit. d)), der **Freiheitsentzug** (lit. e), die **Folter** (lit. f), sexuelle Gewalt von einer bestimmten Schwere wie **Vergewaltigung**, ferner **Zwangssterilisationen und Zwangsschwangerschaftsabbrüche** (lit. g), das **zwangsweise Verschwindenlassen von Menschen** (lit. i), die **Apartheid** (= Rassentrennung und Rassendiskriminierung (lit. j)) **und andere unmenschliche Handlungen** (= mit den anderen in Abs. 1 genannten Tathandlungen vergleichbar schwere Beeinträchtigungen des Körpers oder der Seele wie etwa Menschenversuche, vgl. *Werle/Jeßberger*, Rn. 1063).

Die **Verfolgung einer identifizierbaren Gruppe oder Gemein-** **51a**
schaft (zB einer politischen Gruppierung) aus den unter **lit. h** näher bestimmten Gründen (zB Politik, Geschlecht, Kultur) ist ebenfalls erfasst. Der Schutz von Menschen aus der Gruppe der LGBT (lesbians, gays, bisexuals and transgender) wird jedoch, trotz erheblicher Diskriminierungen in vielen Regionen der Welt, nach überwiegender Ansicht nicht nur beim Tatbestand des Völkermords (oben Rn. 39), sondern auch beim Verbrechen gegen die Menschlichkeit weiterhin abgelehnt (*Werle/Jeßberger*, Rn. 1045; aA aber *Oosterveld*, Duke Journal of Comparative & International Law 17 (2006), 49, 79 ff., die eine Verfolgung aus Gründen des (sozialen) Geschlechts gem. Art. 7 Abs. 1 lit. h IStGHSt annimmt).

c) Der Zusammenhang zwischen Einzeltat und Gesamttat

Zwischen der Gesamttat, dem ausgedehnten oder systematischen **51b**
Angriff auf die Zivilbevölkerung, und der einzelnen Handlung muss ein Zusammenhang bestehen. Handelt der Täter isoliert, ohne dass sich die Tat in den Gesamtkontext einpasst (zB ein innerhalb eines Angriffs

ausgetragener rein persönlicher Konflikt), fehlt es an dieser Gesamtrelation.

3. Subjektiver Tatbestand

52 In subjektiver Hinsicht wird Vorsatz vorausgesetzt (Art. 30 IStGHSt). Dieser verlangt die Kenntnis der Umstände, die den systematischen oder ausgedehnten Angriff auf die Bevölkerung bilden, während die Kenntnis der Politik, die der Staat oder die Organisation damit verfolgt, nicht notwendig ist (*Safferling*, 6/68). Eine besondere Absicht, die von der Tat betroffene Zivilbevölkerung besonders zu diskriminieren, ist, von Art. 7 Abs. 1 lit. h IStGHSt abgesehen, nicht erforderlich (vgl. *Werle/Jeßberger*, Rn. 956).

53 **Fall „Tadić"** (*JStGH*, Urt. v. 15.7.1999, IT-94-1-A). Zum Sachverhalt siehe oben Rn. 49. Die Strafkammer des *JStGH* hatte sich auf den Standpunkt gestellt, dass alle Verbrechen gegen die Menschlichkeit eine diskriminierende Intention des Handelnden voraussetzen würden. Ausführlich begründet die Berufungskammer (Appeals Chamber, TA) des *JStGH*, warum sie diese Ansicht nicht teilt (para 273 ff.): Weder dem Völkergewohnheitsrecht noch dem IStGHSt könne ein solches allgemeines Erfordernis entnommen werden. Eine Diskriminierungsabsicht sei nur in den Fällen „ein unverzichtbarer Bestandteil der Straftat", in denen die Regelung „dies ausdrücklich verlangt" wie etwa in Art. 5 lit. h JStGHSt hinsichtlich der verschiedenen Formen der Verfolgung (para 305).

4. Die Verbrechen gegen die Menschlichkeit in § 7 VStGB

54 Die VgM in § 7 VStGB lehnen sich inhaltlich weitgehend an Art. 7 IStGHSt an. Anders als Art. 7 Abs. 2 lit. a IStGHSt enthält die Beschreibung der Gesamttat in § 7 VStGB aber kein Politikelement (oben Rn. 48). § 7 VStGB ordnet zudem die verschiedenen Tathandlungen systematischer an. Die schwersten Delikte – die Tötung und Ausrottung – werden aber, wie im IStGHSt, zuerst genannt (§ 7 Nr. 1, 2 StGB) und sind auch mit einer höheren Strafe bedroht (lebenslange Freiheitsstrafe) als andere Tathandlungen (§ 7 Nr. 3 ff. StGB). Die einzelnen Tathandlungen werden präziser gefasst, um dem verfassungsrechtlichen Bestimmtheitsgrundsatz zu genügen, damit aber auch zwangsläufig eingeschränkt. Für die Verwirklichung des subjektiven Tatbestands genügt bedingter Vorsatz, wie der Verweis in § 2 VStGB auf den Allgemeinen Teil des StGB zeigt.

III. Kriegsverbrechen

Prüfungsschema 11: Kriegsverbrechen nach Art. 8 IStGHSt 55

1. Objektiver Tatbestand (actus reus)

a) Bewaffneter Konflikt

b) Einzeltat

(1) Schwere Verletzungen der Genfer Abkommen nach Art. 8 Abs. 2 lit. a IStGHSt

(2) Kriegsverbrechen im international bewaffneten Konflikt nach Art. 8 Abs. 2 lit. b IStGHSt

(3) Kriegsverbrechen im nicht internationalen bewaffneten Konflikt nach Art. 8 Abs. 2 lit. c–d IStGHSt

(4) sonstige schwere Kriegsverbrechen im nicht internationalen bewaffneten Konflikt nach Art. 8 Abs. 2 lit. e–f IStGHSt

c) funktionaler Zusammenhang zwischen Einzeltat und Gesamttat

2. Subjektiver Tatbestand (mens rea)

1. Rechtsgut

Der Aufbau des Art. 8 IStGHSt ist sehr kompliziert. Dies liegt zum einen schon an der Vielzahl denkbarer Tathandlungen und der Differenzierung nach der Art des Konflikts. Zum anderen verweist die Norm in weiten Teilen auf das humanitäre Völkerrecht, etwa auf die Genfer Konventionen oder völkerrechtliche Gebräuche bei bewaffneten Konflikten. Insofern muss das humanitäre Völkerrecht bei den einzelnen Tatbeständen häufig mitgelesen werden. Das Rechtsgut des Art. 8 IStGHSt wird teilweise im kollektiven Interesse am Weltfrieden gesehen (*Werle/Jeßberger*, Rn. 1127). Da Art. 8 IStGHSt aber nicht bewaffnete Konflikte als solche verbietet, sondern vielmehr nur bestimmte Formen der Kriegsführung unter Strafe stellt (ius in bello), spricht vieles dafür, dass Art. 8 IStGHSt den **Schutz der betroffenen Kollektive** bezweckt (*Safferling*, 6/127; dagegen für den individuellen Schutz der zum Kollektiv gehörenden Personen *Gless*, Rn. 833; *Satzger*, 16/57). Dabei ist allerdings der Begriff „Krieg“ missverständlich und völkerrechtlich überholt. Stattdessen wird der Begriff „bewaffneter Konflikt“ verwendet (*Safferling*, 6/108). 56

Übungsklausuren: *Ambos*, FL, Fall 7 Rn. 2–66, Fall 8 Rn. 2–36; Fall 9 Rn. 17–28; *Safferling*, 6/162–163 (Fall 1–2 b).

2. Bewaffneter internationaler oder innerstaatlicher Konflikt

57 Allgemeine Voraussetzung ist das Bestehen eines bewaffneten **Konflikts.** Teilweise wird dieser formal definiert und etwa bejaht, wenn ein Staat einem anderen Staat vorher den Krieg erklärt hat (*Gless* Rn. 835). Will man darüber hinausgehend andere Formen der gewalttätigen Auseinandersetzung erfassen (etwa Bürgerkriegssituationen), ist eine materielle Betrachtungsweise geboten (*Gless,* aaO): Danach kann ein bewaffneter Konflikt in einer bewaffneten Auseinandersetzung zwischen Staaten bestehen, die durch ihre Armeen oder sonstige bewaffnete Gruppen ausgeführt wird **(internationaler Konflikt;** *Ambos*, 7/239).

58 Erfasst sind aber auch, wie zudem Art. 8 Abs. 2 lit. d, f IStGHSt klarstellt, damit vergleichbare Auseinandersetzungen zwischen Regierungskräften und anderen bewaffneten Gruppen oder Auseinandersetzungen von Gruppen auf dem Gebiet nur eines Staates **(innerstaatlicher Konflikt).** Der Anwendungsbereich des Kriegsstrafrechts für innerstaatliche Konflikte ist deutlich kleiner (Art. 8 Abs. 2 lit. c–f IStGHSt) als für internationale Konflikte (Art. 8 Abs. 2 lit. a, b IStGHSt).

59 Darüber hinaus muss ein funktionaler Zusammenhang zwischen der Einzeltat und dem Konflikt (Gesamttat) bestehen, mithin diese *wegen* des Konflikts begangen worden sein (*Safferling*, 6/142) und nicht bloß „bei Gelegenheit“ (*Esser,* 22/59). Dieser Zusammenhang liegt dann nahe, wenn der Täter der Konfliktpartei angehört oder eine Zivilperson bewusst von einer Konfliktpartei entsprechend eingesetzt wird.

3. Tathandlungen

60 Das IStGHSt nennt über 50 verschiedene Tathandlungen. In den einzelnen Varianten wird zudem vielfach auf das humanitäre Kriegsvölkerrecht verwiesen. Insgesamt lassen sich zwei Begriffspaare („two boxes approach“) unterscheiden, mit denen der Tatbestand „entwirrt“ (*Safferling*, 6/129) werden kann: Das erste Begriffspaar bilden die **internationalen** bewaffneten Konflikte, die in lit. a, b des Art. 8 Abs. 2 IStGHSt geregelt sind, und die **innerstaatlichen** bewaffneten **Konflikte**, wie sie in lit. c–f des Art. 8 Abs. 2 IStGHSt erfasst sind. In jeder dieser beiden Deliktsgruppen wird sodann zwischen den Verstößen gegen das **Genfer Recht** (Art. 8 Abs. 2 lit. a, c IStGHSt; vgl. auch oben Rn. 4) und solchen gegen das **Haager Recht** (Art. 8 Abs. 2 lit. b, e IStGHSt; vgl. oben Rn. 4) unterschieden.

a) Internationale Konflikte

61 Tathandlungen bei internationalen Konflikten sind nach Art. 8 Abs. 2 lit. a IStGHSt etwa die vorsätzliche Tötung, Folter und un-

menschliche Behandlung eines anderen einschließlich biologischer Versuche. Ihr Schutzzweck richtet sich aber nicht auf den kämpfenden Gegner (Kombattanten), sondern auf die Personen, die in den **vier Genfer Abkommen** genannt sind, dh vor allem Verwundete, Kranke, medizinisches Personal, Kriegsgefangene und Zivilpersonen (*Satzger*, 16/68). Es muss darüber hinaus eine schwere Verletzung einer der vier Genfer Konventionen vorliegen.

Andere Kriegsverbrechen in internationalen Konflikten stellt Art. 8 Abs. 2 lit. b IStGHSt unter Strafe. Anknüpfungspunkt sind dabei die Gesetze und Gebräuche, die nach dem Völkerrecht, vor allem dem **Haager Recht**, von den Kriegsparteien zu beachten sind. Der Tatbestand „sprengt sämtliche Grenzen gesetzgeberischer Anforderungen" (*Safferling*, 6/150). Trotz der 26 (!) Unterabsätze des Art. 8 Abs. 2 lit. b IStGHSt weist dieser Katalog noch **Lücken** auf. So ist etwa bislang der Einsatz von Landminen, bakteriellen Kampfstoffen und chemischen Kampfstoffen nicht als Kriegsverbrechen unter Strafe gestellt, obgleich diese Mittel der Kriegsführung auf internationaler Ebene geächtet sind. Der Einsatz von Atomwaffen wird dagegen bis heute sogar weder vom humanitären Völkerrecht noch auf Ebene des Völkerstrafrechts ausdrücklich verboten (vgl. *v. Arnauld,* Rn. 1231 f.; *Gless* Rn. 845). Der Einsatz von bewaffneten **Drohnen** ist völker(straf)rechtlich umstritten (vgl. die Nachweise bei *Ambos*, 7/246 mit Fn. 1161), vor allem wegen der Kollateralschäden für die Zivilbevölkerung, die freilich auch beim Einsatz konventioneller Waffen eintreten können (*Herdegen*, § 56 Rn. 19). Bei einer mangelhaften Programmierung oder unverhältnismäßigem Einsatz der Drohnen kommt eine Bestrafung der Entscheidungsträger nach Art. 8 Abs. 2 lit. b (iv) IStGHSt bzw § 11 Abs. 1 Nr. 3 VStGB in Betracht. **62**

b) Nicht internationale Konflikte

Bei einem staatsinternen Konflikt werden in Art. 8 Abs. 2 lit. c, e IStGHSt aus Respekt gegenüber der staatlichen Souveränität nur besonders schwere Verstöße gegen völkerrechtliche Vorgaben unter Strafe gestellt. Dazu gehören Angriffe auf Leib und Leben, Beeinträchtigung der persönlichen Würde oder ein rechtsstaatswidriges Gerichtsverfahren. Teilweise (z. B. bei Art. 8 Abs. 2 lit. c IStGHSt) müssen sich die Handlungen gegen Personen richten, die nicht oder nicht mehr an dem Konfliktgeschehen teilnehmen (zB Zivilpersonen oder nicht mehr am Geschehen teilnehmende Kombattanten). **63**

Übungsklausur: *Ambos*, FL, Fall 8 Rn. 2 ff., 29 ff. (zur Rekrutierung von Kindersoldaten, Art. 8 Abs. 2 lit. b, e IStGHSt, angelehnt an den Fall Lubanga).

4. Subjektiver Tatbestand

64 Im Regelfall wird ein Vorsatz (Art. 30 IStGHSt) vorausgesetzt. Zuweilen wird im Völkerrecht und bei manchen Tathandlungen des IStGHSt in der englischen Fassung des IStGHSt eine „willfulness" gefordert (vgl. *Werle/Jeßberger*, Rn. 1173), so etwa bei Art. 8 Abs. 2 lit. a (i), (iii) und (iv). Im angloamerikanischen Rechtskreis wird darunter nicht nur die vorsätzliche Tatbegehung, sondern wohl auch die „recklessness" verstanden (*Ambos*, 7/64), wobei Unsicherheiten darüber bestehen, ob sie dem deutschen dolus eventualis (so *Safferling*, 6/158) entspricht oder es sich hierbei um eine einheitliche Kategorie von dolus eventualis und bewusster Fahrlässigkeit handelt (so *Satzger*, 16/66).

5. Die Kriegsverbrechen in § 8 VStGB bis § 12 VStGB

65 Die im deutschen VStGB geregelten Kriegsverbrechen sind auf fünf Paragraphen aufgeteilt worden und systematisch nach der Art ihrer Angriffsrichtung geordnet. So erfasst § 8 VStGB die *Kriegsverbrechen gegen Personen* wie etwa die Tötung, Geiselnahme, unmenschliche Behandlung oder sexuelle Nötigung.

Fall „Leichenschändung in Syrien" (*BGH* NJW 2017, 3667 m. krit. Anm. *Ambos* aaO und zust. Anm. *Werle/Epik*, JZ 2018, 257): Auch Kriegsverbrechen, die im syrischen Bürgerkrieg begangen worden sind bzw begangen worden sein sollen, werden in Deutschland in einer Reihe von personenbezogenen Strafverfahren behandelt. So wurde ein zum Zeitpunkt der Tat 19-Jähriger vom *OLG Frankfurt* (*OLG Frankfurt*, Urt. v. 12.6.2016, Az.: 5 – 3 StE 2/16 – 4 – 1/16) zu zwei Jahren Haft verurteilt. Er war 2014 nach Syrien ausgereist, um sich dort einer islamistischen Gruppierung im Kampf gegen syrische Regierungstruppen anzuschließen. Nach einer bewaffneten Auseinandersetzung mit mehreren feindlichen Soldaten posierte der Angeklagte zwischen den aufgespießten Köpfen zweier von seinen Kameraden getöteten Feinde und ließ sich in dieser Pose fotografieren. Das *OLG Frankfurt* entschied, dass sich der Schutz des § 8 Abs. 1 Nr. 9 VStGB auch auf Verstorbene erstrecke und allein das Posieren zwischen aufgespießten Köpfen eine erniedrigende Behandlung einer nach humanitärem Völkerrecht zu schützenden Person iSd § 8 Abs. 1 Nr. 9 VStGB darstelle. Das Urteil wurde am 27.7.2017 vom *BGH* – in seiner **ersten Entscheidung** auf Grundlage des VStGB – bestätigt (*BGH* aaO).

65a § 9 VStGB erstreckt sich auf die Kriegsverbrechen gegen das Eigentum und sonstige Rechte und § 10 VStGB auf solche gegen humanitäre Operationen und Embleme. Die verbotenen *Methoden* der Kriegsführung – also der Kern des Haager Rechts – sind in § 11 VStGB geregelt, während der *Einsatz verbotener Mittel der Kriegsführung* von § 12 VStGB erfasst wird. Das Gesetz trifft dabei, anders als das IStGHSt, im Regelfall keine Differenzierung danach, ob es sich um einen internationalen oder nichtinternationalen Konflikt handelt. Damit geht das VStGB zwar über das IStGHSt, nicht aber über das sonstige Kriegsvölkerstrafrecht hinaus (*Werle/Jeßberger,* Rn. 1489 f.).

Übungsklausur: *Ambos*, FL, Fall 6 Rn. 3 ff. (Kunduz-Fall).

66 **Fall „Kunduz"** (*Einstellung des Ermittlungsverfahrens durch die Generalbundesanwaltschaft, GBA; Pressemitteilung 8/2010):* Völkerstrafrechtlich bedeutsam ist ein Vorfall, der sich im November 2009 während des Afghanistan-Einsatzes der Bundeswehr am Fluss Kunduz zugetragen hat. Oberst K und Hauptfeldwebel W erteilten den Befehl, auf zwei von den Taliban geraubten Tanklastzügen Bomben abzuwerfen, da sie offenbar davon ausgingen, es hielten sich dort Talibankämpfer auf. In Wahrheit handelte es sich um etwa 30 bis 50 Zivilisten, die durch den Bombenabwurf getötet wurden. Die GBA hat das Verfahren eingestellt, da K und W nicht erkannt hätten, dass es sich dabei um Zivilisten gehandelt habe (dies bezweifelnd *Ambos*, NJW 2010, 1725). Das VStGB sei gem. § 2 VStGB auch bei Handlungen deutscher Soldaten im Ausland einschlägig. Zwar komme hier eine Anwendbarkeit des § 11 Abs. 1 Nr. 3 VStGB durchaus in Betracht, da es sich um einen nichtinternationalen bewaffneten Konflikt zwischen der ISAF und den Taliban gehandelt habe (zustimmend *Ambos*, NJW 2010, 1725; *Safferling/Kirsch*, JA 2010, 81, 82). Jedoch habe es K und W am erforderlichen Vorsatz der Tötung von Zivilisten gefehlt. – Eine Strafbarkeit nach § 8 Abs. 1 Nr. 1 VStGB scheitert daran, dass die getöteten Zivilisten gerade nicht solche der gegnerischen Konfliktpartei gewesen seien (*Safferling/Kirsch*, JA 2010, 81, 84).

IV. Aggression

67 **Prüfungsschema 12: Aggression** nach **Art. 8bis IStGHSt**

1. Objektiver Tatbestand (actus reus)

a) (Kollektiver) Aggressionsakt

b) Individuelle Aggressionshandlung durch Führungsperson:

- Planung, Vorbereitung, Einleitung oder Durchführung eines Aggressionsaktes
- durch einen Angehörigen der politischen oder militärischen Führungsriege mit Anweisungs- oder Kontrollkompetenz

c) Aggressionsakt aufgrund Art, Schwere und Ausmaßes eine manifeste Verletzung der UN-Charta darstellend (sog. Schwellenklausel)

2. Subjektiver Tatbestand (mens rea)

Vorsatz iSd Art. 30 IStGHSt; animus aggressionis nicht erforderlich, recklessness nicht ausreichend

1. Historische Entwicklung

68 Im Völkerstrafrecht trat der Straftatbestand des Angriffskriegs erstmals 1945 im Statut für den Internationalen Militärgerichtshof in Nürnberg in Erscheinung, und zwar in Gestalt des „Verbrechens gegen den Frieden" (zur historischen Entwicklung vgl. *Safferling*, 6/165). Im Rom-Statut wurde dann zwar dem *IStGH* die Gerichtsbarkeit über das Verbrechen der Aggression übertragen. Da sich die Vertragsparteien aber nicht über eine Definition des Angriffskriegs und die Ausgestaltung der Strafgerichtsbarkeit einigen konnten, wurde die Entscheidung über die Einführung dieses Tatbestands aufgeschoben. Art. 5 Abs. 2 IStGHSt enthielt aber das klare Mandat an die Völkergemeinschaft, einen solchen Straftatbestand des Angriffskriegs zu schaffen. Im Jahre 2010 wurde bei der erstmaligen Überprüfungskonferenz (Review Conference) des Rom-Status in **Kampala** (Uganda) eine Einigung sowohl über den Straftatbestand, der mittlerweile nach Art. 8 in das IStGHSt eingefügt wurde (Art. 8bis IStGHSt), als auch über die Ausübung der Gerichtsbarkeit für dieses Verbrechen erzielt (vgl. RC/Res. 6 v. 16.6.2010; dazu *Ambos,* 7/261 ff. und ZIS 2010, 649). Mit dem Gesetz vom 22.12.2016 (BGBl. I 3150) wurde sodann die deutsche Rechtslage zum 1.1.2017 mit Schaffung des neuen § 13 VStGB (dazu unten Rn. 68d) geändert.

2. Tatbestandsmerkmale

68a Das *IStGH*-St differenziert in seinem neu eingefügten Art. 8bis zwischen dem in Abs. 1 genannten völkerstrafrechtlichen Verbrechen der Aggression und der nur völkerrechtswidrigen staatlichen Angriffshandlung nach Abs. 2 (*Esser,* 22/74), die jedoch stets eine Voraussetzung für die Begehung eines Aggressionsverbrechens nach Abs. 1. ist. Für die nähere Umschreibung der Angriffshandlung selbst verwendet Art. 8bis Abs. 2 IStGHSt weitgehend den Wortlaut der Aggressionsdefinition der UN-Generalversammlung von 1974 (A/RES/3314 (XXIX). Dazu gehören zB die Invasion eines Hoheitsgebiets (Abs. 2 lit a), dessen Bombardierung (lit. b), die Blockade der Häfen (lit. c) oder das Entsenden von Söldnern (lit. g).

Sodann sind **zwei tatbestandliche Einschränkungen** bemerkenswert und innovativ (*Ambos*, 7/265): **1.** Der **Täterkreis** des Aggressionsverbrechens wird auf die **Befehls-** oder **Führungsebene** beschränkt, er umfasst gem. Art. 8bis Abs. 1 IStGHSt lediglich solche Personen, die tatsächlich in der Lage sind, das politische oder militärische Handeln eines Staates zu kontrollieren oder zu lenken. Sie müssen die jeweilige Angriffshandlung geplant, vorbereitet, eingeleitet oder ausgeführt haben. Das Aggressionsverbrechen ist damit ein Sonderdelikt (*Esser*, 22/76). Die Strafbarkeit von Untergebenen wird auch in Bezug auf mögliche Teilnahmehandlungen ausgeschlossen (Art. 25 Abs. 3bis IStGHSt). **2.** Außerdem müssen die in Abs. 2 genannten Angriffshandlungen ihrer Art, Schwere und ihres Umfanges nach eine offenkundige Verletzung der Charta der Vereinten Nationen darstellen (sog. **Schwellenklausel;** „threshold clause"; *Ambos*, 7/265). **68b**

Übungsklausur: *Safferling/Kirsch*, ZJS 2012, 672.

3. Rolle des Sicherheitsrates

Besonderheiten ergeben sich beim Verbrechen der Aggression auch hinsichtlich der Rolle des Sicherheitsrates, die in Art. 15bis und Art. 15ter IStGHSt festgehalten ist. Möchte die Anklagebehörde förmliche Ermittlungen hinsichtlich eines möglichen Aggressionsverbrechens aufnehmen, so muss sie sich in den Fällen einer Staatenüberweisung sowie bei Ermittlungen aus eigenem Antrieb (*proprio motu*) zunächst an den Generalsekretär der VN wenden und sodann eine Stellungnahme des Sicherheitsrates abwarten. Nach sechs Monaten darf sie mit Genehmigung der Vorverfahrenskammer ihre Ermittlungen jedoch auch dann fortführen, wenn der Sicherheitsrat ausdrücklich festgestellt hat, dass nach seiner Ansicht kein Aggressionsakt vorlag (vgl. Art. 15bis Abs. 8–10 IStGHSt; *Werle/Jeßberger*, Rn. 1543). **68c**

4. Ausübung der Gerichtsbarkeit

Gem. Art. 15bis Abs. 2 IStGHSt übt der Gerichtshof seine neu geschaffene Gerichtsbarkeit nur über solche Verbrechen der Aggression **68d** aus, die mindestens ein Jahr nach der Ratifikation oder Annahme der Änderung durch 30 Vertragsstaaten begangen werden. Die 30. Ratifikation der Änderungen erfolgte bereits am 29.6.2016 durch Palästina. Mittlerweile haben 35 Staaten die Änderungen ratifiziert (Stand 27.7.2018). Am 14.12.2017 beschloss die Staatenversammlung zudem die gem. Art. 15ter Abs. 3 IStGHSt erforderliche Aktivierung der Gerichtsbarkeit über das Verbrechen der Aggression zum 17.7.2018 (Resolution ICC-ASP/16/Res. 5)

5. Die Aggression in § 13 VStGB

68e Auch in Deutschland ist am 1.1.2017 (oben Rn. 68) ein eigener Tatbestand zum Verbrechen der Aggression in Kraft getreten (zur Reform vgl. *Effinowicz*, JuS 2017, 24; *Glauch*, HRRS 2017, 86; *Greßmann/Staudigl*, ZIS 2016, 798; BT-Drs. 18/8621). Der neue § 13 VStGB, der sich maßgeblich an dem Gesetzesvorschlag von *Jeßberger* (ZIS 2015, 514, 522) orientiert, ersetzt den bisherigen § 80 StGB (Vorbereitung eines Angriffskrieges). Hierbei ergeben sich einige inhaltliche **Unterschiede zu Art. 8bis IStGHSt** (z. T. krit. dazu *Deiseroth,* Vorgänge 2017, 95): Nach § 13 Abs. 1 VStGB sind das Führen eines Angriffskrieges und die Begehung einer Angriffshandlung unter Strafe gestellt. Dies entspricht weitgehend der Ausführungsvariante des Art. 8bis Abs. 1 IStGHSt unter Einschluss der Schwellenklausel. Aber § 13 Abs. 2 VStGB stellt die Planung, Vorbereitung oder Einleitung einer Angriffshandlung nur dann unter Strafe, wenn die Angriffshandlung tatsächlich begangen wurde oder durch sie die Gefahr einer Angriffshandlung für die Bundesrepublik Deutschland herbeigeführt wird. Auch die Liste der Angriffshandlungen aus Art. 8bis Abs. 2 IStGHSt taucht in § 13 VStGB nicht auf. Der Täterkreis ist nach § 13 Abs. 4 VStGB freilich, wie in Art. 8bis Abs. 1 IStGHSt, auf das Befehls- und Führungspersonal beschränkt. § 80a StGB wurde ebenfalls an die neue Terminologie angepasst. Das ansonsten im VStGB geltende Weltrechtsprinzip ist bei § 13 VStGB gem. § 1 Abs. 1 S. 2 VStGB auf im Ausland handelnde Deutsche sowie auf ausländische Täter, deren Tat sich gegen Deutschland richtet, beschränkt.

C. Allgemeine Grundsätze des Völkerstrafrechts

69 Einen umfassenden Regelungskomplex zum Allgemeinen Teil des Völkerstrafrechts, vergleichbar dem Allgemeinen Teil des StGB, gibt es nicht. Für die Völkerstrafverfahren vor dem *IStGH* sind allerdings allgemeine Grundsätze des Völkerstrafrechts festgehalten (Art. 22 ff.

IStGHSt), die durch die sog. „Elements of Crime" ergänzt werden. Sie beruhen maßgeblich auf den Grundsätzen, die vom Internationalen Militärgerichtshof in den Nürnberger Kriegsverbrecherprozessen und von den ad-hoc-Tribunalen für Jugoslawien und Ruanda entwickelt worden sind.

I. Die allgemeinen Regelungen für das deutsche VStGB; völkerrechtskonforme Interpretation

Auf Völkerstraftaten, auf die das deutsche VStGB anwendbar ist, finden nach § 2 VStGB, der „zentralen Umschaltnorm" (*Werle/Jeßberger*, Rn. 442), die Regelungen des Allgemeinen Teils des StGB Anwendung, sofern im Völkerstrafgesetzbuch keine Sonderregelungen getroffen werden. Somit sind bei den Straftaten nach §§ 6 ff. VStGB etwa die Regelungen zum Unterlassen (§ 13 StGB), zu Vorsatz und Irrtum (§§ 15 ff. StGB), zur Schuldfähigkeit (§§ 20 f. StGB), zum Versuch (§§ 22 ff. StGB), zu Täterschaft und Teilnahme (§§ 25 ff. StGB) und zu Notwehr und Notstand (§§ 32 ff. StGB) maßgeblich. Diese Regelungen sind freilich völkerrechtsfreundlich auszulegen, dh bei ihrer Interpretation sind das IStGHSt und dessen Auslegung durch den *IStGH* sowie das Völkergewohnheitsrecht zu berücksichtigen (*Werle/Jeßberger*, JZ 2002, 733). Dem Völkerstrafrecht entlehnte AT-Sonderregelungen finden sich in § 3 VStGB (Handeln auf Befehl), § 4 VStGB (Verantwortlichkeit militärischer Vorgesetzter) und § 5 VStGB (Verjährung). 70

II. Der Verbrechensaufbau im Völkerstrafrecht

Die internationalen Strafgerichtshöfe orientieren sich an dem *allgemeinen* zweigliedrigen Verbrechensbegriff des common law (*Ambos*, 7/2). Danach setzt die Strafbarkeit zunächst als erstes Element eine **„offence"** voraus, dh das Vorliegen der objektiven Umstände der Tat (sog. actus reus) und deren subjektiver Momente (sog. mens rea). Das zweite Element bilden die **„defences"**, welche die Strafbarkeit ausschließen (wie etwa Schuldunfähigkeit, Notwehr und Notstand, aber auch verfahrensrechtliche Hindernisse wie die Verjährung). Darin unterscheidet er sich maßgeblich vom deutschen zweigliedrigen bzw dreigliedrigen Verbrechensbegriff, der zwischen Tatbestandsmäßigkeit, Rechtswidrigkeit und Schuld differenziert. 71

1. Zweigliedriger Verbrechensbegriff des Völkerstrafrechts

72 Der Verbrechensbegriff des Völkerstrafrechts, wie er im IStGHSt zum Vorschein kommt, lässt sich zwar in dieses Modell des common law integrieren, weist aber auch Besonderheiten auf, weshalb von einem eigenständigen, besonderen zweigliedrigen Verbrechensbegriff im Völkerstrafrecht ausgegangen wird (*Safferling*, 5/11; *Satzger*, 15/18).

2. Äußere und innere Tatseite

73 Die **äußere Tatseite** („material elements") betrifft das Verhalten („conduct"), beim Erfolgsdelikt den Eintritt einer bestimmten Folge und den Kausalzusammenhang zwischen Handlung und Erfolg („consequences") sowie das Vorliegen bestimmter Begleitumstände („circumstances"; *Safferling,* 5/13).

74 Die **subjektive Tatseite** („mental elements") ist in **Art. 30 IStGHSt** geregelt. „Die Bedeutung der Norm erschließt sich nur schwer" (*Satzger*, 15/22). Danach muss der Täter prinzipiell „with intent and knowledge", also Wissen und Wollen handeln; die amtliche deutsche Übersetzung („vorsätzlich und wissentlich") ist missverständlich, da der Begriff des Vorsatzes nach deutschem Sprachgebrauch das Wissen schon einschließt. Die Regelanforderungen werden in Art. 30 Abs. 2 lit. a, b IStGHSt präzisiert (*Ambos*, 7/63 mit Schaubild): Das *Verhalten* muss vom Willen getragen sein. Da bezüglich einer bloßen Tätigkeit ein zielgerichteter Wille konstruktiv nicht denkbar ist, läuft dies im Ergebnis auf Wissen (dolus directus) hinaus (*Safferling*, 5/23; *Satzger,* 15/24). In Bezug auf einen *Erfolg* ist dagegen alternativ Absicht *oder* Wissen erforderlich (*Safferling*, 5/23; aA *Satzger*, 15/25: kumulativ Absicht *und* Wissen), in Bezug auf die *Begleitumstände* wiederum Wissen (*Satzger*, 15/26).

74a Ob ein **dolus eventualis** genügen kann, ist mit Blick auf den Wortlaut des Art. 30 Abs. 2 IStGHSt zweifelhaft und wird vom *IStGH* in seinem Urteil zum Fall Lubanga abgelehnt (*IStGH*, TC I, *Lubanga*, Urteil v. 15.3.2012, ICC-01/04-01/06-2843, para 1011; *IStGH*, AC, *Lubanga,* Urteil v. 1.12.2014, ICC-01/04-01/06-3122, para 447 ff.; anders noch *IStGH*, PTC I, *Lubanga*, Beschl. vom 29.1.2007, ICC-01/04-01/06-803-tEN, paras 349, 352; für die Einbeziehung des *dolus eventualis* dagegen *Werle/Jeßberger,* Rn. 504; diesen abl. *Ambos,* 7/64). Soweit andere Bestimmungen des IStGHSt und sonstigen Völkerstrafrechts die subjektiven Voraussetzungen davon abweichend definieren, sind diese maßgeblich (Details hierzu bei *Werle/Jeßberger*, Rn. 509 ff.). Ob die dem dolus eventualis verwandte *recklessness* ausreichen kann, bestimmt sich nach der Eigenart des Delikts (vgl. dazu oben Rn. 64).

III. Individuelle Verantwortlichkeit

Das IStGHSt geht von der prinzipiellen individuellen Verantwortlichkeit desjenigen aus, der eine Völkerstraftat begeht, und setzt diese für die Bestrafung voraus („grounds for excluding criminal liability"). Sie entfällt etwa in den Fällen der Schuldunfähigkeit, wie sie in Art. 31 Abs. 1 lit. a IStGHSt geregelt sind (*Gless,* Rn. 689f.). 75

IV. Beteiligung an einer Völkerstraftat

1. Täterschaft

Hinsichtlich der **täterschaftlichen** Tatbegehung (**Art. 25 Abs. 3 lit. a** IStGHSt) wird – ganz ähnlich dem deutschen Strafrecht – zwischen Alleintäterschaft, Mittäterschaft und mittelbarer Täterschaft (einschließlich des die Organisationsherrschaft ausübenden Täters hinter dem Täter) differenziert. In Anlehnung an die herrschende deutsche, von *Roxin* entwickelte, Beteiligungsdogmatik, hat der *IStGH,* maßgeblich beeinflusst durch den deutschen Richter *Schomburg*, für alle Formen der Täterschaft Tatherrschaft verlangt (vgl. *IStGH*, AC, *Lubanga,* Urteil v. 1.12.2014, ICC-01/04-01/06-3122, paras 469f.; *Ambos*, 7/17). Die Rechtsfigur der sog. „joint criminal enterprise", die insbesondere vom *JStGH* und anderen ad-hoc-Gerichten angewendet wurde (*Satzger*, 15/55), hat der *IStGH* dagegen nicht übernommen (ausführlich dazu *Werle/Jeßberger*, Rn.552 ff.) 76

2. Veranlassung und Unterstützung

Die **Veranlassung** zu einer Straftat nach Art. 25 Abs. 3 lit. b Var. 2, 3 IStGHSt umfasst die Anordnung (in einem Über-Unterordnungsverhältnis), Anstiftung und Aufforderung zu einem Völkerrechtsverbrechen. Die Veranlassung ist *akzessorisch* und setzt eine täterschaftlich begangene Haupttat voraus. – Die **Unterstützung** des Haupttäters in **Art. 25 Abs. 3 lit. c** IStGHSt richtet sich auf die Beihilfe und andere Formen der Unterstützung. Die Handlung muss einen substanziellen Effekt für die Begehung der Haupttat haben, was etwa dann der Fall ist, wenn der Gehilfe die maßgeblichen Tatwerkzeuge liefert. 77

3. Unterstützung eines Gruppenverbrechens

Die neuartigste und zugleich schwächste Form der Tatbeteiligung ist in Art. 25 Abs. 3 lit. d IStGHSt geregelt. Sie besitzt kein Vorbild im Völkergewohnheitsrecht (*Werle/Jeßberger,* Rn. 599). Die Abgrenzung zur Beihilfe ist schwierig (*Ambos*, 7/43). Wird durch einen Zusammen- 78 schluss von mindestens drei Personen ein Völkerrechtsverbrechen begangen, genügt es für die Strafbarkeit, wenn man einen wesentlichen Beitrag zu der Kollektivtat leistet (*IStGH*, TC II, *Katanga*, Urteil v. 7.3.2014, para 1632; Besprechung: *Stahn*, JICJ 12 (2014), 809). Mit dieser Auffangkategorie auf der untersten Teilnahmeebene sollen eher die Formen indirekter Unterstützung (Waffen- oder Geldlieferungen) erfasst werden (*Satzger*, 15/63).

4. Vorgesetztenverantwortlichkeit

79 Eine besondere Regelung für die strafrechtliche Haftung von Vorgesetzten ist in Art. 28 IStGHSt enthalten. Diese subsidiäre Beteiligungsform sui generis setzt Folgendes voraus (Details zB bei *Ambos*, 7/52 ff.; *Satzger*, 15/64 ff,):

80 **Prüfungsschema 13: Vorgesetztenverantwortlichkeit nach Art. 28 IStGHSt**

- Über-Unterordnungsverhältnis zwischen Vorgesetztem und Untergebenem mit effektiver Führungsgewalt
- Kennen- oder Kennenmüssen der Straftat, die der Untergebene begeht
- Tatbegehung des Untergebenen als Folge des pflichtwidrigen Unterlassens erforderlicher und angemessener Maßnahmen durch Vorgesetzten

81 Soweit der Vorgesetzte selbst aktiv in das Geschehen eingebunden ist, ergibt sich seine Strafbarkeit schon nach den o. g. Grundsätzen der Täterschaft, Veranlassung oder Unterstützung.

82 Das deutsche VStGB hat die einzelnen Aspekte der Vorgesetztenverantwortlichkeit nach dem IStGHSt auf die drei Normen der Verantwortlichkeit militärischer Befehlshaber (§ 4 VStGB), der Verletzung der Aufsichtspflicht (§ 13 VStGB) und der Unterlassung der Meldung einer Straftat (§ 14 VStGB) verteilt, ist dabei aber hinter der sehr weitgehenden Regelung des Art. 28 IStGHSt zurückgeblieben.

V. Vorbereitung und Versuch

83 In Art. 25 Abs. 3 lit. f IStGHSt wird, in Anknüpfung an das Völkergewohnheitsrecht (*Werle/Jeßberger*, 733) jeder *Versuch* eines Völkerrechtsverbrechens unter Strafe gestellt (*Ambos*, 7/67; *Satzger*, 15/68). Nicht nach dem IStGHSt strafbar ist grundsätzlich die *Planung* und

Vorbereitung eines Völkerrechtsverbrechens. Die Aufstachelung zum Völkermord ist gem. Art. 25 Abs. 3 lit. e IStGHSt selbstständig strafbar. Auch die Planung und Vorbereitung des Verbrechens der Aggression wird mit Inkrafttreten der Änderungen nunmehr gem. Art. 8bis Abs. 1 vom IStGHSt mit Strafe bedroht. Eine Rücktrittsregelung enthält S. 2 des Art. 25 Abs. 3 lit. f IStGHSt (*Gless,* Rn. 795).

VI. Unterlassen

Soweit ein Verbrechenstatbestand des Völkerrechts eine Untätigkeit ausdrücklich erfasst, ist eine Bestrafung wegen Unterlassens unmittelbar möglich. Solche Beispiele eines echten Unterlassungsdelikts finden sich in Art. 7 Abs. 1 lit. b iVm Abs. 2 lit. b IStGHSt. Auch die Vorgesetztenverantwortlichkeit in Art. 28 IStGHSt erfasst explizit (und nur) das pflichtwidrige Unterlassen. Im Übrigen enthält das Rom-Statut *keine* dem § 13 StGB vergleichbare *allgemeine Regelung*, wonach ein auf ein aktives Tun ausgerichteter Straftatbestand (wie etwa die Tötung von Mitgliedern einer Gruppe) auch im Unterlassensfall anwendbar sein soll. Ob damit aber die Möglichkeit unechten Unterlassens ausgeschlossen ist, wird zu Recht bezweifelt. Vieles spricht für die Richtigkeit der Rechtsprechung in den ad hoc-Tribunalen (und ihre Übertragbarkeit auf den *IStGH*), wonach der Täter wegen Unterlassens bestraft werden kann, wenn es eine Rechtspflicht zum Handeln gibt (Nachweise bei *Werle/Jeßberger,* Rn. 749). **84**

VII. Straffreistellungsgründe (IStGHSt)

In Art. 31 IStGHSt sind die Gründe genannt, aufgrund derer – trotz Vorliegens der objektiven und subjektiven Verbrechensmerkmale – eine Strafbarkeit entfallen kann. Anders als das deutsche Strafrecht unterscheidet das IStGHSt nicht zwischen Rechtfertigungs- und Entschuldigungsgründen. **85**

1. Notwehr und Notstand

Die Voraussetzungen der **Notwehr** in Art. 31 Abs. 1 lit. c IStGHSt (Prüfungsschema bei *Safferling*, 5/46) entsprechen weitgehend denjenigen der deutschen Notwehrbestimmung in § 32 StGB. Es müssen eine Notwehrlage und eine Verteidigungshandlung vorliegen. Der Angriff muss in der Anwendung oder Androhung von Gewalt bestehen. Notwehrfähig sind im Falle von Kriegsverbrechen auch Sachen, die lebensnotwendig oder für den Militäreinsatz unabdingbar sind. Die Notwehrhandlung muss aber verhältnismäßig sein, dh in einem ange- **86** messenen Verhältnis zur Gefahr stehen, während § 32 StGB dieses Korrektiv, von Ausnahmekonstellationen abgesehen (zu diesen vgl. *Kühl*, AT, 7/171 ff.), gerade nicht enthält. Ob Art. 31 Abs. 1 lit. .c IStGHSt in subjektiver Hinsicht einen Verteidigungswillen voraussetzt, wird unterschiedlich bewertet (zust. *Werle/Jeßberger,* Rn. 660; abl. dagegen *Ambos*, 7/83, der die Kenntnis ausreichen lässt).

87 Der **Notstand** nach Art. 31 Abs. 1 lit. d IStGHSt (Prüfungsschema bei *Safferling*, 5/53) setzt objektiv als Notstandslage eine Gefahr für Leib oder Leben voraus. Gefahren für andere Rechtsgüter genügen nicht. Die Notstandstat muss das relativ mildeste Mittel sein. Der Grundsatz der Verhältnismäßigkeit – auf der Grundlage einer Güterabwägung – ist zu beachten. Auch darf der Täter keinen größeren Schaden durch die Notstandstat herbeiführen als denjenigen, den er abzuwenden trachtet. Anders als in § 34 StGB, aber ebenso wie in § 35 StGB, kann die Tötung eines Menschen zur Rettung von Leben von Strafe freigestellt sein (*Safferling*, 5/51). Im völkerstrafrechtlichen Schrifttum wird sodann zwischen „necessity" (rechtfertigender Notstand nach dem Muster des § 34 StGB) and „duress" (entschuldigender Nötigungsnotstand) unterschieden (*näher* zu den Details *Ambos*, 7/93; *Satzger*, 15/34)

Übungsklausur: *Ambos*, FL, Fall 9 Rn. 35 ff. (Notstand).

88 **Beispiel – Der (er)frierende Soldat** (vgl. auch *Safferling,* 5/52): Die Staaten A und B führen mitten im Winter einen Krieg gegeneinander. Bei minus 30 Grad verirrt sich ein A-Soldat im Gebirge und stößt dort auf einen verletzten B-Soldaten, der nicht mehr gehen kann. Da A eher dünn bekleidet ist, befürchtet er, sich zwar nicht lebensgefährlich, aber doch massiv zu erkälten, und nimmt daher den warmen Wintermantel des B an sich in dem sicheren Wissen, dass B ohne diesen Mantel erfrieren wird. B stirbt an Unterkühlung; mit dem Mantel hätte er von Kameraden rechtzeitig gerettet werden können. – Die vorsätzliche Tötung eines verwundeten Gegners fällt unter Art. 8 Abs. 2 lit. a (i) IStGHSt. A hat dadurch zwar seine Gesundheit (Leib) geschützt, die Tat war aber unverhältnismäßig, da das Leben des B schwerer wog als die Gesundheit des A. Darüber hinaus war der von A vorsätzlich herbeigeführte Schaden (Tötung des B) größer als der von ihm abzuwendende Schaden (Erkältung). Der A-Soldat hat sich damit eines Kriegsverbrechens schuldig gemacht.

2. Handeln auf Befehl

89 Ein Handeln auf Befehl ist kein eigener Straffreistellungsgrund (*Safferling*, 5/59). Vielmehr kann er, sofern nicht eine Notstandssituation vorlag (oben Rn. 87), nach Art. 33 Abs. 1 IStGHSt nur dann zur Straflosigkeit führen (*Ambos*, 7/86: Entschuldigungsgrund), wenn der Täter zum Handeln verpflichtet war, er die Rechtswidrigkeit des Befehls nicht kannte und diese auch nicht offensichtlich war. Beim Völkermord (Art. 6 IStGHSt) und den Verbrechen gegen die Menschlichkeit (Art. 7 IStGHSt) ist dagegen eine Berufung auf Art. 33 Abs. 1 IStGHSt nicht möglich, da der Befehl zur Begehung einer solchen Tat gem. **Art. 33 Abs. 2 IStGHSt** immer offensichtlich rechtswidrig ist. Beim Befehl zu einem Kriegsverbrechen (Art. 8 IStGHSt) oder zur Aggression (Art. 8bis IStGHSt) kann, muss aber nicht, dem Befehl die Rechtswidrigkeit „auf die Stirn geschrieben“ sein.

3. Schuldunfähigkeit

Eine Schuldunfähigkeit wegen seelischer Krankheit oder Störung wird **90**
in Art. 31 lit. a IStGHSt anerkannt, sofern damit eine Beeinträchtigung der Einsichts- oder Steuerungsfähigkeit verbunden ist. Auch ein Rauschzustand kann zur Straflosigkeit führen; allerdings enthält Art. 31 lit. b IStGHSt eine ausdrückliche Regelung zur actio libera in causa (*Safferling*, 5/57 mit Bsp. 5/65).

4. Irrtümer

Das IStGHSt trifft in Art. 32 IStGHSt die Unterscheidung zwischen **91**
dem **Tatirrtum** (Abs. 1) und **Rechtsirrtum** (Abs. 2). Diese beiden Irrtümer ähneln dem deutschen Tatbestandsirrtum (§ 16 StGB) und Verbotsirrtum (§ 17 StGB), sind aber nicht völlig deckungsgleich, etwa bei Unkenntnis der rechtlichen Verbotsnorm, die im Völkerrecht, iU zu § 17 StGB, stets unbeachtlich ist (vgl. *Safferling*, 5/32, 35). Nimmt der Täter irrig die Rechtmäßigkeit eines nicht offenkundig rechtswidrigen Befehls an, so enthebt ihn dies gem. Art. 33 Abs. 1 IStGHSt von der strafrechtlichen Verantwortung.

VIII. Immunität und Verjährung

Anders als bei Strafverfahren vor nationalen Gerichten (auch nach **92**
dem deutschen VStGB; vgl. *Safferling*, 5/61) ist die **Immunität** von Staaten einschließlich ihrer Amtsträger in Strafverfahren vor dem *IStGH* **unbeachtlich,** und zwar sowohl die Immunität für hoheitliche Handlungen (Art. 27 Abs. 1 IStGHSt) als auch diejenige für nichthoheitliche und private Handlungen (Art. 27 Abs. 2 IStGHSt; zu den Details vgl. *Ambos*, 7/101; *Satzger*, 15/46).

93 Ebenso unterliegen Völkerrechtsverbrechen nach Art. 29 IStGHSt **keiner Verjährung** (*Gless,* Rn. 746).

D. Das Völkerstrafprozessrecht im IStGHSt

I. Allgemeines, Organe

94 Das Völkerstrafverfahren vor dem *IStGH* stellt eine *Mischung* aus einem Parteiverfahren angloamerikanischer Herkunft und einem Offizialverfahren kontinentaler Prägung dar (vgl. *Safferling*, 16/35: IStGHSt „einzigartiges Kompromisspapier"). Die maßgeblichen Regelungen finden sich in den Art. 34 ff. IStGHSt, ergänzt durch die Prozess- und Beweisregelungen in den sog. Rules of Procedure and Evidence (RPE). Die Kooperation Deutschlands mit dem Internationalen Strafgerichtshof ist im *IStGH*-G geregelt.

95 Der Gerichtshof hat nach Art. 34 IStGHSt *vier Organe* (*Esse*r, 21/30): **1.** das Präsidium, das aus drei Mitgliedern der Richterschaft (Präsident, 2 Vizepräsidenten) besteht (Art. 35, 38 Abs. 1 IStGHSt), **2.** eine Vorverfahrens-, Hauptverfahrens- und Berufungsabteilung mit den entsprechenden Spruchkörpern (sog. Kammern, vgl. Art. 39 IStGHSt), **3.** die Anklagebehörde mit ihrer Leiterin (Chefanklägerin) und Stellvertretern (Art. 42 IStGHSt) und **4.** die Kanzlei (Art. 43 IStGHSt) als nicht mit Rechtsprechungsaufgaben betraute Verwaltungseinheit (näher zu den Organen des Gerichtshofes A/B/E/E-*Eckelmans,* Rn. 1582 ff.).

II. Zulässigkeit der Strafverfolgung durch *IStGH*

96 **Prüfungsschema 14: Zulässigkeit der Strafverfolgung durch den *IStGH***

1. Materiell: Verbrechen nach Art. 5 IStGHSt
2. Personell: Täter über 18 Jahre alt (Art. 26 IStGHSt)
3. Zeitlich: Tat nach Inkrafttreten des IStGHSt (Art. 11 ISGHSt)
4. Formelle Zuständigkeit (Art 12 Abs. 2, 3 IStGHSt):
   a) Tatort in einem Vertragsstaat oder
   b) Täter ist Angehöriger eines Vertragsstaates oder
   c) Unterwerfung unter den *IStGH* durch Anerkennung oder
   d) Überweisung der Situation durch den UN-Sicherheitsrat
5. Aktivierung des Verfahrens (sog. Trigger Mechanismus; Art. 13 IStGHSt)

a) Unterbreitung durch Vertragsstaat oder
b) Unterbreitung durch UN-Sicherheitsratsresolution oder
c) Unterbreitung durch die *IStGH*-Anklagebehörde

6. Zuständigkeit nach Komplementaritätsprinzip (Art. 17 Abs. 1 IStGHSt), namentlich fehlender Wille oder fehlende Fähigkeit zur Strafverfolgung durch den an sich zuständigen Staat

1. Zuständigkeit

Die Zulässigkeit des Strafverfahrens vor dem *IStGH* setzt zunächst die Begehung eines der vier in Art. 5 *IStGH* genannten Verbrechen voraus (sog. ratione materiae). Verfolgt werden kann gem. Art. 25, 26 IStGHSt nur der volljährige Straftäter (sog. ratione personae) und nach Art. 11 IStGHSt nur eine Tat, die nach Inkrafttreten des IStGHSt begangen wurde (sog. ratione temporis). In formeller Hinsicht muss gem. Art. 12 Abs. 2, 3 IStGHSt die Tat entweder in einem Vertragsstaat begangen worden sein, der Täter dem Vertragsstaat angehören oder der Staat sich durch Anerkennung der Zuständigkeit des *IStGH* unterwerfen (*Ambos*, 8/6); bei einem Tätigwerden kraft UN-Sicherheitsratsbeschlusses folgt die Zuständigkeit ohne weiteres aus der UN-Satzung. **97**

2. Auslösungsmechanismus

Die Tätigkeit des Gerichtshofs wird nicht automatisch, sondern nur bei Vorliegen einer der folgenden drei Voraussetzungen ausgelöst (sog. trigger mechanism; dazu *Ambos*, 8/7 ff.; *Safferling*, 14/18 ff.). **98**

a) Staatenbeschwerde

Der Vertragsstaat kann den *IStGH* nach Art. 14 IStGHSt darum bitten, zu untersuchen, ob in einem anderen Vertragsstaat eine Völkerstraftat nach dem IStGHSt begangen wurde. Er kann aber von einem Staat auch um Untersuchungen wegen Völkerrechtsverbrechen auf dem eigenen Territorium gebeten werden (sog. self referrals; vgl. *Safferling*, 14/19). Zwar werden diese Selbstüberweisungen in Art. 14 IStGHSt nicht ausdrücklich erwähnt. Der *IStGH* hat die Zulässigkeit solcher self-referrals aber im Fall *Katanga* wohlbegründet bejaht, wenn der Staat (wie hier die Demokratische Republik Kongo) selbst nicht imstande ist, die notwendigen Untersuchungen und die Strafverfolgung durchzuführen (*IStGH*, *Katanga*, Urteil v. 25.9.2009, ICC-01/04-01/07 OA8, paras 85f.). Außer der Demokratischen Republik Kongo haben **99** auch Uganda (2003), die Zentralafrikanische Republik (2005, 2014), Mali (2012), die Komoren (2013), Palästina (2015) und Gabun (2016) eine Selbstüberweisung vorgenommen.

b) Beschluss des UN-Sicherheitsrats

100 Auch der UN-Sicherheitsrat kann mit einer entsprechenden Resolution die Tätigkeit des *IStGH* auslösen, indem dem Ankläger ein Sachverhalt betreffend eine Völkerstraftat unterbreitet wird (*Satzger*, 14/16). In diesem Fall ist die Zuständigkeit ohne weiteres gegeben, mithin auch in einer Situation, die einen Nichtvertragsstaat betrifft, was bisher in den Fällen Darfur und Libyen geschehen ist (*Ambos*, 8/8). So beruhten der 2009 vom *IStGH* erlassene Haftbefehl gegen den (auch heute noch) amtierenden sudanesischen Präsidenten *Al Bashir* und der 2011 erlassene Haftbefehl gegen *Muammar Al-Gaddafi* auf einer Resolution des UN-Sicherheitsrats. Eine Zuständigkeit nach Art. 12 Abs. 2 lit. a, b IStGHSt wäre dagegen nicht gegeben, denn Sudan und Libyen sind *nicht* Vertragsstaaten des Römer Statuts.

101 **Fall „Gaddafi“:** Weltweite Beachtung fand das Vorgehen des *IStGH* gegen den libyschen Diktator *Muammar Al-Gaddafi*, dessen Sohn *Saif Al-Islam* und den Geheimdienstchef *Abdullah Al-Senussi*. Gaddafi hatte mehrfach öffentlich zu Gewalt gegenüber denjenigen Teilen der libyschen Bevölkerung aufgefordert, die für seine Absetzung demonstriert hatten. Dies begründete den Verdacht der Anstiftung zu einem Verbrechen gegen die Menschlichkeit nach Art. 7 Abs. 1 lit. a, h IStGHSt iVm Art. 25 Abs. 3 lit. b IStGHSt. Daraufhin wurden von der Anklagebehörde, ausgelöst durch einen Verweis des UN-Sicherheitsrats nach Art. 13 lit. b IStGHSt (Res. 1970/2011), förmliche Ermittlungen eingeleitet. Im Juni 2011 waren gegen alle drei Personen Haftbefehle erlassen worden (*IStGH*, *Gaddafi, Gaddafi, Al-Senussi,* Beschluss v. 27.6.2011, ICC-01/11-01/11-2, 11-3, 11-4). Mittlerweile wurde das Verfahren gegen Muammar Al-Gaddafi wegen seines Todes jedoch eingestellt (*IStGH*, *Gaddafi, Gaddafi, Al-Senussi,* Beschluss v. 22.11.2011, ICC-01/11-01/11-28). Auch das Verfahren gegen Abdullah Al-Senussi wurde vom *IStGH* aufgrund des Komplementaritätsprinzips 2014 für unzulässig erklärt (*IStGH*, *Gaddafi, Al-Senussi,* PTC I, Beschluss v. 11.10.2013, ICC-01/11-01/11-466-Red; *IStGH*, AC, *Gaddafi, Al-Senussi,* Urteil vom 24.7.2014, ICC-01/11-01/11-565). Das Verfahren gegen Saif Al-Islam wird demgegenüber fortgesetzt und befindet sich derzeit auf der Stufe des förmlichen Ermittlungsverfahrens. Es muss jedoch so lange ausgesetzt werden, bis Al-Islam nach Den Haag überstellt werden kann. Sowohl Al-Senussi als auch Saif Al-Islam Gaddafi wurden 2015 in Libyen zum

Tode verurteilt. Gaddafi kam jedoch in der Zwischenzeit im Zuge einer Generalamnestie wieder aus dem Gefängnis frei (*ZEIT Online* vom 11.7.2017; http://www.zeit.de/politik/ausland/ 2017-06/libyen-saif-al-islam-gaddafi-freilassung).

c) Tätigwerden durch die Anklagebehörde

Darüber hinaus kann auch die Anklagebehörde des *IStGH* aus eigenem Antrieb (*proprio motu*) ein Tätigwerden des *IStGH* bewirken, Art. 13 lit. c IStGHSt. Die Anklagebehörde ist eine vom *IStGH* unabhängige Institution, an deren Spitze der Prosecutor (Chefankläger/in) steht. Nachfolgerin des ersten Chefanklägers, des Argentiniers *Luis Moreno Ocampo*, wurde 2012 die Gambierin *Fatou Bensouda*. **102**

3. Komplementarität

Der *IStGH* wird erst dann tätig, wenn ein Staat nicht willens oder fähig ist, selbst Ermittlungen aufzunehmen (Art. 17 Abs. 1 lit a IStGHSt); zu diesem Grundsatz der Komplementarität vgl. bereits oben Rn. 19. **103**

III. Verfahrensstadien

1. Ermittlungsverfahren; bisherige „Situationen"

Liegt eine sog. „Situation" vor, in der es den Anschein hat, dass ein Völkerverbrechen begangen wurde, prüft die Anklagebehörde, ob eine hinreichende Grundlage für die Einleitung von Ermittlungen besteht (Art. 13, 53 IStGHSt). Will sie *proprio motu* förmlich Ermittlungen aufnehmen, benötigt sie hierfür aber – anders als beispielsweise ein Staatsanwalt im deutschen Strafverfahren – gem. Art. 15 Abs. 3 IStGHSt die Genehmigung durch den *IStGH* (Vorermittlungskammer). Sie kann Ermittlungen ohne Zwangscharakter alleine durchführen (Art. 54 Abs. 3 IStGHSt), während solche mit Zwangscharakter (zB Haftbefehl) nur die Vorermittlungskammer anordnen kann (Art. 58 IStGHSt). Ebenso wie ein deutscher Staatsanwalt ist der Ankläger dem Prinzip der materiellen Wahrheit verpflichtet und hat nicht nur die be-, sondern auch die entlastenden Umstände zu ermitteln (Art. 54 lit. a IStGHSt). **104**

Die Anklagebehörde hat bislang in **elf** sog. **„Situationen"** förmliche Ermittlungen eingeleitet (*Werle/Jeßberger,* Rn. 357 ff.). **104a**

Ermittlungen des ICC in folgenden „Situationen":

Demokratische Republik Kongo (2004: „Kindersoldaten in Ituri")

Uganda (2004: „Lords Resistance Army")

Zentralafrikanische Republik I (2007: „Bemba“)
Sudan (2005: „Darfur“)
Kenia (2010: „Gewalt nach Wahlen 2007“)
Libyen (2011: „Gaddafi“)
Elfenbeinküste (2011: „Gewalt nach Wahlen 2010/2011“)
Mali (2012: „Rebellion gegen Staatsstreich 2012“)
Zentralafrikanische Republik II (2014: „Spannungen zwischen muslimischen Séléka-Rebellen und christlichen Anti-Balaka-Milizen“)
Georgien (2016: „Kaukasuskrieg 2008“)
Burundi (2017: „Kämpfe zwischen Regierung und Opposition“)
(Quelle: https://www.icc-cpi.int/Pages/Situations.aspx)

Mit dem Ermittlungsverfahren zur Situation in Georgien hat die Anklagebehörde nun erstmals förmliche Ermittlungen aufgenommen, die Geschehnisse außerhalb des afrikanischen Kontinents betreffen. Aktuelle Voruntersuchungen (**„preliminary examinations“**) betreffen Afghanistan, Kolumbien, Gabun, Guinea, Irak/UK, Nigeria, Palästina, Philippinen, Ukraine und Venezuela.

2. Zwischenverfahren

105 Die Vorverfahrenskammer prüft sodann gem. Art. 61 IStGHSt in einer mündlichen Verhandlung („confirmation hearing“), ob ein dringender Tatverdacht besteht. Anders als im deutschen Strafprozess entscheidet über die Zulassung der Anklage nicht das Gericht des Hauptverfahrens. Wird die Anklage bestätigt, weist sie den Angeschuldigten einer Hauptverfahrenskammer zu (vgl. *Ambos,* 8/28 ff.; *Safferling*, 14/68 ff.).

3. Hauptverfahren

106 In der Hauptverhandlung dominiert der im kontinentaleuropäischen Strafverfahren vorherrschende Ermittlungsgrundsatz; aber auch kontradiktorische Elemente haben Einzug gehalten (*Ambos*, 8/39: „clash of cultures“ zwischen kontinentaleuropäischer Civil Law- und englischer Common-Law-Rechtskultur): Das Gericht ist nicht bloß eine Art Schiedsgericht, während Ankläger und Angeklagter für Beweis und Gegenbeweis sorgen, sondern vielmehr ein auch in der Beweisführung aktives Gericht. Zur Ermittlung der Wahrheit kann es etwa Zeugenaussagen oder die Beibringung anderer Beweismittel anordnen (Art. 64 Abs. 6 IStGHSt). Die Verhandlungen vor dem *IStGH* sind öffentlich.

Bislang sind zehn Hauptverfahren wegen Völkerrechtsverbrechen vor dem *IStGH* eröffnet worden, die allesamt Verbrechen zum Gegenstand haben, die auf dem afrikanischen Kontinent begangen worden sein sollen. In **fünf** dieser **Verfahren** wurde bislang bereits ein Urteil gesprochen. **107**

Fall „Lubanga": *Thomas Lubanga Dyilo* wird das Rekrutieren und der Einsatz von Kindersoldaten in der Ituri-Region in der Demokratischen Republik Kongo vorgeworfen (Art. 8 Abs. 2, lit. e (vii) IStGHSt). Die Verfahrenskammer des *IStGH* verurteilte ihn hierfür am 14.3.2012 zu einer Freiheitstrafe von 14 Jahren (*IStGH*, *Lubanga,* Urteil v. 14.3.2012, ICC-01/01-01/06-2842). Obwohl das Hauptverfahren, das am 26.1.2009 begonnen hatte, bereits früh zu scheitern drohte (vgl. *Werle/Jeßberger,* Rn. 360 ff.), erging gerade im Fall *Lubanga* das erste Urteil des *IStGH* überhaupt. Mittlerweile wurde es von der Berufungskammer des Gerichtshofes bestätigt (*IStGH*, *Lubanga,* Urteil v. 1.12.2014 ICC-01/01-01/06 A5).

Ebenfalls wegen Vorgängen im Ituri-Gebiet in der Demokratischen Republik Kongo wurde am 24.11.2009 auch das Hauptverfahren gegen *Germain Katanga* und *Mathieu Ngudjolo Chui* eröffnet. ***Germain Katanga*** wurde am 7.3.2014 wegen Kriegsverbrechen und Verbrechen gegen die Menschlichkeit zu zwölf Jahren Haft verurteilt (*IStGH*, *Katanga*, Urteil v. 7.3.2014, ICC-01/04-01/07-3436), *Mathieu Ngudjolo Chui* wurde dagegen aus Mangel an Beweisen am 18.12.2012 freigesprochen (*IStGH*, *Ngudjolo Chui,* TC II, Urteil v. 18.12.2012, ICC-01/04-02/12-4; AC, Urteil v. 7.4.2015, ICC-01/04-02/12-271). *Jean Pierre* ***Bemba Gbongo*** wurden über die Vorgesetztenverantwortlichkeit Völkerrechtsverbrechen angelastet, die Mitglieder seiner Kongolesischen Befreiungsarmee in der Zentralafrikanischen Republik begangen haben sollen, namentlich Tötungen, Vergewaltigungen und Plünderungen als Kriegsverbrechen und Verbrechen gegen die Menschlichkeit. Nachdem er hierfür zunächst zu 18 Jahren Haft verurteilt worden war, hob die Berufungskammer die Verurteilung am 8.6.2018 auf und sprach ihn hinsichtlich aller vorgeworfener Kriegsverbrechen und Verbrechen gegen die Menschlichkeit frei (*IStGH*, *Bemba*, TC III, Urteil v. 21.6.2016, ICC-01/05-01/08-3399; AC Urteil v. 8.6.2018, ICC-01/05-01/08-3636-Red). Weiterhin gültig ist jedoch seine Verurteilung zu einer Freiheitsstrafe von einem Jahr, die wegen der Missachtung des Gerichtes im März 2017 gegen ihn verhängt worden war (*IStGH*, *Bemba et al.*, Urteil vom 19.10.2016, ICC-01/05-01/13-1989; Beschluss vom 22.3.2017, ICC-01/05-01/13-2123-Corr). **107a**

107b **Fall „Timbuktu"** (*IStGH*, *Al Mahdi,* Urteil v. 27.9.2016, ICC-01/12-01/15-171): Das letzte bislang ergangene Urteil des *IStGH* zu einem der Kernverbrechen des IStGHSt betrifft schließlich die Zerstörung religiöser und kultureller Stätten in Mali. Der Angeklagte *Ahmad Al Faqi Al Mahdi* soll als Mitglied der islamistischen Gruppe Ansar Dine 2012 in Timbuktu mindestens neun Mausoleen und eine Moschee vorsätzlich zerstört haben. Nach dem ersten Geständnis in der Geschichte des *IStGH* wurde er hierfür am 27.9.2016 zu neun Jahren Haft und der Zahlung von Schadensersatzleistungen in Höhe von 2,7 Millionen Euro verurteilt Als Opfer der Zerstörungen wurden dabei nicht allein die Einwohner Timbuktus genannt, sondern vielmehr die gesamte malische Bevölkerung sowie die internationale Gemeinschaft als solche (*IStGH*, *Al Mahdi,* TC VIII, Urteil v. 17.8.2017, ICC-01/12-01/15-236, paras 51 ff., weitgehend bestätigt durch *IStGH*, AC, Urteil v. 8.3.2018, ICC-01/12-01/15-236-Red2). Mit dem Urteil gegen Ahmad Al Faqi Al Mahdi bestrafte der *IStGH* erstmals die Zerstörung von Weltkulturerbe als Kriegsverbrechen auf Grundlage von Art.8 Abs. 2 lit. e (iv) IStGHSt. Während die Entscheidung des Gerichtes insbesondere von der UNESCO als Meilenstein des internationalen Kulturgüterschutzes gefeiert wird (https://whc.unesco.org/en/news/1559/), sehen andere Stimmen in ihr eine verpasste Chance zur weiteren Entwicklung des Schutzes von Kulturgut im Völkerstrafrecht (HLR 130 (2017), 1978 (1983 ff.).

107c Darüber hinaus werden vor dem *IStGH* derzeit fünf weitere Hauptverfahren zu den Situationen im Sudan (Darfur), in der Elfenbeinküste, der Demokratischen Republik Kongo, Uganda und Kenia geführt.

108 Der Internationale Strafgerichtshof unterhält einen **eigenen Kanal bei Youtube** (*http://www.youtube.com/user/IntlCriminalCourt*), auf dem u. a. Videoaufzeichnungen aus den (häufig französischsprachigen) Hauptverhandlungen angesehen werden können.

IV. Verfahrensprinzipien

109 Der Ablauf eines Strafverfahrens vor dem *IStGH* richtet sich teilweise nach Prinzipien des Parteiprozesses angloamerikanischer Provenienz, teilweise nach denen des kontinentaleuropäischen Offizialverfahrens (vgl. Art. 64 Abs. 8 IStGHSt iVm den Regeln zum „trial procedure" in Nrn. 131 ff. RPE)

Für die Vorbereitung des Hauptverfahrens und im Rahmen der Hauptverhandlung bestehen Beweisregeln, die deutlich machen, dass die Parteien jeweils einseitig ihren Fall darstellen. Besondere Bedeutung erlangt hierbei die Pflicht zur Offenlegung von Beweismitteln (disclosure of evidence) seitens der Anklage und in gewissem Umfang auch seitens der Verteidigung (vgl. *Ambos*, 8/42; *Safferling*, 14/44). Das Verfahren kann nach Art. 65 Abs. 2 IStGHSt durch ein Geständnis (admission of guilt) beendet werden (*Ambos*, 8/40). Dem Gericht kommt primär die Aufgabe zu, die Einhaltung der Verfahrensregeln zu kontrollieren (vgl. aber auch *Esser*, 21/45, demzufolge der Kammer und dem vorsitzenden Richter „eine dominante Rolle“ zukomme). Freilich kann es auch selbst Beweise erheben (Art. 69 Abs. 3 S. 2 IStGHSt), wie auch die Anklagebehörde die entlastenden Umstände ermitteln muss. **110**

Für den Angeklagten gilt gem. Art. 66 Abs. 1 IStGHSt die Unschuldsvermutung. Die Rechte des Beschuldigten sind in Art. 55 IStGHSt und des Angeklagten in Art. 67 IStGHSt enthalten. Zahlreiche Bestimmungen des IStGHSt stärken die Rechte von Opfern (vgl. etwa Art. 68 Abs. 3 IStGHSt; Regeln Nr. 89 ff. RPE). Auch können sie direkt vor dem *IStGH* Wiedergutmachungsansprüche geltend machen (Art. 75 IStGHSt). **111**

V. Rechtsmittel

Die Entscheidungen des Internationalen Strafgerichtshofs können mit dem Rechtsmittel des „appeal“ angefochten werden (*Ambos*, 8/58 ff.), wobei hier zwischen Rechtsmitteln gegen ein Endurteil (Freispruch, Verurteilung, Strafhöhe; Art. 81 IStGHSt) und Rechtsmittel gegen andere Entscheidungen (Art. 82 IGHStSt) unterschieden werden muss (*Safferling*, 7/80). Das „appeal“, das weder einer Revision noch einer Berufung nach deutschem Modell entspricht (*Safferling*, 7/80), kann zB auf Verfahrensfehler, fehlerhafte Tatsachenfeststellung oder fehlerhafte Rechtsanwendung gestützt werden. Eine Anleihe aus dem Prozessrecht des common law (*Gless* Rn. 898) enthält der Berufungsgrund der beeinträchtigten „Fairness oder Verlässlichkeit des Verfahrens oder des Urteils“, auf den sich der Verurteilte oder zu seinen Gunsten der Ankläger stützen kann. Gem. Art. 84 IStGHSt ist zudem die Wiederaufnahme des Verfahrens („revision“) möglich (*Ambos* 8/59). **112**

VI. Strafe, Strafvollstreckung, Verjährung, Rechtskraft

Die Straftatbestände des IStGHSt (Art. 6–9 IStGHSt) enthalten keine speziellen Strafrahmen. Vielmehr wird in Art. 77 IStGHSt ein **113** *allgemeiner Strafrahmen* festgelegt. Er besteht in einer lebenslangen oder zeitlich begrenzten Freiheitsstrafe bis höchstens 30 Jahre oder in einer Geldstrafe, die nach den Kriterien der Verfahrens- und Beweisordnung festgelegt wird. Die Freiheitsstrafen werden gem. Art. 106 IStGHSt unter der Aufsicht des *IStGH* in denjenigen Ländern *vollstreckt*, die sich dazu bereit erklärt haben.

114 Die Völkerrechtsverbrechen *verjähren* nicht (Art. 29 IStGHSt). Es greift der Grundsatz des *ne bis in idem* ein (unter der Maßgabe und den Einschränkungen des Art. 20 IStGHSt).

Testfragen zum 2. Kapitel

Frage 1: Wie definiert man Völkerstrafrecht? **Rn. 1–2**
Frage 2: Was heißt Transitional Justice? **Rn. 3**
Frage 3: Was versteht man unter Haager und Genfer Recht? **Rn. 4**
Frage 4: Was bedeuten „direct enforcement", „indirect enforcement" und Komplementaritätsgrundsatz? **Rn. 20–22**
Frage 5: Welches Strafanwendungsprinzip liegt dem deutschen Völkerstrafgesetzbuch zugrunde? **Rn. 25**
Frage 6: Wie lauten die „core crimes" des Völkerstrafrechts? **Rn. 1, 36**
Frage 7: Welche besonderen subjektiven Voraussetzungen müssen beim Völkermord vorliegen? **Rn. 49**
Frage 8: Worin besteht die sog. Gesamttat beim Verbrechen gegen die Menschlichkeit? **Rn. 54**
Frage 9: Aus welchen Elementen besteht der Verbrechensbegriff im Völkerstrafrecht? **Rn. 82**
Frage 10: Was bedeutet „trigger mechanism"? **Rn. 112**
Frage 11: Wer kann Täter eines Aggressionsverbrechens sein? **Rn. 67**
Frage 12: Was versteht man unter einem Strukturverfahren? **Rn. 27a**

Kapitel 3. Der Europarat, die EMRK und der *EGMR*

1 Der Europarat und die von ihm initiierte Europäische Konvention für Menschenrechte (EMRK) sind der historische Ausgangspunkt des heutigen europäischen Strafrechts. Entstanden sind sie vier Jahre nach dem Ende des 2. Weltkriegs. Zwar sind später zahlreiche europäische strafrechtliche Regelungen hinzugetreten, die auf die Europäische Gemeinschaft und Europäische Union zurückzuführen sind (mehr dazu im 4. Kapitel). Für das europäische Strafrecht bilden aber der Europarat, seine Konventionen (zB die Cybercrime-Konvention oder die Istanbulkonvention) und namentlich die EMRK und das für die EMRK geschaffene gerichtliche Rechtsschutzsystem bis heute überaus wirkungsmächtige und zentrale Institutionen des europäischen Strafrechts. Sie sind namentlich in denjenigen Staaten bedeutsam, die zwar zum Europarat, nicht (oder noch nicht) aber zur Europäischen Union gehören (wie zB Türkei, Russland, Ukraine oder Georgien). Im Folgenden soll, nach einem kurzen Blick auf den **Europarat** (A.), vor allem die **Europäische Menschenrechtskonvention** (B.) skizziert werden, deren Einhaltung durch die **nationalen Gerichte** (C.) sowie den **Europäischen Gerichtshof für Menschenrechte** (D.) kontrolliert wird.

A. Der Europarat

2 *Winston Churchill* forderte in seiner berühmten Züricher Rede vom 19.9.1946 dass die durch den Zweiten Weltkrieg auseinandergerissene europäische Familie wiederhergestellt werden müsse; man könne sie, so Churchill, sogar „die Vereinigten Staaten von Europa" nennen:

> „... *Und welches ist der Zustand, in den Europa gebracht worden ist? Zwar haben sich einige der kleineren Staaten gut erholt, aber in weiten Gebieten starren ungeheure Massen zitternder menschlicher Wesen gequält, hungrig, abgehärmt und verzweifelt auf die Ruinen ihrer Städte und Behausungen ...*
>
> *Und doch gibt es all die Zeit hindurch ein Mittel, das, würde es allgemein und spontan von der großen Mehrheit der Menschen in vielen Ländern angewendet, wie durch ein Wunder die ganze Szene veränderte und in wenigen Jahren ganz Europa, oder doch dessen*

größten Teil, so frei und glücklich machte, wie es die Schweiz heute ist. Welches ist dieses vorzügliche Heilmittel? Es ist die Neuschöpfung der europäischen Völkerfamilie, oder doch soviel davon, wie möglich ist, indem wir ihr eine Struktur geben, in welcher sie in Frieden, in Sicherheit und in Freiheit bestehen kann. Wir müssen eine Art Vereinigte Staaten von Europa errichten. Nur auf diese Weise werden Hunderte von Millionen sich abmühender Menschen in die Lage versetzt, jene einfachen Freuden und Hoffnungen wiederzuerhalten, die das Leben lebenswert machen. Das Vorgehen ist einfach. Das einzige, was nötig ist, ist der Entschluss Hunderter von Millionen Männer und Frauen, recht statt unrecht zu tun und dafür Segen statt Fluch als Belohnung zu ernten (...)

Bei all diesen dringenden Aufgaben müssen Frankreich und Deutschland zusammen die Führung übernehmen. Großbritannien, das britische Commonwealth, das mächtige Amerika, und, so hoffe ich wenigstens, Sowjetrussland – denn dann wäre tatsächlich alles gut – sollen die Freunde und Förderer des neuen Europa sein und dessen Recht, zu leben und zu leuchten, beschützen. Darum sage ich Ihnen: Lassen Sie Europa entstehen!"

Quelle: http://www.zeit.de/reden/die_historische_rede/200115_hr_ churchill 1_englisch)

Am 5.5.1949 wurde der Europarat gegründet. Anders als von seinen Gründungsvätern erhofft, wurde aus ihm keine verfassunggebende Versammlung, und die Churchill'sche Vision nicht Realität, da der Europarat bis heute (nur) eine intergouvernementale Organisation ohne hoheitliche Kompetenz ist. Deutschland ist 1950 beigetreten. Der Europarat umfasst 47 Mitgliedstaaten, darunter alle 28 EU-Mitgliedstaaten (*Hecker*, 3/2). Es fehlen somit nur der Vatikan (der aber Beobachterstatus hat), der Kosovo, Weißrussland (das aber Beitrittskandidat ist) und das Niemandsland Transnistrien (vgl. *Schomburg*, MPI-EurStR, 3/1). Der Europarat umschließt seit dem letzten Beitritt praktisch die gesamte geographische Region Europas, dh mehr als 800 Millionen Menschen, darunter 500 Millionen Menschen aus den EU-Mitgliedstaaten.

3 Die maßgebliche Rechtsgrundlage für den Europarat bildet die ERS, die Satzung für den Europarat v. 5.5.1949 (CETS 001). Der Europarat ist eine internationale Organisation mit Sitz in Straßburg (Art. 11 ERS). Der Europarat ist von der Europäischen Union völlig unabhängig. Seine Mitglieder bilden einen Staatenbund.

I. Wertetrias

4 Ziel des Europarates ist es, eine Wiederholung der Verbrechen und Zerstörungen des 2. Weltkriegs zu verhindern. Zu diesem Zweck soll der Zusammenschluss unter den Mitgliedern verstärkt werden, um gemeinsame Ideale und Grundsätze zu schützen und zu fördern sowie den wirtschaftlichen und sozialen Fortschritt zu begünstigen (Art. 1 ERS). Nur derjenige kann Mitglied des Europarats werden, der dazu fähig und gewillt ist, die bis heute im Mittelpunkt der Arbeit des Europarats stehende Wertetrias der Rechtsstaatlichkeit, der Menschenrechte und der Demokratie zu beachten (Art. 3 Abs. 1 S. 1 ERS). Dazu gehört zentral die über die EMRK gewährte Garantie eines rechtsstaatlichen Straf- und Strafverfahrensrechts, mit der verhindert werden soll, das Strafrecht für die Durchsetzung menschenrechtswidriger oder totalitärer Zwecke einzusetzen.

5 Der Europarat darf **nicht verwechselt** werden mit dem Rat der Europäischen Union (Art. 15 Abs. 2 EUV: Versammlung der Staats- und Regierungschefs der Mitgliedstaaten einschließlich des Präsidenten des Europäischen Rates und des Präsidenten der Kommission) und dem Europäischen Rat (Art. 16 Abs. 2 EUV: Versammlung der Minister der EU-Mitgliedstaaten).

II. Handlungsformen

6 Handlungsformen des Europarats sind themenzentrierte Empfehlungen, Konventionen (= Abkommen, Übereinkommen), die den Mitgliedstaaten zu Beitritt und Ratifikation angeboten werden. Die Konventionen sind seit 2004 als Council of European Treaties (CETS; auf Deutsch: Sammlung der Verträge des Europarats = SEV) geordnet und tragen jeweils eine Nummer. So ist die Satzung des Europarats CETS (bzw SEV) 001 und Europäische Menschenrechtskonvention CETS (bzw SEV) 005.

7 Der Europarat kann als Zusammenschluss souveräner Staaten, als bloßer Staatenbund, keine Rechtsvorschriften erlassen, die in den Mitgliedstaaten unmittelbare Geltung beanspruchen (*Esser*, 8/14). Denn die Mitgliedstaaten haben dem Europarat, anders als der Europäischen Union, keine Hoheitsrechte in Gestalt von Rechtssetzungskompetenzen übertragen (*Safferling*, 13/3). Es bleibt der souveränen Entscheidung der Mitgliedstaaten überlassen, ob sie einer Konvention des Europarats beitreten und diese durch **Ratifikation** in innerstaatliches Recht verwandeln.

8 Eine Konvention des Europarats erlangt somit in Deutschland erst dann rechtliche Bedeutung, wenn **1.** die zuständigen *Gesetzgebungsor-*

gane (also der Bundestag, ggf auch der Bundesrat) ihre Zustimmung zu dem völkerrechtlichen Vertrag gegeben haben, und zwar in Gestalt eines sog. Vertragsgesetzes gem. Art. 59 Abs. 2 S. 1 GG, und **2.** der *Bundespräsident* danach die Ratifikationserklärung gem. Art. 59 Abs. 1 S. 2 GG abgegeben hat (M/D/*Nettesheim*, Art. 59 GG Rn. 95). So ist etwa Deutschland bis heute der Biomedizinkonvention des Europarats (CETS 164) nicht beigetreten, da es in Deutschland Widerstand gegen die in dieser Konvention vorgesehene Zulässigkeit von medizinischen Experimenten an einwilligungsunfähigen Personen (wie etwa Menschen mit einer massiven geistigen Behinderung) gibt.

9 Zu den **strafrechtlich bedeutsamen Konventionen** des Europarats zählen neben der EMRK (CETS 005) vor allem das Europäische Auslieferungsübereinkommen (CETS 024), das Abkommen über die Rechtshilfe in Strafsachen (CETS 030), die Folterkonvention (CETS 126), die Geldwäschekonvention (CETS 141), die Cybercrime-Konvention (CETS 189), die Konvention zum Schutz von Kindern vor sexueller Ausbeutung und sexuellem Missbrauch (CETS 201), das Übereinkommen zur Verhütung des Terrorismus (CETS 196), die Konvention gegen Menschenhandel (CETS 197), das Übereinkommen zur Verhütung und Bekämpfung von Gewalt gegen Frauen (Istanbul-Konvention) (CETS 210) und die Konvention gegen den Handel mit menschlichen Organ (CETS 216),

III. Organe und Einrichtungen des Europarats

10 Organe des Europarats sind das Ministerkomitee (= Versammlung der Außenminister der Mitgliedstaaten) und die Beratende Versammlung (= von den nationalen Parlamenten benannte Mitglieder) sowie das Sekretariat als Verwaltungsorgan (Art. 10 ERS). An der Spitze des Europarats steht der Generalsekretär (Art. 36 ERS; derzeit, in zweiter Amtszeit, der Norwege *Thorbjörn Jagland*). Die Tätigkeit des Europarats im Bereich des Strafrechts wird vom Europäischen Ausschuss für Strafrechtsfragen des Europarats (European Committee on Crime Problems, CDPC) koordiniert (*Hecker*, 3/10).

11 Darüber hinaus wurde 1997 ein Kommissariat für Menschenrechte eingerichtet. Der Kommissar hat die Aufgabe, die Öffentlichkeit im Bereich der Menschenrechte zu sensibilisieren, in Menschenrechtsfragen zu beraten und die Mitgliedstaaten bei der Behebung menschenrechtlicher Defizite zu unterstützen.

B. Die Europäische Menschenrechtskonvention

I. Allgemeines

1. Völkerrechtlicher Vertrag; Struktur

Die EMRK ist ein völkerrechtlicher Vertrag, der von Mitgliedstaaten des Europarats geschlossen wurde. Zwar bedeutet die Mitgliedschaft im Europarat nicht zwangsläufig auch den Beitritt zur EMRK. Inzwischen werden neue Mitglieder aber nur noch aufgenommen, wenn sich der Beitrittskandidat dazu verpflichtet hat, der EMRK beizutreten. **12**

Von allen Konventionen des Europarats hat die EMRK die Strafrechtspflege der Konventionsstaaten am stärksten geprägt. Sie gilt als das „gemeineuropäische Grundgesetz" (*Hecker*, 3/20), das einen bei jeder Strafverfolgung zu wahrenden europäischen Grundrechtsstandard gewährleistet. Trotz aller Verfassungsrhetorik ist aber zu beachten, dass die EMRK in Deutschland keinen Verfassungsrang, sondern formal nur den Rang eines einfachen Gesetzes einnimmt (mehr dazu unten Rn. 51). **13**

Der EMRK vorangestellt ist die Präambel mit den allgemeinen Zielen der Konvention. Art. 1 EMRK verpflichtet die Vertragsstaaten (von der EMRK immer als „Hohe Vertragsparteien" bezeichnet) zur Achtung der Menschenrechte. Daran schließen sich die drei Abschnitte der EMRK an: Der 1. Abschnitt enthält den Katalog der geschützten Menschenrechte (Art. 2–18 EMRK), der 2. Abschnitt die gerichtsverfassungsrechtlichen und prozessualen Regelungen zum *EGMR* (Art. 19–51) und der 3. Abschnitt weitere Bestimmungen wie etwa das Günstigkeitsprinzip (Art. 53 EMRK). **14**

2. Ratifikation und Zusatzprotokolle

Alle 47 Mitgliedstaaten haben die EMRK ratifiziert. Beispielhaft seien davon genannt Deutschland (1952), Türkei (1954), Österreich (1958), Schweiz (1974), Ukraine (1997), die Russische Föderation (1998), Georgien (1998), Serbien (2004), Monaco (2005) und Montenegro (2006). **15**

Anders als bei Verfassungen, bei denen Änderungen durch eine entsprechende Modifikation des Normtextes vorgenommen werden, kann der Grundrechtsbestand der EMRK und das Verfahrensrecht des *EGMR* nur durch ein Zusatzprotokoll (ZP) ergänzt werden (*Grabenwarter/Pabel*, 1/7). Ändert ein ZP den Text der EMRK (wie zB das 14. und 15. ZP), muss es von allen 47 Europaratsstaaten ratifiziert werden. Inzwischen sind **15 ZPe** in Kraft getreten. Um der Überlastung des

EGMR entgegenzuwirken, sind im 14. Zusatzprotokoll zahlreiche organisatorische (siehe unten Rn. 59) und verfahrensrechtliche Änderungen (siehe unten Rn. 70) enthalten. Im **15. ZP** (2013) sind ebenfalls Änderungen zur Beschleunigung der Verfahren vorgesehen (zB Verkürzung der Individualbeschwerdefrist von 6 auf 4 Monate)). Das 15. Zusatzprotokoll wurde bereits von Deutschland ratifiziert und unterschrieben. Es ist jedoch noch nicht in Kraft getreten. Durch das **16. ZP** (2013) soll die Möglichkeit der nationalen obersten Gerichte geschaffen werden, analog dem Vorabentscheidungsverfahren beim *EuGH* Rechtsgutachten beim *EGMR* zu Auslegungsfragen der EMRK einzuholen („advisory opinion"). Das 16. ZP ist am 1.8.2018 in Kraft getreten. Es wurde zuletzt von Frankreich ratifiziert, nicht aber bislang von Deutschland. Momentan gilt in Deutschland die EMRK idF der Bekanntmachung vom 22.10.2010 (BGBl. II 1198), geändert durch das 15. EMRK-Protokoll vom 24.6.2013 (BGBl. 2014 II 1034).

3. Die Kritik am *EGMR*

15a Der Schutzgehalt der EMRK ist freilich nicht nur durch die Vereinbarung von Zusatzprotokollen, sondern vor allem durch eine vielfach als **„expansiv"** (HK-EMRK, Einleitung 3) bezeichnete Rechtsprechung des *EGMR* ausgebaut worden. Die einfachen Formeln ‚je mehr Europa, desto besser' und ‚je mehr europäischer Grundrechtsschutz, desto besser' „stimmen so plakativ nicht mehr", wie die *EGMR*-Vizepräsidentin *Nußberger* einräumt (*dies.*, Zu viel Europa? Europäische Gerichte in der Kritik, APUZ 37/2017).

In manchen Ländern wird die Rechtsprechung des *EGMR* stark kritisiert und teilweise sogar laut über einen **Austritt aus der EMRK** nachgedacht. So stößt es in **England** bis heute auf großen Widerstand, neben *EGMR*-Entscheidungen zu Rechten von Homosexuellen auch die Jurisdiktion des *EGMR* (*Hirst* ./. England, 6.10.2005 – 74025/01) zu befolgen, wonach selbst im Gefängnis einsitzenden Schwerverbrechern ein Wahlrecht einzuräumen sei (Verstoß gegen Art. 3 des 1. ZP). Es wird davon berichtet, dass die englische **Ministerpräsidentin May** den **Austritt aus der EMRK** zu einem zentralen Thema ihres Wahlkampfs 2020 machen möchte (Independent v. 29.12.2016).

In der **Schweiz** wurde nach umstrittenen Urteilen des *EGMR* gegen die Ausweisung von straffälligen Ausländern (Verstöße gegen Art. 8 EMRK) von der Schweizer Volkspartei eine „Selbstbestimmungsinitiative – Schweizer Recht statt fremde Richter" gestartet, die allerdings im Schweizer Ständerat gescheitert ist (NZZ v. 13.2.2018).

Zudem hat das Verfassungsgericht der **Russischen Föderation,** nachdem der *EGMR* ehemaligen Yukos-Anteilseignern eine große Entschädigungssumme zugesprochen hat (u. a. wegen Verstoßes gegen Art. 6 Abs. 1 EMRK, vgl. *EGMR* Yukos ./. Russland 31.7.2014 – 14902/04), die ausnahmslose Geltung der *EGMR*-Entscheidungen aufgehoben und festgestellt, dass die Entscheidungen des *EGMR*, die gegen russische Verfassungsgrundsätze verstoßen, für Russland entgegen Art. 46 Abs. 1 EMRK nicht bindend seien (SZ v. 15.7.2015). Das erinnert an die Identitätsskontrolle durch das *BVerfG* (allerdings bei EU-rechtlichen Fragestellungen). Auf harte Ablehnung in den russischen Medien ist die Entscheidung des *EGMR* gestoßen, die Begründetheit von Individualbeschwerden zu bejahen, die gegen das russische Verbot der öffentlichen Aktivitäten, die auf die Förderung der Homosexualität bei Minderjährigen abzielen, gerichtet waren (*EGMR*, Bayev u. a./Russland, Urt. v. 20.6.2017, Nr. 67667/09). Auch das ***BVerfG*** nimmt zuweilen eine kritische Haltung gegenüber dem *EGMR* ein, wenn es betont, dass in Deutschland nicht die EMRK (der *EGMR*), sondern das GG (das *BVerfG*) das letzte Wort habe (*BVerfG* NJW 2004, 3408 [Görgülü]).

Als **Reaktion** auf die **zunehmende Kritik am *EGMR*** ist in dem noch nicht in Kraft getretenen **ZP Nr. 15** (oben Rn. 15) vorgesehen, dass in der EMRK-Präambel das **Subsidiaritätsprinzip** und der politische Beurteilungsspielspielraum der Mitgliedstaaten (**„margin of appreciation“**) hervorgehoben wird (HK-EMRK/*Meyer-Ladewig*, Einleitung Rn. 4). Außerdem kommt es zunehmend zu einem **Dialog der** nationalen **Gerichte** mit dem *EGMR*, wie auch **„der missionarische Eifer“**, wonach Europa alles besser könne, einer nüchterneren Betrachtung weichen soll (so *Nußberger* aaO).

4. Der Beitritt der Europäischen Union zur EMRK

Prinzipiell könnte auch die EU der EMRK beitreten (Art. 6 Abs. 2 EUV bzw Art. 59 Abs. 2 EMRK). Das Beitrittsverfahren wäre aber sehr kompliziert, Art. 218 AEUV. Die Beitrittsverhandlungen hatten 2010 begonnen (*Brodowski*, ZIS 2010, 749). Ziel dieses Beitritts wäre es, dass das Rechtssystem der EU einer unabhängigen externen Kontrolle unterworfen wäre. Außerdem bestünde ein gleicher Rechtsschutz von EU-Bürgern gegenüber EU-Gesetzen wie gegenüber nationalen Gesetzen. Konsequenzen eines Beitritts wären für das europäische Gerichtssystem zwei Grundrechtskataloge (GRCh, EMRK) und zwei Gerichte (*EuGH* für GRCh, *EGMR* für EMRK); was Probleme mit der Kohärenz der Rechtsprechung in Fragen der Grundrechte geschaffen hätte (die unions- und intergrationsfreundliche Rspr. des *EuGH* einerseits – die menschenrechtlich orientierte, „obrigkeitskritische“ Rspr. des *EGMR* andererseits). Ebenfalls noch nicht geklärt wären die Ausübung des Rechts der EU, einen EU-Richter nach Straßburg zu senden, **16** sowie die Möglichkeit der Staatenbeschwerden der Mitgliedsländer untereinander oder gegenüber der EU. Schon heute existiert freilich eine Bindungswirkung der EMRK für die EU, jedoch (noch) keine unmittelbare (*Hecker*, 3/75), etwa durch den *EuGH* bei repressiven Eingriffen der EU in Rechte des Bürgers und der Unternehmen (etwa im Rahmen eines Lebensmittelkontrollverfahrens nach EU-Recht; vgl. EuGHE 2003, 3735). Außerdem sind seit dem Vertrag von Lissabon die Grundrechte der EMRK gem. Art. 6 Abs. 3 EUV als allgemeine Grundrechte Teil des Unionsrechts (dazu *Esser*, MPI-EurStR, 53/7 ff.). Dennoch gibt es Divergenzen zwischen der Rechtsprechung des *EGMR* und des *EuGH* (*Böse*, MPI EurStR, 52/3 mit Fn. 21).

17 Der ***EuGH*** hat aber 2014 einem Beitritt der EU zur EMRK in seiner derzeit geplanten Form praktisch eine **Absage** erteilt. In dem *EuGH*-Gutachten 2/13 vom 18.12.2014 (= BeckRS 2015, 80256 = HRRS 2015 Nr. 172) zum Entwurf der Übereinkunft über den Beitritt der EU zur EMRK stellte der *EuGH* fest, dass es unionsrechtlich nicht mit Art. 6 Abs. 2 EUV vereinbar sei, die Autonomie und die Besonderheiten der EU einer Kontrolle des *EGMR* zu unterziehen; außerdem dürften die Entscheidungen des *EuGH* nicht zur Disposition des *EGMR* stehen. Bildlich gesprochen: Über dem *EuGH* soll quasi weiterhin nur „der Himmel", nicht aber der *EGMR* stehen. Wie die Grundrechtecharta der EU zu interpretieren sei, unterliege allein der Kompetenz des *EuGH* (Würdigung des *EuGH*-Gutachtens bei *Schmahl*, JZ 2016, 921, *Tomuschat*, EuGRZ 2015, 133 und *Wendel,* NJW 2015, 921).

II. Die Menschenrechte der EMRK

1. Dogmatik und Systematik der Grundrechte in der EMRK

18 Die Grundrechte der EMRK sind, anders als diejenigen der Europäischen Grundrechtecharta, nicht sozialer oder ökonomischer Art. Es sind vielmehr Bürgerrechte und politische Rechte, somit „universelle Rechte par excellence" (*Pradel*, 2/10).

a) Dogmatik; „margin of appreciation"

18a Die Prüfung der EMRK-Menschenrechte weist große Ähnlichkeiten mit der Grundrechtsjudikatur des *BVerfG* auf (O/C/N/, § 17 Rn. 34). Dies zeigt sich vor allem bei den Abwehrrechten, die ähnlich dreistufig geprüft werden wie entsprechende Grundrechte des GG (unten Rn. 62): Zunächst wird der Schutzbereich des Menschenrechts definiert, sodann die Art des Eingriffs festgestellt und schließlich das Vorliegen einer Einschränkung, mithin einer Rechtfertigung geprüft (*Satzger,* 11/28).

Der *EGMR* räumt den EMRK-Vertragsparteien häufig einen erheblichen Beurteilungsspielraum (**margin of appreciation**) ein, vor allem bei der Beschäftigung mit moralischen und kriminalpolitischen Fragestellungen (O/C/N § 17 Rn. 34; zu europäischen Burkaverboten *Braun,* ZIS 2018, 268). Gibt es keinen Konsens unter den Mitgliedstaaten des Europarats, sei es über das Gewicht der betroffenen Interessen, sei es darüber, wie sie am besten zu schützen sind, enthält sich der *EGMR* einer Entscheidung, so etwa bei der Frage, ob der Inzest oder die Leihmutterschaft strafbar sein soll (vgl. *EGMR, Stübing v. Deutschland,* NJW 2013, 215 Rn. 66 [Inzest]; *EGMR, Paradiso/Campanelli v. Italien,* 25358/12, Rn. 182 [Leihmutterschaft]). Wenn es um einen wesentlichen Aspekt der Existenz oder Identität einer Person geht, ist dagegen der Ermessensspielraum des Staates begrenzt (*EGMR, Evans v. Vereinigtes Königreich,* NJW 2008, 2013 para 77). Mit Inkrafttreten des 15. ZP wird die „margin of appreciation" ausdrücklich in die **Präambel** der EMRK aufgenommen. **18b**

b) Systematik

Geläufig ist die Unterscheidung (vgl. *Safferling*, 13/38) zwischen **19**
- Freiheitsrechten (Art. 2, 3, 8, 9, 12 EMRK),
- den Gleichheitsrechten (Art. 14 EMRK),
- den politischen Rechten (Art. 10, 11 EMRK) und
- justizbezogenen Rechten (Art. 5, 6 EMRK)

Auch wenn sich die EMRK nicht ausschließlich mit dem Straf- und Strafverfahrensrecht beschäftigt, ist doch vorrangig dieses Rechtsgebiet betroffen. Dies zeigt sich auch darin, dass zwei Drittel der Fälle vor dem *EGMR* strafrechtlicher Natur sind (*Pradel* aaO). In der EMRK, die wenige Jahre nach dem Zweiten Weltkrieg und der Pervertierung des (Straf-)Rechts in totalitären Staaten entstanden ist, steht (in strafrechtlicher Hinsicht) folgerichtig der **Schutz des Bürgers gegen „die staatliche Gewalt**, die auch die Strafrechtspflege im weitesten Sinne ausübt" (*Kühl,* ZStW 100 [1988] 410) im Mittelpunkt. **20**

2. Materielles Strafrecht (Art. 2, 7 EMRK)

Im Bereich des materiellen Strafrechts gewinnen vor allem das Recht auf Leben, Art. 2 EMRK, und der Gesetzlichkeitsgrundsatz, Art. 7 EMRK, große Bedeutung. **21**

a) Das Recht auf Leben, Art. 2 EMRK

Prüfungsschema 15: Recht auf Leben

1. Schutzbereich
2. Eingriff (zB Todesstrafe, Auslieferung)
3. Rechtfertigung (Art. 2 Abs. 2 EMRK):
   a) Verteidigung gegenüber rechtswidriger Gewald
   b) Festnahme und Fluchtverhinderung
   c) Verhinderung von Aufruhr und Aufstand

Übungsklausur: *Hecker/Zöller*, Klausur 15, S. 156.

aa) Schutzbereich

22 Jeder Mensch ist in seinem Recht auf Leben geschützt (Art. 2 Abs. 1 S. 1 EMRK). Das Recht endet mit dem Tod. Ob auch das ungeborene Leben darunterfällt, ist umstritten; der *EGMR* hat dem Foetus einen gewissen Schutz durch Art. 2 eingeräumt. Nicht von der EMRK erfasst ist das Recht auf Suizid, auf aktive bzw passive Sterbehilfe oder auf einen würdigen Tod (*EGMR*, *Pretty v. Vereinigtes Königreich*, Urt. v. 29.4.2002 = NJW 2002, 2851 para 39).

bb) Eingriffe

23 Eingriffe sind zunächst alle Tötungshandlungen des Staates, unabhängig davon, ob sie vorsätzlich oder fahrlässig erfolgen. Für die **Todesstrafe** als absichtliche Tötung eines Menschen infolge eines strafrechtlichen Todesurteils scheint Art. 2 Abs. 1 S. 2 EMRK noch Ausnahmen vorzusehen, doch sind hier zwei Zusatzprotokolle zur EMRK besonders wichtig, nämlich das 6. ZP über die Abschaffung der Todesstrafe im Strafrecht (CETS 114) und das 13. ZP über die Abschaffung der Todesstrafe unter allen Umständen, also auch im Kriegsrecht (CETS 187). Damit ist es dem Europarat gelungen, „Europa mit Ausnahme Weißrusslands zu einer todesstrafenfreien Region zu machen (…) und zwar zu allen Zeiten und unter allen Umständen" (*Schomburg*, MPI-EurStR, 3/2).

24 Eine **Auslieferung** aus einem Konventionsstaat in einen Staat, in dem der Auszuliefernde konkret die Todesstrafe zu befürchten hat, verstößt gegen Art. 2 Abs. 1 EMRK, und zwar auch dann, wenn der ersuchende Staat nicht der EMRK beigetreten ist. Insofern entfaltet die EMRK eine „mittelbare territoriale Anwendbarkeit" (*Hecker*, 3/43). In Deutschland steht schon Art. 102 GG (BVerfGE 75, 1) und einfach-

rechtlich § 8 IRG einer Auslieferung entgegen. Falls der ersuchende Staat zusichert, die Vollstreckung der Todesstrafe auszusetzen, kann es doch zu einer Auslieferung kommen, so etwa nach dem am EU-USA-Auslieferungsabkommen (vgl. *Ambos,* 12/13). Vor Inkrafttreten des 6. ZP wurde die Konventionswidrigkeit mit Art. 3 EMRK begründet (*EGMR*, *Soering v. Vereinigtes Königreich*, NJW 1990, 2183; zu diesem Fall vgl. auch *Ambos*, 12/36 mit Fn. 210; *Safferling*, 13/56).

cc) Rechtfertigung

Keine konventionswidrige Tötung stellt es jedoch nach Art. 2 Abs. 2 EMRK dar, wenn die Tötung die Folge der Gewaltanwendung für bestimmte Zwecke ist (*Grabenwarter/Pabel*, 20/13) und die Gewaltanwendung unbedingt erforderlich ist, um **25**

– entweder jemanden gegen rechtswidrige Gewalt (zB Angriffe auf Leben, Gesundheit, Freiheit) zu verteidigen (Art. 2 Abs. 2 lit. a EMRK),
– jemanden rechtmäßig festzunehmen oder ihn an der Flucht zu hindern (Art. 2 Abs. 2 lit. b EMRK) oder
– einen Aufruhr niederzuschlagen (Art. 2 Abs. 2 lit. c EMRK).

Besondere Bedeutung für das deutsche Strafrecht erlangt im Rahmen des Art. 2 Abs. 2 lit a) EMRK neben der Frage nach der Zulässigkeit des sog. finalen Rettungsschusses (S/S/W/*Satzger*, Art. 2 Rn. 16: sehr strenger Verhältnismäßigkeitsgrundsatz) vor allem die Frage der Einschränkung des Notwehrrechts bei Angriffen auf **Sachwerte** oder **immaterielle Güter**. Gemeint sind damit solche Fallkonstellationen, in denen jemand einen Angriff etwa auf sein Eigentum (zB nächtlicher Diebstahl eines Luxus-PKWs) einzig und allein dadurch abwenden kann, dass er zu einem lebensgefährlichen Verteidigungsmittel greift, das zum Tod des Angreifers führt. Die Ermächtigung staatlicher Stellen zur Tötung zur Abwehr eines ausschließlich gegen Sachen gerichteten Angriffs ist mit Art. 2 EMRK nicht vereinbar, bei Privatpersonen ist dies jedoch umstritten. Die Tötung des Angreifers (§§ 212, 222 StGB) wäre nach hM gem. § 32 StGB gerechtfertigt; es bestünde auch keine sozialethische Einschränkung des Notwehrrechts wegen eines krassen Missverhältnisses von Eingriffsgut und Rettungsgut. Legt man dagegen die EMRK zugrunde, bestehen Zweifel, ob ein solcher Angriff auf Eigentum als „Gewalt" eingestuft werden kann und damit eine vorsätzliche Tötung des Angreifers von Art. 2 Abs. 2 lit. a EMRK gedeckt wäre. **26**

Eine Entscheidung des *EGMR* zu dieser Problematik ist bislang noch nicht ergangen. Dies mag auch damit zusammenhängen, dass bereits in der deutschen Rechtsprechung die Notwehr beim Schusswaffeneinsatz häufig schon daran scheitert, dass das dreistufige „Verfahren" – Androhen, Warnschuss, möglichst ungefährlicher Schuss – von **27** dem Täter nicht eingehalten wird und damit „eine Rechtfertigung der Tötung des Angreifers zur Verteidigung von Sachwerten in praxi häufig an den zu § 32 StGB entwickelten Restriktionen im Bereich des tödlichen Waffeneinsatzes scheitert" (*Ambos*, 10/113).

28 Nach der sog. **Schutzrechtstheorie** der hM (vgl. etwa *Rengier*, AT, 18/60) gilt die EMRK nur im Verhältnis Staat – Bürger, nicht aber im Verhältnis der Bürger untereinander, weshalb Art. 2 EMRK § 32 StGB nicht einschränke. Nach der sog. **Übereinstimmungstheorie** (zB *Zieschang*, GA 2006, 419) erfasst das Tötungsverbot in Art. 2 EMRK nur die absichtliche oder direkt vorsätzliche Tötung eines Menschen, nicht aber diejenige mit dolus eventualis. Nach der international herrschenden Ansicht im europarechtlichen Schrifttum (sog. **absoluten Theorie**) verbietet dagegen Art. 2 Abs. 2 lit.a EMRK die Tötung zum Schutz von Sachwerten; dies gelte auch im Verhältnis der Bürger untereinander (vgl. LR-StPO/*Esser*, Art. 2 EMRK Rn. 52).

29 Für die letztgenannte Ansicht spricht die strenge Rechtsprechung des *EGMR*, nach der ein Staat seine Rechtsordnung strikt an dem Gebot des Lebensschutzes auszurichten hat und der *EGMR* eine davon abweichende Rechtspraxis in den Konventionsstaaten nicht akzeptieren wird. Auch muss gefragt werden, ob es in der Sache heute noch angemessen ist, wenn das deutsche Notwehrrecht prinzipiell keine Verhältnismäßigkeitsschranken enthält und die Tötung eines Menschen bereits zum Schutz von Sachwerten erlaubt. Es sprechen daher die besseren Gründe dafür, die Einschränkung des Art. 2 Abs. 2 lit. a EMRK auf *jede* Form der Gewaltanwendung zum Eigentumsschutz anzuwenden, die zu einem Tod des Angreifers führen kann (vgl. Sch/Sch/*Perron*, § 32 Rn. 62). § 32 StGB ist dementsprechend völkerrechtskonform zu interpretieren: Die absichtliche, wissentliche oder bedingt vorsätzliche Tötung eines Diebes ist nicht gerechtfertigt. Es handelt sich dabei um eine Frage der sozialethischen Einschränkung des Notwehrrechts unter dem Gesichtspunkt der Rechtsbewährung und damit der Gebotenheitsklausel in § 32 Abs. 2 StGB (vgl. etwa Sch/Sch/*Perron*, § 32 Rn. 43, 62).

29b Gegen diese Ansicht wird zwar der Einwand erhoben, sie sei verfassungwidrig und verstoße gegen den Wortlaut des § 32 StGB zu Lasten des Verteidigers (S/S/W/*Satzger,* Art. 2 EMRK Rn. 17), Aber die EMRK ist nicht „bloß" ein völkerrechtlicher Vertrag, sondern zugleich ein Bundesgesetz (Art. 59 Abs. 2 GG) und damit nach Art. 20 Abs. 3 GG bindend. Das StGB besitzt normenhierarchisch keinen Vorrang gegenüber der EMRK. Vielmehr lässt die zusätzliche Verpflichtung zur völkerrechtsfreundlichen Interpretation des nationalen Rechts das Gewicht der Notwehrregelung in Art. 2 Abs. 2 EMRK schwerer erscheinen als das dasjenige des § 32 StGB. Im Übrigen ist es der Wortsinn des Begriffs „Gebotenheit" in § 32 Abs. 1 StGB, das Notwehrrecht normativen Einschränkungen zu unterziehen und im Rahmen der Rechtsbewährung die Maßstäbe der Gesamtrechtsordnung zu berücksichtigen (statt aller *Roxin*, AT-1, 15/87).

b) Keine Strafe ohne Gesetz, Art. 7 EMRK

Das in Art. 7 EMRK geschützte Gesetzlichkeitsprinzip ist einerseits insofern enger als der gleichlautende Art. 103 Abs. 2 GG, als ein Verstoß gegen das Analogieverbot nicht bereits bei Missachtung des Wortlauts vorliegt oder die Verwendung unbestimmter Begriffe verboten wird. Sogar Gewohnheitsrecht kann „Gesetz" iSd Art. 7 EMRK sein. Entscheidend ist vielmehr die **Vorhersehbarkeit der Bestrafung** für den Bürger. Andererseits ist in Art. 7 EMRK, anders als in Art. 103 Abs. 2 GG, auch das Schuldprinzip verankert. 30

Das Gesetzlichkeitsprinzip hat in zwei bedeutenden Verfahren gegen Deutschland – den Mauerschützenfällen und bei der Sicherungsverwahrung – eine zentrale Rolle gespielt. 31

aa) Mauerschützenprozess

Fall „Mauerschützen" (*EGMR, Streletz, Keßler und Krenz v. Deutschland*, NJW 2001, 3035) Der *EGMR* hat in seinem Urteil zu den Schießbefehlen an der innerdeutschen Grenze die Verurteilung hochrangiger DDR-Funktionäre wegen Totschlags für vereinbar mit Art. 7 Abs. 1 EMRK erklärt. Zwar habe es Anweisungen gegeben, auf Republikflüchtlinge zu schießen, wie auch in § 27 DDR-Grenzgesetz ein Rechtfertigungsgrund für die Erschießung von Menschen bei einem Verdacht eines Verbrechens (wie zB die Republikflucht) enthalten sei. Doch diese Rechtfertigungsgründe seien in Wahrheit gar kein DDR-Recht gewesen. Denn es sei, so der *EGMR*, aufgrund des Rechts auf Leben, das sowohl in DDR-Verfassung (Art. 89, 30 DDR-Verf) wie im IPBürgR geschützt werde, eine Tötung von Flüchtlingen schon nach DDR-Recht offensichtlich rechtswidrig gewesen (*EGMR* aaO para 88). Daher könnten Egon Krenz und die beiden anderen Beschwerdeführer sich nicht auf Art. 7 Abs. 1 EMRK berufen, da „die Handlungen der Beschwerdeführer zur Tatzeit Straftaten darstellten, die nach dem Recht der DDR ausreichend zugänglich und vorhersehbar bestimmt waren" (*EGMR* aaO para 89). 32

bb) Sicherungsverwahrung

Außergewöhnlich große Bedeutung hat die EMRK im Zusammenhang mit der Sicherungsverwahrung (SV) erlangt (§§ 66–66b StGB). Das *BVerfG* hatte diese Regelungen erst dann für verfassungswidrig 33 erklärt, nachdem der *EGMR* zuvor die nachträglich angeordnete bzw rückwirkend verlängerte SV für unvereinbar mit Art. 5 Abs. 1 lit.a EMRK und Art. 7 EMRK erklärt hatte. Bis zum 31.5.2013 galt eine vom *BVerfG* geschaffene Übergangsregelung in Anlehnung an das sog. Therapieunterbringungsgesetz (ThUG v. 22.10.2010, BGBl. I 2300). Am 1.6.2013 trat daraufhin das Gesetz zur bundesrechtlichen Umsetzung des Abstandsgebotes im Recht der Sicherungsverwahrung (G. v. 5.12.2012, BGBl. I 2425) in Kraft.

34 **Fälle der rückwirkend verlängerten und nachträglich angeordneten Sicherungsverwahrung:** Die SV war früher auf 10 Jahre beschränkt, wurde aber nach einer Gesetzesänderung von 1998 unbefristet angeordnet (§ 67d Abs. 3 StGB). Selbst die Befristung in den Altfällen, in denen die SV noch auf 10 Jahre begrenzt war, wurde rückwirkend aufgehoben (sog. Parallelfälle). Darin lag, so das *BVerfG* in einem Urteil aus dem Jahre 2004 (NJW 2004, 739), kein Verstoß gegen das Rückwirkungsverbot, da es sich bei der SV nicht um eine „Strafe", sondern um Gefahrenabwehr handle. Ein Täter, gegen den nach altem Recht SV angeordnet wurde und der dementsprechend spätestens 2001 aus der SV hätte entlassen werden müssen, legte wegen der von den Fachgerichten und dem *BVerfG* unbeanstandeten Verlängerung seiner Unterbringungszeit Beschwerde bei dem *EGMR* ein.

Nach Ansicht des *EGMR* (*M v. Deutschland*, NJW 2010, 2495) war die nachträgliche Verlängerung der SV **nicht von Art. 5 Abs. 1 S. 1 lit. a EMRK gedeckt**. Sie verstieß zudem gegen **Art. 7 EMRK**: Diese Form der Haft bedeute genauso wie eine gewöhnliche Freiheitsstrafe einen Freiheitsentzug. In der Praxis seien Häftlinge in der Sicherungsverwahrung in gewöhnlichen Gefängnissen untergebracht; ihnen seien lediglich Verbesserungen bei den Haftbedingungen eingeräumt. Nach dem Strafvollzugsgesetz dienten beide Formen der Haft dem doppelten Zweck, die Öffentlichkeit zu schützen und den Strafgefangenen auf ein verantwortliches Leben in Freiheit vorzubereiten. Der *EGMR* sprach M 50.000 Euro für den erlittenen immateriellen Schaden als gerechte Entschädigung (Art. 41 EMRK) zu. M wurde daraufhin entlassen. In einer späteren Entscheidung wurde auch die von der rückwirkend verlängerten SV zu unterscheidende nachträglich angeordnete SV (§ 66b StGB) vom *EGMR* wegen Verstoßes gegen Art. 5, 7 EMRK beanstandet (*EGMR*, *Haidn v. Deutschland*, 13.1.2011 – 6587/04).

Das *BVerfG* hat daraufhin die Regelungen zur Sicherungsverwahrung insgesamt für verfassungswidrig erklärt (*BVerfG* NJW 2011,

1931 Rn. 168). Dabei hat das *BVerfG* in einer völkerrechtsfreundlichen Interpretation die EMRK und die maßgeblichen Aspekte der *EGMR*-Entscheidungen als „Auslegungshilfen" ergebnisorientiert einbezogen (*BVerfG* aaO Rn. 94). Der Begriff der Strafe, wie er im Rückwirkungsverbot des Art. 7 Abs. 1 S. 2 EMRK enthalten sei, stimme zwar nicht mit dem Begriff der Strafe in Art. 103 Abs. 2 GG überein. Die nachträglich verlängerte oder angeordnete SV verstoße daher nicht gegen das Rückwirkungsverbot iSd Grundgesetzes, da die SV nach deutschem Verfassungsverständnis keine Strafe sei. Wegen der Intensität des Eingriffs – es handle sich dabei um eine Beeinträchtigung des Grundrechts auf Freiheit in ihrer intensivsten Form – gewinne aber „die Erwartung des Untergebrachten, die Freiheit zu einem bestimmten Zeitpunkt wieder zu erlangen, besondere Bedeutung" (aaO Rn. 136). Mit der rückwirkend verlängerten SV werde gegen dieses verfassungsrechtliche Vertrauensschutzprinzip, wie es aus Art. 2 Abs. 2 S. 2 iVm Art. 20 Abs. 3 GG folge, verstoßen. Da zudem die SV in der Vollzugspraxis der Freiheitsstrafe sehr weit angenähert sei, erreiche der Vertrauensschutz sogar die Dimension eines absoluten Vertrauensschutzes (Rn. 138). Dies gelte auch (*BVerfG* aaO Rn. 148, 162) in den Fällen der nachträglich angeordneten Sicherungsverwahrung im Erwachsenenstrafrecht (§ 66b StGB), bei Heranwachsenden (§ 106 JGG) und Jugendlichen (§ 7 Abs. 2 JGG).

Die bisherige Ausgestaltung des Vollzugs der Sicherungsverwahrung widerspreche dem „Abstandsgebot" zwischen einer Strafe und einer Maßregel der Besserung und Sicherung. Eine nachträgliche Freiheitsentziehung sei nur auf der Grundlage des Art. 5 Abs. 1 lit. e EMRK möglich (*BVerfG* aaO Rn. 144, 151), dh beim Täter müsse eine psychische Störung festgestellt werden. Bis 31.5.2013 seien das ganze Recht und die Praxis der Sicherungsverwahrung zu reformieren.

Seit 2013 gilt nunmehr folgendes System der Sicherungsverwahrung: Das Gesetz zur bundesrechtlichen Umsetzung des Abstandsgebotes im Recht der SV (oben Rn. 33) behielt die traditionelle anfängliche Sicherungsverwahrung (§ 66) bei und beließ es auch bei der bestehenden Dreiteilung in primäre (§ 66), vorbehaltene (§ 66a) und nachträgliche Sicherungsverwahrung (§ 66b). Das Abstandsgebot wurde neu geregelt und in § 66c hervorgehoben. Das neu hinzugetretene ThuG (oben Rn. 33) ermöglicht eine nachträgliche Unterbringung von Personen, deren Unterbringung in der Sicherungsverwahrung rückwirkend verlängert wurde, sofern sie in Anknüpfung an die *EGMR*-Entscheidungen freizulassen wären. Dies setzt aber **1.** eine psychische Erkran- **34a** kung, **2.** die Gefahr von bestimmten erheblichen Straftaten und 3. eine Gefahr für die Allgemeinheit voraus, der nicht mit milderen Mitteln begegnet werden kann. – Der *EGMR* hat inzwischen (*EGMR Bergmann v. Deutschland,* NJW 2017, 1007) diese Neuregelungen „abgesegnet“ und für mit der EMRK vereinbar erklärt, sofern die Freiheitsentziehung in einer für psychisch Kranke geeigneten Einrichtung und nicht bloß in einer gesonderten Abteilung der Haftanstalt erfolgt (vgl. auch unten Rn. 40b).

3. Die verfahrensrechtlichen Garantien der EMRK (Art. 3, 5, 6 EMRK)

a) Das Folterverbot, Art. 3 EMRK

35 **Prüfungsschema 16: Folterverbot**

1. Eingriffsart
   a) Folter (Art. 3 Var. 1 EMRK),
   b) unmenschliche Behandlung oder Strafe (Art. 3 Var. 2 EMRK) oder
   c) demütigende Behandlung (Art. 3 Var. 3 EMRK)
2. Intensität des Eingriffs
3. bei Var.1 keine Einschränkungen möglich (Art. 15 EMRK), bei Var. 2, 3 immanente Einschränkungen

aa) Allgemeines

36 Drei Menschenrechtsverstöße sind in Art. 3 EMRK aufgezählt, wobei die Übergänge fließend sind. An der Spitze steht die *Folter* (1. Var. des Art. 3 EMRK) als schwerwiegendster Eingriff. Sie setzt objektiv voraus, dass eine unmenschliche oder erniedrigende Behandlung sehr ernste und grausame Leiden hervorruft (zB Abschneiden eines Ohrs durch Polizeibeamten; *Esser*, 9/151). In subjektiver Hinsicht muss dies zweckgerichtet geschehen, etwa zur Erzwingung eines Geständnisses. Die Tat muss zudem einen staatlichen Bezug aufweisen. Dabei wird auch auf die Definition in Art. 1 des UN-Übereinkommens gegen Folter zurückgegriffen.

37 Unter einer unmenschlichen Behandlung oder Strafe (2. Var. des Art. 3 EMRK) versteht man die Zufügung von intensiven physischen oder psychischen Leiden (*Ambos*, 10/118). Dies schließt die Verpflichtung des Staates ein, einen Gefangenen unter Bedingungen festzuhalten, die mit der Achtung seiner Menschenwürde vereinbar sind. Bei heroinabhängigen Insassen besteht eine Pflicht der Behörden, dessen Gesundheitszustand durch Ärzte bewerten zu lassen und eine geeignete Behandlung zu wählen (EGMR NJOZ 2018, 464). Unmenschliche Behandlung kann auch in einer Androhung von Folter liegen. Mit der erniedrigenden Behandlung (3. Var. des Art. 3 EMRK) sind besonders demütigende Verhaltensweisen gemeint, die in deutschen Fällen etwa dann bejaht wurde, als ein Häftling 7 Tage lang unbekleidet in einer Sicherheitszelle einer Justizvollzugsanstalt untergebracht wurde (*EGMR*, *Hellig v. Deutschland*, NJW 2012, 2173), ein vollständig entkleideter Strafgefangener über mehr als einen Tag in einer durchgängig videoüberwachten Zelle eingesperrt war (*BVerfG* NJW 2015, 2100) oder einer des Drogenhandels verdächtigen Person zwangsweise Brechmittel verabreicht wurde, um sie zur Ausscheidung von verschluckten Drogenpäckchen zu zwingen (*EGMR*, *Jalloh v. Deutschland*, NJW 2006, 3117). Ein anderes Beispiel wäre die Unterbringung von Angeklagten in Metallkäfigen im Gerichtssaal (*EGMR*, *Svinarenko/Slyadnev v. Russia*, Urt. v. 17.7.2014 32541/08 u. 43441/08).

bb) Absolute Geltung; Schutzverpflichtung; mittelbarer Schutz

Nach Art. 15 Abs. 2 EMRK gilt das Folterverbot (unter Einschluss **37a** *aller* in Art. 3 Abs. 1 EMRK genannten Verhaltensweisen, also nicht nur bei Folter) **absolut:** Auch ein Krieg oder anderer öffentlicher Notstand – wie etwa die Bekämpfung von Terrorismus, organisierter oder schwerer Kriminalität – stellen keinen Rechtfertigungsgrund für die Anwendung von Folter oder unmenschliche Behandlung dar (*EGMR* NJW 2010, 3359; BeckOK-*Valerius*, Art. 3 Rn. 7). Der Staat ist zudem zum aktiven Schutz seiner Bürger vor Folter verpflichtet. Er muss auch mittelbar folterrelevante Handlungen unterlassen, so zB Ausweisungen oder Abschiebungen in Staaten, in denen eine gegen Art. 3 EMRK verstoßende Behandlung droht (*Löwe/Rosenberg/Esser* Rn. 30 ff.). – Durch Folter erlangte Beweismittel unterliegen einem zwingenden Beweisverwertungsverbot. Weist ein Beschuldigter, der in gutem Gesundheitszustand in Polizeihaft genommen worden ist, nach einer Vernehmung Verletzungen auf, kommt eine Beweiserleichterung zum Tragen, dh der Staat muss plausibel deren Ursache erklären (*EGMR*, *Selmouni* v. *Frankreich*, NJW 2001, 56).

cc) Der Fall Gäfgen

Fall „Gäfgen" (*EGMR*, *Gäfgen v. Deutschland,* NStZ 2008, 699 – **38** Gäfgen 1): *Magnus Gäfgen* (G) hatte Jakob von Metzler, den Sohn eines Frankfurter Unternehmers, ermordet und von dessen Eltern ein Lösegeld in Höhe von 1 Million EUR erpresst. Der Vizepolizeipräsident von Frankfurt, Manfred Daschner (D), ging davon aus, dass der Entführte noch am Leben ist, sich aber in einer lebensbedrohlichen Situation befindet. D ordnete deshalb an, dass der Polizeibeamter E dem G massive Schmerzen für den Fall androht, dass er den Aufenthaltsort des Jungen weiterhin verschweige. Nach der Drohung gab G das Versteck preis. Der Junge wurde dort tot aufgefunden. Im späteren Gerichtsverfahren wiederholte G das Geständnis, nachdem er darüber aufgeklärt wurde, dass sein früheres Geständnis vor der Polizei wegen Verstoßes gegen Art. 3 und Art. 6 EMRK nicht verwertet werde. G wurde daraufhin vom *LG Frankfurt* wegen Mordes zu lebenslanger Freiheitsstrafe unter Feststellung der besonderen Schwere der Schuld verurteilt (Urt. v. 28.7.2003 – 5/22 Ks 2/03). Die Revision des G gegen das Urteil wurde vom *BGH* verworfen und seine Verfassungsbeschwerde nicht zur Entscheidung angenommen. D bzw E wurden später der Straftaten nach §§ 357, 240 bzw § 240 StGB für schuldig befunden; es wurde jedoch nur eine Verwarnung mit Strafvorbehalt (§ 59 StGB) ausgesprochen (*LG Frankfurt* NJW 2005, 692).

Die Kammer der 5. Sektion des *EGMR* bejahte zwar einen Verstoß gegen Art. 3 EMRK, verurteilte aber Deutschland nicht, da G nicht mehr Opfer einer Konventionsverletzung iSd Art. 34 EMRK sei: Das *LG Frankfurt* habe den Konventionsverstoß anerkannt und dessen Folgen durch die Verwarnung von D und E mit Strafvorbehalt sowie durch das Beweisverwertungsverbot hinsichtlich des erzwungenen Geständnisses kompensiert (*EGMR* aaO para 77 ff.). Zur Subsumtion der Folterdrohung unter Art. 3 EMRK stellt der *EGMR* fest, dass „(…) die dem Beschwerdeführer angedrohte Behandlung, wenn sie erfolgt wäre, als Folter anzusehen wäre. Die Befragung dauerte jedoch nur etwa 10 Minuten und (…) fand in einer sehr angespannten und emotional aufgeladenen Atmosphäre statt, was darauf zurückzuführen war, dass die völlig erschöpften und unter hohem Druck stehenden Polizeibeamten glaubten, sie hätten nur ein paar Stunden, um J.s Leben zu retten; weiterhin wurden die Drohungen mit Misshandlung nicht umgesetzt und es wurde nicht dargetan, dass sie ernsthafte Langzeitfolgen für die Gesundheit des Beschwerdeführers hatten" (*EGMR* aaO para 69 f.). G sei daher während der Befragung einer nach Artikel 3 der Konvention verbotenen unmenschlichen Behandlung, nicht aber einer Folter ausgesetzt gewesen. Das Gerichtsverfahren insgesamt sei fair iSd Art. 6 Abs. 1 EMRK gewesen.

Gegen die Entscheidung der Kammer des *EGMR* legte G Beschwerde vor der Großen Kammer des *EGMR* ein. **Die Große Kammer** (*EGMR*, Urt. v. 1.6.2010 = NJW 2010, 3145; **Gäfgen 2**) verneinte ebenfalls einen Verstoß gegen Art. 6 EMRK, sah aber, anders als die Kammer des *EGMR*, G als Opfer einer Verletzung nach Art. 3 EMRK an. Die sehr milden, eher symbolischen Sanktionen gegen D und E seien keine angemessene Reaktion auf den Konventionsverstoß gewesen. Zudem sei über die Amtshaftungsklage G's vor dem *LG Frankfurt* bislang noch immer nicht entschieden worden. G besitze daher durchaus die Eigenschaft eines Opfers iSd Art. 34 EMRK. G hat daraufhin die Wiederaufnahme des Verfahrens gem. **§ 359 Nr. 6 StPO** beantragt, die aber von der zuständigen Staatsanwaltschaft abgelehnt wurde, da das Urteil nicht auf dem Verstoß gegen Art. 3 EMRK beruhe (vgl. FAZ v. 2.1.2011).

b) Recht auf Freiheit und Sicherheit, Art. 5 EMRK

Prüfungsschema 17: Recht auf Freiheit und Sicherheit 39

1. Schutzbereich: (Abs. 1 S. 1): Freiheitsentziehung
2. Zulässige Freiheitsentziehungen
   a) Beachtung der Verfahrensvorschriften des nationalen Rechts (Abs. 1 S. 2)
   b) Festnahmegründe (Abs. 1 S. 2 lit. a–f)
3. Beachtung der konventionsrechtlichen Verfahrensgarantien
   a) Begründungspflicht (Abs. 2)
   b) Richterliche Überprüfung (Abs. 3) und Rechtsmittel (Abs. 4)
4. Folge des Rechtsverstoßes: Schadensersatzanspruch (Abs. 5); Feststellung der Konventionswidrigkeit; Strafmilderung

Übungsklausur: *Hecker/Zöller*, Klausur 16, S. 169.

In Art. 5 Abs. 1 S. 2 EMRK ist abschließend geregelt, wann eine Freiheitsentziehung aufgrund einer gesetzlichen Anordnung zulässig ist: Freiheitsentziehung auf Grund richterlicher Verurteilung (lit. a); Ordnungs- und Erzwingungshaft (lit. b); vorläufige und präventive Festnahme (lit. c); Inhaftierung von Minderjährigen zu Erziehungszwecken (lit. d); Freiheitsentziehung aufgrund Allgemeingefährlichkeit (lit. e); Abschiebe- und Auslieferungshaft gegen Ausländer (lit. f). 40

Besondere Bedeutung hat dabei in Deutschland der Freiheitsentzug aufgrund einer psychischen Krankheit („persons of unsound mind" im 40 a englischen Original) gem. Art. 5 Abs. 1 S. 2 lit e EMRK gewonnen. Diese Legitimation einer Freiheitsentziehung kommt im Rahmen des ThUG (oben Rn. 33) als die Ersatzlösung für die verfassungswidrige nachträglich angeordnete bzw rückwirkend verlängerte Sicherungsverwahrung (oben Rn. 34 ff.) zur Anwendung (vgl. § 1 ThUG).

40b **Fall „Bergmann"** (*EGMR* NJW 2017, 1007 mit Bspr. *Köhne* aaO und *Dörr,* JuS 2016, 1144): B befand sich auf Grund einer 1986 erfolgten Verurteilung wegen schwerer Gewalt- und Sexualdelikte seit 2001 in Sicherungsverwahrung. 2013 ordnete das *LG Lüneburg* deren Fortdauer an, weil es bei B eine schwerwiegende psychische Störung (sexuelle Deviation und Sadismus) im Sinne des Therapieunterbringungsgesetzes und ein hohes Risiko der Begehung weiterer schwerer Sexualstraftaten als gegeben ansah. Nachdem seine hiergegen gerichteten Rechtsmittel und eine Verfassungsbeschwerde erfolglos geblieben waren, wandte sich der Beschwerdeführer an den *EGMR*. – Auch die **Beschwerde** vor dem *EGMR* blieb **erfolglos**: Nach dem EMRK ist eine Therapieunterbringung infolge einer schweren psychischen Störung gemäß Art. 5 Abs. 1 lit. e EMRK auch dann konventionskonform, wenn sie zur Fortdauer einer Sicherungsverwahrung führt, die nicht auf die anderen Gründe für Freiheitsentziehungen gestützt werden kann. Es muss sich aber um eine schwere seelische Erkrankung handeln, die eine stationäre Behandlung in einer therapieorientierten Einrichtung erfordert, die dem Gebot des Abstands zum normalen Strafvollzug gerecht wird (siehe dazu bereits oben Rn. 34).

c) Recht auf ein faires Verfahren, Art. 6 Abs. 1 EMRK

41 Der Grundsatz des fairen Verfahrens (= fair trial) [häufiger Schreibfehler: „fair trail" = faire/r Spur/Pfad!]) ist das tragende Prinzip und zugleich der Oberbegriff aller Verfahrensrechte. Namentlich das Recht des Beschuldigten auf Gehör und die sog. Waffengleichheit zwischen Gericht, Anklage und Verteidigung werden aus dem Fairnessprinzip abgeleitet (HK-EMRK/*Harrendorf/König,* Art. 6 Rn. 96, 106). Die Konvention selbst konkretisiert es für den Strafprozess in Gestalt der Unschuldsvermutung (Art. 6 Abs. 2 EMRK) und der speziellen, in Art. 6 Abs. 3 EMRK genannten Verteidigungsrechte Die meisten Verurteilungen durch den *EGMR* beruhen auf einem Verstoß gegen Art. 6 Abs. 1 EMRK.

41a Ob ein Verfahren fair war, beurteilt der Gerichtshof in ständiger Rechtsprechung auf der Basis einer **Gesamtbetrachtung** (*EGMR* NJW 2006, 3117, 3122), mithin unter Berücksichtigung aller Umstände des gesamten Verfahrens (einschließlich des Ermittlungs- und Rechtsmittelverfahrens). Kompensatorische Maßnahmen können einzelne Fairnessmängel des Verfahrens heilen (zur Relevanz beim Frage-und Konfrontationsrecht unten Rn. 49).

Zwei besonders bedeutsame Aspekte des fair trial nach Art. 6 Abs. 1 EMRK sind die angemessene Verfahrensdauer sowie die Frage der Tatprovokation durch polizeiliche Lockspitzel.

aa) „Angemessene Frist der Verhandlung"

Die Dauer des Strafverfahrens ist die Zeitspanne zwischen den ersten Ermittlungen (nicht erst der Anklage) und der abschließenden Entscheidung erster Instanz. Die Angemessenheit der Verfahrensdauer bestimmt der *EGMR* in einer sach- und verfahrensbezogenen Betrachtungsweise danach, welche Rechte auf dem Spiel standen und wer die lange Dauer zu verantworten hatte. Das erste der durch die Rspr. herauskristallisierten **vier Kriterien** (vgl. *Laue*, Jura 2005, 93; BeckOK-*Valerius*, Art. 6 Rn. 23; *Satzger*, 11/64) bildet die **Bedeutung der Sache** für den Beschwerdeführer: Das Verfahrenstempo hat sich nach dem Gewicht der *Interessen* zu richten, die für ihn auf dem Spiel stehen. *Haftsachen* etwa haben eine besonders große Bedeutung und bedürfen daher rascher Behandlung. Bei Untersuchungshaft ist der Beschleunigungsgrundsatz gem. Art. 5 Abs. 3 EMRK noch strenger ausgestaltet (*EGMR, Kudla v. Polen,* NJW 2001, 2694). Ist jedoch der Fall in rechtlicher oder tatsächlicher Hinsicht schwierig, darf der Zeitraum bis zur Entscheidung länger sein, was vor allem bei **komplexen Strafverfahren** wie etwa Wirtschaftsstrafsachen von Bedeutung ist. Außerdem ist das **Verhalten des Beschwerdeführers** zu berücksichtigen: Hat er (oder sein Verteidiger) selbst durch verzögerndes Verhalten (zB durch eine Vielzahl unnötiger Befangenheits- oder Beweisanträge) das Verfahren in die Länge gezogen, kann dies dem Staat nicht zugerechnet werden. Das Gebrauchmachen von ihm zur Verfügung stehenden Rechtsmitteln darf ihm allerdings nicht als Verzögerung angelastet werden. Umgekehrt kann **das Verhalten der zuständigen Behörden**, dh die längere Untätigkeit der Strafverfolgungsorgane für eine unangemessen lange Dauer des Verfahrens sprechen. **42**

Die Berücksichtigung einer überlangen Verfahrensdauer hat der nationale Gesetzgeber seit dem 3.12.2011 in §§ 198, 199 GVG geregelt (dazu *Graf,* NZWiSt 2012, 121; zur Vereinbarkeit mit der EMRK vgl. *EGMR* NJW 2014, 3083). In dem gesetzlichen Rahmen bleiben die schon zuvor vom *BGH* entwickelten Grundsätze bedeutsam: Die unangemessene Dauer hat zwar weder die Konsequenz, dass im Regelfall ein Verfahrenshindernis besteht (Verfahrenslösung), oder eine erheblich mildere Strafe (so die frühere Strafabschlagslösung) verhängt **43** wird. Es wird aber eine Gesamtstrafe verhängt, bei der innerhalb des § 199 Abs. 3 S. 1 GVG die lange Verfahrensdauer im Rahmen der allgemeinen Strafzumessung als selbstständiger Strafmilderungsfaktor berücksichtigt wird und, wenn dies als Kompensation nicht ausreicht, als weitere Entschädigung für die überlange Verfahrensdauer ein genau bezifferter Teil dieser Strafe als vollstreckt gilt (Vollstreckungslösung analog § 39 StGB; vgl. BGHSt 52, 124; *Meyer-Goßner/Schmitt*, Art. 6 EMRK Rn. 9a). Bei sonstigen immateriellen Nachteilen kommt eine Entschädigung nach § 198 Abs. 2 GVG in Betracht, die aber, anders als beim Kompensationsmodell des § 199 Abs. 3 GVG, die Erhebung einer Verzögerungsrüge (§ 198 Abs. 3 GVG) voraussetzt.

Viereinhalb Jahre zwischen Tat und Verurteilung (*BGH* NJW 2009, 307): Eine Frau wird im Jahre Herbst 2003 Opfer einer Sexualstraftat. Etwa ein Jahr später (2004) wird A erstmals vernommen. Die Anklage gegen ihn wird zwei Jahre später zugelassen (2006). Weitere eineinhalb Jahre später beginnt die Hauptverhandlung (2007). Im Jahre 2008 wird A schließlich erstinstanzlich verurteilt. – *BGH*: Zunächst ist zu prüfen, ob die Belastungen für A wegen der überlangen, über 4 Jahre andauernden Verfahrensdauer bei der Straffestsetzung in den Grenzen gesetzlichen Strafrahmens mildernd zu berücksichtigen ist. „Wenn aber – wie hier – der Justiz anzulastende Verfahrensverzögerungen festgestellt sind, ist neben der Berücksichtigung der vorgenannten Milderungsgründe bei der Strafzumessung und davon unabhängig eine Kompensation der Verletzung des Beschleunigungsgebots des Art. 6 Abs. 1 EMRK im Wege der Vollstreckungslösung vorzunehmen“ (*BGH* aaO para 6).

bb) Staatliche Tatprovokation

44 Umstritten sind auch die rechtlichen Konsequenzen in den Fällen der Tatprovokation durch staatliche Organe, so etwa dann, wenn im Bereich der Betäubungsmittelkriminalität ein Undercover-Ermittler solche Personen zur Begehung von BtM-Straftaten anstiftet, die der Drogenszene angehören. Der *EGMR* erklärt seit langem in solchen Fällen regelmäßig das gegen den Angestifteten durchgeführte Strafverfahren insgesamt für unfair und spricht eine Einstellung des Verfahrens gegen Zubilligung einer Entschädigung aus (*EGMR*, *Teixeira de Castro v. Portugal*, NStZ 1999, 47; sog. Verfahrenslösung). Der *BGH* nahm dagegen aufgrund der Aufklärungs- und Verfolgungsinteressen in bestimmten Kriminalitätsbereichen kein Verfahrenshindernis an, sondern kompensierte den – auch von ihm so gesehenen – Verstoß gegen den Fairness-Grundsatz „nur“ mit einer Strafmilderung (BGHSt

45, 312; sog. Strafzumessungslösung, die aber im rechtswissenschaftlichen Schrifttum stark kritisiert wurde; vgl. nur *Endriss/Kinzig*, JZ 2000, 363 und *Sinner/Kreuzer*, StV 2000, 114). Der *EGMR* hat 2015 in seiner Deutschland betreffenden „Furcht"-Entscheidung die bisherigen Lösungsansätze des *BGH* verworfen. Die Tragweite des Furcht-Urteils für die deutsche Strafrechtsprechung ist aber umstritten (unten Rn. 45a).

Übungsklausur: *Ambos*, FL, Fall 3 Rn. 3 ff. (staatliche Lockspitzel); *Hecker/Zöller*, Klausur 18, S. 208.

„Furcht gegen Deutschland" (*EGMR*, NJW 2015, 3631): S steht in Verdacht, massiv in den Drogenhandel verwickelt zu sein. Beschwerdeführer F war ein guter Freund von S, hatte aber keinerlei Vorstrafen und stand auch nicht in Verdacht, irgendwie in Drogenhandel verwickelt zu sein. Die Polizei versuchte nun, über F Kontakte zu S zu knüpfen. Den verdeckten Ermittlern gelang es schließlich, durch eine psychologisch sehr geschickte Vorgehensweise (Zerstreuung der Bestrafungsängste des F und seiner Befürchtung, die Mitwirkenden könnten V-Leute der Polizei sein) den F zur Mitwirkung an einem Drogenhandel (260 kg Amphetamine und 40 g Kokain) zu veranlassen. Das ***LG Aachen*** verurteilte F wegen Drogenhandels zu einer Freiheitsstrafe von 5 Jahren. Der ***BGH*** hat die Entscheidung gehalten. Das ***BVerfG*** hat die Verfassungsbeschwerde ohne Gründe abgewiesen (2 BvR 1029/09). **45**

Auf die Beschwerde des F entschied der ***EGMR***, dass es sich wegen der fehlenden Tatgeneigtheit des S um eine rechtswidrige Tatprovokation gehandelt habe. Laut der Rechtsprechung des *EGMR* soll ein solcher Verdacht gegen eine Person dann nicht bestehen, wenn sie keine Vorstrafen hat, zuvor keine polizeilichen Ermittlungen gegen sie durchgeführt wurden und nichts darauf hindeutet, dass sie der Beteiligung an der Tat schon zugeneigt war, bevor sie von den Polizeibeamten kontaktiert wurde. Der *EGMR* setzt hieran keine strengen Anforderungen, sondern geht von einem Verstoß gegen Art. 6 Abs. 1 S. 1 EMRK bereits dann aus, sobald der *„verdeckte Ermittler die Tat initiiert oder sonst aktiv auf den Beschuldigten einwirkt"*. Der Ermittler muss dabei einen solchen Einfluss auf den Betroffenen ausüben, dass dieser zur Begehung einer Straftat angestiftet wird, die anderenfalls nicht begangen worden wäre. Dies kann anhand von Indizien bestimmt werden. Darüber hinaus habe das deutsche Gericht die vorliegende rechtswidrige Tatprovokation nicht angemessen kompensiert. Denn selbst eine erhebliche Milderung der gegenüber dem Beschwerdeführer verhängten Strafe genügt hierfür nicht. Vielmehr sei in solchen Fällen ein Verbot der Verwertung von Beweisen anzunehmen, was auf eine Einstellung des Verfahrens hinauslaufen könne.

45a Das *BVerfG* (NJW 2015, 1083) hat eine Änderung seiner Rechtsprechung im Gefolge der „Furcht"-Entscheidung des *EGMR* für denkbar gehalten: Zwar müsse das deutsche Rechtsystem nicht zwingend dem dogmatischen Ansatz des *EGMR* folgen, wie auch eine Strafzumessungslösung weiterhin eine schlüssige Reaktion des deutschen Strafrechts auf Tatprovokationen sei (vgl. *Meyer-Goßner/Schmitt*, Art. 6 EMRK Rn. 4b). Eine rechtswidrige Tatprovokation könne aber zu einem Beweisverwertungsverbot und muss in Extremfällen sogar zu einem Verfahrenshindernis führen. Sie führt zu einem Verfahrenshindernis, „wenn es sich bei der unmittelbar zur Tat verleiteten Person um einen gänzlich Unverdächtigen gehandelt und er lediglich als Objekt der staatlichen Ermittlungsbehörden einen vorgefertigten Tatplan ohne eigenen Antrieb ausgeführt hätte" (*BVerfG* NStZ 2015, 1083). Ein Verfahrenshindernis hat daraufhin der **2. Strafsenat** des *BGH* in einem mit dem „Furcht-Sachverhalt" vergleichbaren Fall angenommen (*BGH* NJW 2016, 91 mit Bspr. *Jäger,* JA 2016, 308) und die bisherige Strafzumessungslösung bei Tatprovokationen, aufgegeben. Der **1. Strafsenat** der *BGH* weist jedoch in seinen jüngsten Entscheidungen darauf hin, dass nach den Kriterien des *EGMR* von einer rechtswidrigen Tatprovokation nicht ausgegangen werden kann, wenn es objektive Anhaltspunkte für den Verdacht gab, dass der Täter tatgeneigt oder er an entsprechenden kriminellen Aktivitäten beteiligt war (BGHSt 60, 238 Rn. 27). Die Tatgeneigtheit könne anhand von Indizien bestimmt werden (dazu: *BGH* 1 StR 320/17). Auch der **4. Strafsenat** folgt offensichtlich dieser Linie (vgl. *BGH* 4 StR 614/17 und 4 StR 640/17).

d) Die Unschuldsvermutung, Art. 6 Abs. 2 EMRK

46 Die Unschuldsvermutung ist zwar europarechtlich in Art. 6 Abs. 2 EMRK sowie in Art. 48 Abs. 1 GRCh verankert, nicht aber explizit im deutschen Verfassungsrecht. Sie hat aber als Ausprägung des Rechtsstaatsprinzips (Art. 20 Abs. 3 GG) Verfassungsrang (*Kühl*, UV, S. 9 ff.). Solange eine abschließende gerichtliche Schuldfeststellung nicht erfolgt ist, hat der Beschuldigte als unschuldig zu gelten (*Geppert,* Jura 1993, 161). Dies ist insbesondere bei **Verfahrenseinstellungen** bedeutsam (LR-StPO/*Esser*, Art. 6 EMRK Rn. 505). Hier hat das *BVerfG* entschieden, dass es gegen Art. 6 Abs. 2 EMRK verstößt, wenn die Zustimmung des Beschuldigten/Angeklagten zur Verfahrenseinstellung nach § 153 StPO als Geständnis und die daraufhin erfolgte

Verfahrenseinstellung als gesetzlicher Nachweis der Schuld eingestuft würde (BVerfGE 82, 106 Rn. 45 [zu § 153 StPO]; vgl. auch *BVerfG* NJW 1987, 2427 [zu § 383 Abs. 2 StPO]). In solchen Entscheidungen darf aber eine Verdachtsbewertung vorgenommen werden (zu § 153 StPO, § 45 JGG *BVerfG* NJW 2017, 1539). **In öffentlichen Erklärungen**, etwa eines Gerichts oder einer Staatsanwaltschaft, darf daher nicht der Eindruck erweckt werden, eine Person sei für schuldig zu halten, ohne dass sie entsprechend den gesetzlichen Vorschriften verurteilt wurde (*EGMR*, *A. L. v. Deutschland*, NJW 2006, 1113). Auch darf in **Einstellungs- und Kostenentscheidungen**, denen keine rechtskräftige Verurteilung zugrunde liegt, keine Schuldzuschreibung erfolgen. Die notwendigen eigenen Auslagen können aber dem Tatverdächtigen auferlegt werden (*EGMR*, *Lutz v. Deutschland*, EuGRZ 1987, 399). Zudem darf eine **Strafaussetzung zur Bewährung** erst dann widerrufen werden, wenn der Täter wegen der neuen Tat rechtskräftig verurteilt worden ist oder ein Geständnis abgelegt hat (*EGMR*, *Böhmer v. Deutschland*, NJW 2004, 43).

Fall „Schuldverdacht trotz Freispruchs“ (*EGMR*, C. v. Deutschland, NJW 2016, 3225): Der A wird vom Vorwurf des schweren sexuellen Missbrauchs seiner Tochter freigesprochen. In der Urteilsbegründung heißt es: „(...) So geht die Kammer im Ergebnis davon aus, dass das von der Zeugin geschilderte Kerngeschehen einen realen Hintergrund hat, nämlich dass es tatsächlich zu sexuellen Übergriffen des Angeklagten zulasten seiner Tochter in seinem Auto gekommen ist. Die Taten ließen sich aber dennoch weder ihrer Intensität noch ihrer zeitlichen Einordnung nach in einer für eine Verurteilung hinreichenden Art und Weise konkretisieren. Die Inkonstanzen in den Aussagen der Zeugin waren so gravierend, dass konkrete Feststellungen nicht getroffen werden konnten (...).“. – Das *BVerfG* nahm die Verfassungsbeschwerde nicht an. A hatte jedoch vor dem *EGMR* Erfolg: Die Feststellung des Landgerichts, „dass es tatsächlich zu sexuellen Übergriffen des A zu Lasten seiner Tochter in seinem Auto gekommen ist“, sei klar und vorbehaltslos formuliert. Werde sie im Zusammenhang mit dem Vorwurf gegen den B, seine Tochter vornehmlich in seinem Auto schwer sexuell missbraucht zu haben, gelesen, vermittle sie dem Leser des Urteils zwangsläufig, dass B des sexuellen Missbrauchs seiner Tochter tatsächlich schuldig war. Darin liege ein Verstoß gegen Art. 6 Abs. 2 EMRK.

e) Recht auf eine effektive Verteidigung, Art. 6 Abs. 3 EMRK

47 Zu den in Art. 6 Abs. 3 EMRK aufgezählten Verteidigungsrechten einer angeklagten Person gehören die Unterrichtung über Art und Grund der Beschuldigung (lit. a), ausreichende Zeit und Gelegenheit zur Vorbereitung der Verteidigung (lit. b), eine effektive Verteidigung durch den Betroffenen selbst, einen Pflicht- oder Wahlverteidiger (lit. c), ein Frage- und Konfrontationsrecht gegenüber Zeugen (lit. d) und das Recht auf einen Dolmetscher (lit. e).

aa) Begriff der Anklage

48 **Fall „Öztürk“** (*EGMR* v. 21.2.1984, NJW 1985, 1273): Der türkische Staatsangehörige Öztürk (Ö) hatte in Deutschland eine Ordnungswidrigkeit im Straßenverkehr begangen, weshalb gegen ihn eine Geldbuße in Höhe von 60 DM verhängt wurde. Ö legte gegen den Bescheid Einspruch ein. In der Hauptverhandlung wirkte ein Dolmetscher mit. Ö zog schließlich seinen Einspruch zurück. Die Dolmetscherkosten wurden daraufhin vom Gericht dem Ö auferlegt. Nach Art. 6 Abs. 3 lit. e EMRK hat aber jeder, der (scil. wegen einer Straftat) „angeklagt“ ist und die Sprache des Gerichts nicht spricht oder versteht, das Recht auf einen kostenlosen Dolmetscher. Der *EGMR* entschied, dass die Geldbuße wegen eines Verstoßes gegen Pflichten verhängt wurde, die alle Verkehrsteilnehmer zu befolgen haben, und dass die Norm sowohl einen abschreckenden wie ahndenden Charakter trage. Ö sei deshalb „angeklagt“. „Vor allem der allgemeine Charakter der Regel und sowohl der präventive als auch repressive Zweck der Sanktion reichen für die Feststellung aus, dass die fragliche Zuwiderhandlung iSv Artikel 6 der Konvention ihrer Art nach strafrechtlich ist“ (*EGMR* aaO Ziff. 53).

bb) Frage- und Konfrontationsrecht; Gesamtbetrachtung

49 Wie oben bereits angedeutet wurde (Rn. 41a), führt der Verstoß gegen Beschuldigtenrechte nicht pauschal zu einem unfairen Verfahren. Vielmehr ist nach dem *EGMR* eine sog. **Gesamtbetrachtung** vorzunehmen, an deren Ende trotz des Verfahrensverstoßes das Ergebnis stehen kann, dass das Verfahren aufgrund kompensatorischer Handlungen (etwa durch Maßnahmen im Verfahren oder bei der Beweiswürdigung in Gestalt einer besonders sorgfältigen Beweisführung des Gerichts) insgesamt doch fair war (zur Kompensation beim Frage- und Konfrontationsrecht grundlegend *EGMR*, *Monika Haas v. Deutschland*, NJW 2006, 2753 mit Bspr. *Gaede*, JR 2006, 292 und *Esser*, NStZ 2007, 106; vgl. auch BGHSt 55, 70 mit krit. Bspr. *Schramm,* HRRS 2011, 156). Diese Betrach-

tungsweise spielt vor allem beim Frage- und Konfrontationsrecht eine große Rolle: In denjenigen Fällen, in denen Zeugen sich im Ausland aufhalten und nicht zur Hauptverhandlung in Deutschland erscheinen, ist es für das Gericht nur sehr schwer oder gar nicht möglich ist, dem Angeklagten in den Stand zu versetzen, seine Rechte nach Art. 6 Abs. 3 lit. f EMRK auszuüben.

Fall „Rückkehr nach Litauen" – Zur Verurteilung bei Abwesenheit von Belastungszeugen (*EGMR, Schatschaschwili. v. Deutschland*, NJOZ 2017, 544 – ins Deutsche übersetzt, aber gekürzt – = HRRS 2016 Nr. 1 – ungekürzt, aber auf Englisch –): B wurde 2008 von einem deutschen Gericht wegen gemeinschaftlichen schweren Raubes in Tateinheit mit schwerer räuberischer Erpressung in zwei Fällen zu einer Freiheitsstrafe von neun Jahren und sechs Monaten verurteilt. In einem der Fälle stützte sich das Gericht wesentlich auf die Aussagen zweier Zeuginnen und Geschädigten der von ihm begangenen Straftat, die diese im Ermittlungsverfahren gemacht hatten. Die Opfer – zwei Prostituierte aus Litauen – sind später in ihre Heimat zurückgekehrt, wo sie sich – trotz großer Bemühungen des *LG Göttingen* – weigerten, nach Deutschland zurückzukehren. Daher konnten sie in der Hauptverhandlung des gegen B gerichteten Strafverfahrens vor dem *LG* nicht als Zeugen vernommen werden. Vor dem *EGMR* berief sich B auf eine Verletzung des Art. 6 Abs. 1, 3 lit. d EMRK: sein Verfahren sei unfair gewesen, da weder er noch sein Anwalt die Möglichkeit gehabt hätten, die einzigen unmittelbaren Zeuginnen der angeblich von ihm begangenen Straftat zu befragen.

Der ***EGMR*** prüfte die Fairness des Verfahrens anhand der drei Stufen aus seiner Al-Khawaja/Tahery-Entscheidung (*EGMR*, Urt. v. 15.12.2011 – 26766/05, 22228/06). Allerdings hat der Gerichtshof in diesem Urteil die zweite und die dritte Stufe der Prüfung in der Sache Al-Khawaja und Tahery vertauscht. Zuerst sei demnach zu prüfen, ob es sich bei der Aussage des abwesenden Zeugen um das einzige bzw entscheidende Beweismittel gehandelt hat („sole or decisive rule" – ursprünglich zweite Stufe) und erst im Anschluss daran, ob das Nichterscheinen des Zeugen durch einen triftigen Grund gerechtfertigt war (ursprünglich erste Stufe). Allerdings betont der Gerichtshof, dass die drei Prüfkriterien voneinander abhängig seien und zusammengenommen der Feststellung dienen würden, ob das in Rede stehende Strafverfahren insgesamt fair gewesen ist. Dies führt letztlich dazu, dass auch in diesem Fall eine Gesamtprüfung der Fairness des Verfahrens vorgenommen wird.

Der *EGMR* würdigte dabei zwar positiv die Anstrengungen des *LG Göttingen* sowie die besonders sorgfältige Beweiswürdigung. Gleichwohl sah der *EGMR* das Verfahren insgesamt als nicht fair an, weil B in keinem Stadium des Verfahrens die Zeuginnen befragen oder befragen lassen konnte. Wie der *EGMR* zu verstehen gibt, hätte man zumindest im Ermittlungsverfahren, in dem sich beide Zeuginnen noch in Deutschland aufhielten, innerhalb ihrer Vernehmung durch einen Ermittlungsrichter dem B oder seinem Verteidiger die Ausübung des Rechts nach Art. 6 Abs. 3 lit. d EMRK ermöglichen müssen. B erhielt vom *EGMR* keine Entschädigung zugesprochen (*EGMR* aaO Rn. 166 ff.). – Die Entscheidung des *EGMR* erging denkbar knapp mit 9 gegen 8 Stimmen (*EGMR* aaO Rn. 172). Zu den abweichenden Minderheitsvoten, die keine Verletzung des Art. 6 bzw eine fehlerhafte Anwendung des Al-Khawaja-Tests durch die Mehrheit der Richter angenommen haben (vgl. *EGMR* aaO Rn. 173–243).

C. Der Schutz der EMRK durch nationale Gerichte

I. Nationales und europäisches Rechtsschutzsystem

50 Die Einhaltung der EMRK wird zunächst durch die Gerichte ihrer Mitgliedstaaten überprüft Dieses **Subsidiaritätsprinzip** wird mit Inkrafttreten des 15. ZP auch in die Präambel der EMRK aufgenommen. In Deutschland folgt dies aus der Bindung der Rechtsprechung an Gesetz und Recht, Art. 20 Abs. 3 GG. Die EMRK steht als Vertragsgesetz iSd Art. 59 Abs. 2 GG im Rang eines einfachen Gesetzes. Die EMRK ist self-executing, dh direkt von der Verwaltung und von den Gerichten aller Instanzen als Bestandteil des nationalen Rechts anzuwenden. Ist aber der nationale Rechtsweg erschöpft, kann eine Individual- oder Staatenbeschwerde vor dem *EGMR*, und zwar sechs Monate (mit Inkrafttreten des 15. ZP künftig spätestens vier Monate) nach der endgültigen gerichtlichen Entscheidung, erhoben werden (Art. 35 Abs. 1 EMRK). Zu den „innerstaatlichen Rechtsbehelfen" iSd § 35 Abs. 1 EMRK zählt in Deutschland die Verfassungsbeschwerde, die nach st. Rspr. des *EGMR* erschöpft sein muss, bevor Beschwerde zum *EGMR* eingelegt werden kann (*EGMR* FamRZ 2009, 1037 para 85). Wenn freilich in einem Fall mit paralleler Problematik schon eine abweichende Entscheidung des *BVerfG* ergangen ist, wäre es absurd, vom Beschwerdeführer zu verlangen, eine Verfassungsbeschwerde trotz gänzlich fehlender Erfolgsaussicht einzulegen (HK-EMRK/*Peters*, Art. 35 Rn. 12).

II. Einfachgesetzlicher Charakter der EMRK

In manchen Mitgliedstaaten steht die EMRK über der Verfassung (etwa in Schweden), in anderen hat sie Verfassungsrang (Österreich, Schweiz) oder sie ist zwischen Gesetz und Verfassung angesiedelt (Frankreich; vgl. G/H/N/*Schorkopf*, Art. 6 EUV Rn. 18). In Deutschland bemisst sich der innerstaatliche Rang einer völkervertraglichen Regelung nach dem Rang der Umsetzungsnorm (M/D/*Nettesheim*, Art. 59 GG Rn. 184), dh die EMRK als völkerrechtlicher Vertrag hat den gleichen Rang wie das sie in Vollzug setzende Bundesgesetz. Die EMRK steht somit *formal* weder über noch neben dem Grundgesetz noch zwischen einfachem Gesetz und dem Grundgesetz, sondern ist nur ein einfaches Gesetz. Sie zählt auch nicht zum Völkergewohnheitsrecht nach Art. 25 GG. Man mag diese formal eher schwache Stellung der EMRK in Deutschland verfassungspolitisch bedauern, doch scheint sie verfassungsrechtlich vorgegeben zu sein (vgl. *Nettesheim* aaO). **51**

1. Völkerrechtsfreundliche Interpretation des Grundgesetzes – faktischer Vorrang der EMRK – „Dialog der Gerichte"

Die jüngsten Entwicklungen erwecken aber den Eindruck, dass *faktisch* die EMRK in ihrer Konkretisierung durch den *EGMR*, auch infolge der neuesten *BVerfG*-Rechtsprechung, eine immer größer werdende, weit über den Rang eines einfachen Gesetzes hinausgehende Bedeutung erlangt hat. So kommt es „zu einem – der Völkerrechtsfreundlichkeit des GG entspringenden – faktischen Vorrang der EMRK vor deutschem Recht" (*Streinz*, § 2 Rn. 80). Die EMRK scheint, in das Gewand der völkerrechtsfreundlichen Interpretation gekleidet, inzwischen einen – entgegen den Beteuerungen des *BVerfG* – verfassungsrechtsähnlichen, wenn nicht möglicherweise sogar einen über dem Grundgesetz stehenden Rang einzunehmen. **52**

Das innerstaatliche Recht sei, wie das *BVerfG* im Urteil zur SV (NJW 2011, 1931) besonders hervorgehoben hat, völkerrechtsfreundlich und damit EMRK-freundlich zu interpretieren. Der Konventionstext und die Rechtsprechung des *EGMR* übten einen **Einfluss auf das Grundgesetz** aus und dienen als **Auslegungshilfen** für die Bestimmung von Inhalt und Reichweite von Grundrechten (unter Beachtung des Günstigkeitsprinzips, Art. 53 EMRK), den rechtsstaatlichen Grundsätzen des GG und der Anwendung einfachen Gesetzesrechts (wie etwa der StPO oder dem StGB). Die EMRK und die vom *EGMR* „bei seiner Abwägung berücksichtigten Aspekte" seien als „Auslegungshilfen" „ergebnisorientiert" „zur Vermeidung von Völkerrechtswidrigkeiten" einzubeziehen, und zwar „auch in die verfassungsrecht- **53** liche Verhältnismäßigkeitsprüfung" (*BVerfG* aaO Rn. 94). Dabei sei aber nicht auf eine „schematische Parallelisierung" der „verfassungsrechtlichen Begriffe" von EMRK und GG (*BVerfG* NJW 2011, 1936 Rn. 91) und eine „unreflektierte Adaption völkerrechtlicher Begriffe" abzuzielen (*BVerfG* aaO Rn. 94); diese müssten vielmehr in den Kontext des GG „umgedacht" werden (*BVerfG* aaO Rn. 92). Was dies für die Sicherungsverwahrung heißt, wurde oben (Rn. 34) dargelegt.

54 Diese „jedenfalls faktische Orientierungs- und Leitfunktion" komme der *EGMR*-Rechtsprechung über den Einzelfall hinaus zu (*BVerfG* aaO Rn. 89). Insgesamt habe die deutsche Verfassung zwar „das letzte Wort", was aber einem internationalen und europäischen „Dialog der Gerichte" nicht entgegenstehe (*BVerfG* aaO Rn. 89).

2. Verfassungsbeschwerde gestützt auf EMRK?

55 Zwar kann eine Verfassungsbeschwerde vor dem *BVerfG* nur auf die Verletzung des Grundgesetzes, nicht aber auf einen Konventionsverstoß gestützt werden. Aber das *BVerfG* verlangt (oben Rn. 53) eine konventionskonforme Interpretation des Grundgesetzes und des einfachen Gesetzesrechts (Görgülü-Beschluss des *BVerfG*, vgl. BVerfGE 111, 307). Die Rechtsprechung des *EGMR* wird als Auslegungshilfe herangezogen. Dies bedeutet zwar, dass eine Verfassungsbeschwerde weiterhin nicht auf die Verletzung der EMRK, aber doch zumindest darauf gestützt werden kann, dass ein nationales Gericht die Pflicht zur völkerrechtskonformen Auslegung missachtet und damit zugleich Grundrechte iVm dem Rechtsstaatsprinzip verletzt hat (BVerfGE aaO; *Satzger*, 11/105–108).

56 So wurden die Verfassungsbeschwerden gegen die gesetzlichen Bestimmungen, welche eine nachträgliche Anordnung der Sicherungsverwahrung bzw eine nachträgliche Verlängerung einer angeordneten Sicherungsverwahrung zum Gegenstand hatten (siehe oben), mit Erfolg auf Art. 2 Abs. 2 S. 2 GG iVm Art. 20 Abs. 3 GG (Unverletzlichkeit der Freiheit; sog. Vertrauensschutzgebot der Verfassung), auf Art. 104 GG und auf Art. 103 Abs. 2 GG gestützt. Bei der Interpretation dieser Grundrechte hat das *BVerfG* maßgeblich auf die *EGMR*-Rechtsprechung zur Sicherungsverwahrung abgestellt.

3. Derogation der EMRK?

57 Als einfaches Gesetz könnte die EMRK ganz oder zum Teil durch ein zeitlich nach der EMRK erlassenes einfaches nationales Gesetz derogiert werden (sog. lex-posterior-Prinzip). Die herrschende Meinung hat zur Sicherstellung des Bestands der EMRK dazu Lehren entwickelt wie etwa die völkerrechts- und konventionskonforme Auslegung späterer Bundesgesetze oder die Vorstellung, die EMRK gehe als lex specialis dem nationalen Gesetz vor. Eine Derogation erscheint dabei eher als ein Gedankenspiel, das angesichts der Bedeutung, die das *BVerfG* der Konvention beimisst, nicht Realität werden dürften (*Satzger*, 11/13).

Doch sollte man die praktische Relevanz der Problematik keines- **58**
falls verkennen (vgl. J/S/*Jähnke*, 2/31): So waren die in Kraft getretenen Reformgesetze zur Sicherheitsverwahrung von 1998 und 2002 mit der EMRK schlechterdings unvereinbar (BVerfGE 128, 326) und damit die EMRK quasi derogiert. Das *BVerfG* hat aber aufgrund seines Verwerfungsmonopols (Art. 100 GG) die konventionswidrigen Bestimmungen kassiert (J/S/*Jähnke*, 2/31).

D. Der *EGMR*

Wurde von 1953 an die Einhaltung der EMRK durch die Europäi- **59**
sche Kommission für Menschenrechte gewährleistet, wird seit dem 1998 in Kraft getretenen 11. ZP das Rechtsschutzsystem ausschließlich durch den *EGMR* als neu geschaffenes Konventionsorgan getragen. Aus jedem Konventionsstaat stammt einer der 47 Richter (Art. 20 EMRK). Sie werden durch die beratende Versammlung gewählt. Ihre richterliche Unabhängigkeit wird garantiert. Den Verstoß gegen die Konvention können Einzelpersonen im Wege der Individualbeschwerde (IB; Art. 34 EMRK) sowie Staaten im Wege der Staatenbeschwerde (SB, Art. 33 EMRK) geltend machen.

I. Die Spruchkörper

Nach Inkrafttreten des 14. Zusatzprotokoll (oben Rn. 15) sind die **60**
Spruchkörper wie folgt verfasst: Die vier Spruchkörper des *EGMR* sind der Einzelrichter, die Richterausschüsse, die Kammer und die Große Kammer. – Der *Einzelrichter* überprüft die Zulässigkeit einer Individualbeschwerde (Art. 27 EMRK nF). Bejaht er deren Zulässigkeit, übermittelt er sie entweder dem *Richterausschuss*, der über die Zulässigkeit der Beschwerde entscheidet und auch eine Entscheidung über die Begründetheit fällen kann, wenn die Frage Gegenstand einer gefestigten Rechtsprechung ist (Art. 28 Nr. 1 lit. a, b EMRK) oder der *Kammer*, die über die von dem Ausschuss nicht endgültig entschiedenen Fälle sowie über eine Staatenbeschwerde befindet (Art. 29 EMRK). Die *Große Kammer* entscheidet erstinstanzlich über die besonders bedeutenden IBs oder SBs, sofern die Kammer diese Sache an die

Große Kammer abgegeben hat (Art. 30 EMRK) oder als Rechtsmittelinstanz gegen Urteile der Kammer (sofern beantragt, Art. 31 lit. a iVm Art. 43 EMRK).

II. Die Individualbeschwerde, Art. 34 EMRK: Zulässigkeit und Begründetheit

61 **Prüfungsschema 18: Zulässigkeit der Individualbeschwerde**

1. Partei-, Prozess- und Postulationsfähigkeit des Beschwerdeführers
2. Akt der Exekutive, Judikative oder Gesetzgebung als Beschwerdegegenstand
3. Konventionsstaat als Beschwerdegegner
4. Opfereigenschaft: Behauptung der Verletzung von Rechten aus EMRK oder ihrer Zusatzprotokolle durch Konventionsstaat
   a) Beschwerdeführer ist selbst und unmittelbar betroffen; ausnahmsweise mittelbare Betroffenheit ausreichend
   b) Entfallen der Opfereigenschaft bei Anerkennung und Kompensation des Konventionsverstoßes durch Konventionsstaat
5. Ausschöpfung des nationalen Rechtswegs (Art. 35 Abs. 1 EMRK), dh das Durchlaufen aller Instanzen idR einschließlich des *BVerfG* (Verfassungsbeschwerde)
6. Beschwerdefrist: bislang sechs Monate (Art. 35 Abs. 1 EMRK), künftig vier Monate (nach Inkrafttreten des 15. ZP)
7. Schriftform der Beschwerde; Sprache der Beschwerde: Amtssprache eines beliebigen Mitgliedstaates

Zu den Details vgl. *Böse*, MPI-EurStR, 52/4 ff.

Übungsklausur: *Hecker/Zöller*, Klausur 17, S. 189.

62 Die Begründetheit der Individualbeschwerde bemisst sich nach der Eigenart des jeweiligen Menschenrechts. So gilt beispielsweise das Folterverbot (Art. 3 Var. 1 EMRK) absolut. Bei den sonstigen *Abwehrrechten* des Einzelnen gegenüber dem Staat (etwa Art. 2; Art. 3 Var. 2, 3 EMRK) kommt dabei ein Prüfungsschema zur Anwendung, das von der Prüfung der Grundrechte bekannt ist:

63 **Prüfungsschema 19: Begründetheit IB bei Abwehrrechten**

1. Schutzbereich der Norm betroffen

2. Eingriff in den Schutzbereich
3. Rechtfertigung des Eingriffs
   a) Legitimes Ziel
   b) Verhältnismäßigkeit
   c) Kernbereich des Rechts wird geachtet
   d) Evtl. innerstaatliche Kompensation

Bei den übrigen Garantien, insbesondere den Justiz- und Verfahrensgarantien (Art. 5–7 EMRK), wird nur ausnahmsweise nach dem Schema Eingriff-Rechtfertigung geprüft, sondern vielmehr den Besonderheiten der Regelung Rechnung getragen. Hier herrscht folgendes Prüfungsschema vor: 64

Prüfungsschema 20: Begründetheit IB bei Verfahrensrechten 65

1. Schutzbereichseröffnung
2. Vereinbarkeit der nationalen Maßnahme mit den Vorgaben der Konventionsgarantie

III. Die Staatenbeschwerde, Art. 33 EMRK

Die Staatenbeschwerde ist in der Praxis äußerst selten (*Satzger*, 11/103; Details bei *Grabenwarter*, § 10). Sie setzt nur voraus, dass ein anderes EMRK-Mitglied die EMRK verletzt hat, Es ist keine individuelle Beschwer des beschwerenden Staates erforderlich. 66

IV. Wirkung der Urteile des *EGMR*

1. Wirkung nur inter partes, nicht ergo omnes

Das Urteil des *EGMR* entfaltet nur im Verhältnis zwischen dem Beschwerdeführer und dem Beschwerdegegner eine rechtliche Bindungswirkung, nicht jedoch für andere Mitgliedstaaten. 67

2. Feststellungs- und Leistungsurteile; keine kassatorische Wirkung; Pilotverfahren

Der *EGMR* kann nur feststellen, dass durch ein bestimmtes Verhalten der Staatsgewalt eines Mitgliedstaats die EMRK verletzt wurde (Art. 41 HS 1 EMRK). Zuweilen geht der *EGMR* weiter und ordnet im Tenor die zu ergreifende individuelle oder generelle Maßnahme an; diese Verurteilung ist bindend und macht aus dem Feststellungs- ein Leistungsur- 68 teil (HK-EMRK/*Brunozzi*, 46 Rn. 5). Ein *EGMR*-Urteil entfaltet aber keine kassatorische Wirkung (*Böse*, MPI-EurStR, 52/13), dh der *EGMR* kann – anders als etwa das *BVerfG* – das konventionswidrige Urteil des nationalen Gerichts nicht aufheben und auch nicht eine etwaige konventionswidrige Rechtsnorm, die zur konventionswidrigen Entscheidung des nationalen Gerichts geführt hat, für nichtig erklären.

68a Wird in einem Mitgliedstaat ein struktureller konventionsrelevanter Mangel erkennbar, kann der *EGMR* auf der Grundlage der Art. 46 EMRK und Art. 61 *EGMR*-VerfahrensO mithilfe eines sog. **„pilot-judgement procedure"** eine schnelle und wirksame Lösung des Problems erreichen. Durch solche Musterverfahren in sog. systemischen Fällen (pilot cases) werden Wiederholungsfälle vermeiden und das Rechtsschutzsystem entlastet (vgl. mit Beispielen HK-EMRK/*Brunozzi* Art. 46 Rn. 8). Während der Zeit des Musterverfahrens werden die übrigen Beschwerden zurückgestellt.

3. Befolgungspflicht; Wiederaufnahme des Verfahrens

69 Das endgültige Urteil des *EGMR* ist kraft *Völkerrechts* vom Mitgliedstaat zu befolgen (Art. 46 Abs. 1 EMRK). Da die EMRK Bestandteil des nationalen Rechts ist, besteht zudem aufgrund des Rechtsstaatsprinzips (Art. 20 Abs. 3 GG) die *innerstaatliche* Verpflichtung, das Urteil umzusetzen (*BVerfG* NJW 2004, 3407). Bei rechtskräftigen strafrechtlichen Verurteilungen geschieht dies durch eine Wiederaufnahme des Verfahrens nach § 359 Nr. 6 StPO, die aber nach hM nur demjenigen zugutekommen soll, der das Urteil des *EGMR* erstritten hat (*Meyer-Goßner/Schmitt*, § 359 Rn. 52; zu Recht de lege ferenda eine Erweiterung fordernd *Swoboda,* HRRS 2009, 192).

4. Überwachung des Urteils; Vertragsverletzungsverfahren; keine Zwangsvollstreckung

70 Das Ministerkomitee überwacht die Durchführung des Urteils (Art. 46 Abs. 2 EMRK). Darüber hinaus hat das Komitee aufgrund des durch das 14. ZP (oben Rn. 15) eingeführteVertragsverletzungsverfahren gem. Art. 46 Abs. 4 EMRK das Recht, im Falle der Nichtbefolgung des Urteils durch eine Vertragspartei nach deren Abmahnung den *EGMR* mit der Frage zu befassen, ob die Partei ihren völkerrechtlichen Verpflichtungen nachgekommen ist. Stellt der *EGMR* eine Pflichtverletzung fest, prüft das Ministerkomitee weitere Maßnahmen (Art. 46 Abs. 5 EMRK; zu weiteren möglichen Sanktionen vgl. HK-EMRK/*Brunozzi,* Art. 45 Rn. 54). Die Zwangsvollstreckung einer *EGMR*-Entscheidung ist freilich bis heute nicht möglich.

5. Entschädigung

Darüber hinaus kann das Gericht dem Beschwerdeführer gem. Art. 41 EMRK – in Gestalt eines Leistungsurteils – eine gerechte Entschädigung zusprechen, wenn das innerstaatliche Recht der Vertragspartei eine solche Entschädigung nicht vorsieht oder dem Betroffenen die Durchsetzung nicht zugemutet werden kann. Die Entschädigung besteht im Ersatz des materiellen und immateriellen Schadens einschließlich der Kosten und Auslagen des Beschwerdeführers (*Böse*, MPI-EurStR, 52/2). Die Entschädigung steht nach dem Wortlaut des Art. 41 EMRK unter dem Vorbehalt der ‚Notwendigkeit', dh im billigen Ermessen des *EGMR*. Sie wird etwa verwehrt, wenn die bloße Feststellung der Konventionsverletzung ausreicht oder besonderer Umstände vorliegen (wie zB problematisches Verhalten des Beschwerdeführers; vgl. HK-EMRK/*Brunozzi,* Art. 41 Rn. 29). **71**

6. Wirkung über den Einzelfall hinaus

Von den Urteilen des *EGMR* geht eine über Art. 46 Abs. 1 EMRK hinausgehende, normative Orientierungswirkung auf die Gesetzesauslegung in den Mitgliedstaaten aus. Zum einen besteht schon eine aus Art. 1 EMRK ableitbare Pflicht der Vertragsstaaten, künftige EMRK-Verletzungen und entsprechende Feststellungen durch den *EGMR* zu vermeiden. Zum anderen sind nach deutschem Verfassungsrecht aufgrund der Bindung an Gesetz und Recht (Art. 20 Abs. 3 GG) die Gewährleistungen der EMRK und die Entscheidungen des Gerichtshofs im Rahmen methodisch vertretbarer Gesetzesauslegung zu berücksichtigen (BVerfGE 111, 323). Die nationale Rechtsprechung darf freilich vom *EGMR* abweichen, sofern sachliche Gründe hierfür bestehen und diese sorgfältig dargelegt werden (BVerwGE 110, 203, 210, 212). **72**

Testfragen zum 3. Kapitel

Frage 1: Wie lauten die Ziele des Europarats und die Handlungsformen, mit denen er sie verfolgt? **Rn. 4, 6**

Frage 2: Welche Konsequenzen hätte der Beitritt der EU zur EMRK? **Rn. 16**

Frage 3: Was bedeuten „margin of appreciation" und Subsidiaritätsprinzip? **Rn. 18a, 50**

Frage 4: Wie verhält sich die EMRK zur Todesstrafe? **Rn. 23**

Frage 5: Ergeben sich aus der EMRK Einschränkungen für das deutsche Notwehrrecht? **Rn. 26**

Frage 6: Warum hat der *EGMR* die nachträglich verlängerte Sicherungsverwahrung als konventionswidrig eingestuft? **Rn. 34**
Frage 7: Nach welchen vier Kriterien bestimmt der *EGMR* die überlange Verfahrensdauer? **Rn. 42**
Frage 8: Welche rechtlichen Konsequenzen hat eine staatliche Tatprovokation? **Rn. 44 ff.**
Frage 9: Welche Rolle kommt der Gesamtbetrachtung bei der Beurteilung eines Verstosses gegen das „fair trial-Prinzip" zu? **Rn. 41a, 49–50**
Frage 10: Wo ist die Unschuldsvermutung verankert, und für welche Prozesshandlung ist sie von besonderer Bedeutung? **Rn. 46**
Frage 11: Welchen formalen Rang nimmt die EMRK innerhalb der Rechtsordnung Deutschlands ein? **Rn. 51–54**
Frage 12: Kann eine Verfassungsbeschwerde vor dem *BVerfG* auf die Verletzung der EMRK gestützt werden? **Rn. 55**
Frage 13: Mit welchem Rechtsbehelf kann eine Einzelperson Beschwerde vor dem *EGMR* einlegen? **Rn. 61**
Frage 14: Welche Wirkungen entfaltet ein Urteil des *EGMR*? **Rn. 67**
Frage 15: Was ist ein Pilotverfahren vor dem *EGMR*? **Rn. 68a**

Kapitel 4. Das Strafrecht der Europäischen Union

A. Allgemeines

1 Beginnend mit dem Vertrag von Maastricht (unten Rn. 3) wird das nationale Strafrecht (immer) stärker durch die EU beeinflusst. Als Kehrseite dieser Entwicklung werden die Entscheidungsspielräume für den nationalen Strafgesetzgeber (immer) kleiner. Die vielfältigen Formen, mittels derer die EU das nationale Strafrecht beeinflusst, kann man als „EU Criminal Law“ (*Mitsilegas*), das Strafrecht der EU, bezeichnen.

I. Europäisches Strafrecht im engeren und weiteren Sinne

2 Nachdem eingangs bereits skizziert wurde, was unter *europäischem* Strafrecht verstanden wird (oben Einleitung Rn. 5), muss nun geklärt werden, wann europäische Regelungen als *Strafrecht* bezeichnet werden können. Der Begriff des Strafrechts wird nicht nur im Kontext der EMRK, wie im „landmark case“ *Öztürk* des *EGMR* gezeigt (oben 3/48), sondern auch im Rahmen des EU-Rechts häufig weit ausgelegt. Strafrecht sieht, allgemein betrachtet, Sanktionen vor, die primär einen repressiven, auf die Bestrafung eines missbilligten Verhaltens gerichteten Zweck aufweisen. Es fallen darunter zum einen diejenigen Normen, die für ein bestimmtes Verhalten wegen der Schwere der Rechtsgutseinbuße repressiv eine Freiheits- oder Geldstrafe (vergleichbar den §§ 38 ff., 40 ff. StGB) anordnen **(Strafrecht im engeren Sinne).** Es werden aber vielfach auch supranationale Sanktionstatbestände, die keine Freiheitsstrafe, sondern nur punitive Sanktionen ähnlich der Geldbuße nach deutschem OWiG vorsehen, dem Europäischen Strafrecht zugeordnet (**Strafrecht im weiteren Sinne**; vgl. *Hecker*, 4/64). Dazu gehören insbesondere die praktisch sehr bedeutsamen Geldbußen, die von der EU bei Verstößen gegen das Wettbewerbs-, Kartell- und Subventionsrecht verhängt werden (vgl. *Vogel/Brodowski*, MPI-EurStR, 6/1 ff.). Auch im europäischen Schrifttum werden etwa Wettbewerbsverstöße als „Crimes against fair competition“ und damit als „eurocrimes“ bezeichnet (*Klip*, S. 2, 197). Zwar hat der *EuGH* das Wettbewerbsrecht bislang noch nicht ausdrücklich als Strafrecht deklariert, wendet darauf aber in vielerlei Beziehungen die EMRK an (oben 3/17). Dagegen werden die präventiven oder auf Schadensausgleich ausgerichteten

Sanktionen wie etwa Zwangsgelder und Strafgelder nicht dazu gerechnet (*Hecker*, 4/66), während zB Subventionskürzungen, die im Agrar- und Fischereirecht vorkommen und als sog. Verwaltungssanktionen bezeichnet werden, den Charakter einer supranationalen Verwaltungsstrafe tragen (*Vogel/Brodowski*, MPI-EurStR, 5/18).

II. Die jüngste Entwicklung des EU-Strafrechts

1. Vertrag von Maastricht und Amsterdam

3 Die Geschichte des europäischen Strafrechts soll sogar bis zu den Anfängen des Strafrechts zurückreichen (zur historischen Entwicklung vgl. *Sieber*, MPI-EurStR, Einführung 13 ff.). Konzentriert man sich auf die EU und ihre Vorläufer, fällt auf, dass Geldbußen und Zwangsgelder, also Strafrecht iwS, bereits im EGKS-Vertrag (1953), EAG-Vertrag (1957) und EWG-Vertrag (1957), zB für den Bereich des Kartellrechts, enthalten waren. Allerdings sollte es bis zum **Vertrag von Maastricht** (Inkrafttreten: 1.11.1993) dauern, bis die EU das in den Mitgliedstaaten geltende Strafrecht im engeren Sinne in den Blick nahm. In der neu geschaffenen „Dritten Säule“ der EU wurden u. a. bestimmte Kriminalitätsbereiche (wie etwa die Bekämpfung der illegalen Einwanderung und des Drogenhandels) und die Zusammenarbeit in justizieller und polizeilicher Hinsicht zu einem Gegenstand sog. „gemeinsamer Maßnahmen“ erklärt.

4 Mit dem **Vertrag von Amsterdam** (Inkrafttreten: 1.5.1999) wurde die polizeiliche und justizielle Zusammenarbeit in Strafsachen (PJZS) in der sog. 3. Säule der EU hervorgehoben und verstärkt. Das Gebiet der EU-Mitgliedstaaten als einen **„Raum der Freiheit, der Sicherheit und des Rechts“** zu gestalten, wurde zu einem Ziel der EU erklärt. Dazu gehörte auch der Schutz vor grenzüberschreitender Kriminalität. In Art. 29 EUV aF wurden zur Bekämpfung und Verhütung solcher Kriminalitätsformen Regelungen zur Kooperation der nationalen Justiz- und Polizeibehörden verankert. Außerdem wurde die Möglichkeit geschaffen, Mindestvorschriften hinsichtlich der Tatbestandsmäßigkeit und Sanktionen für die Bereiche der organisierten Kriminalität, des Drogenhandels und des Terrorismus zu erlassen. Die Zusammenarbeit der Regierungen der EU-Mitgliedstaaten im Rat der Europäischen Union (intergouvernemental) geschah rechtlich in der Form völkerrechtlicher Abkommen, die Rahmenbeschlüsse genannt wurden. Dabei herrschte im Rat der Regierungschefs das Einstimmigkeitsprinzip, während das Europäische Parlament zwar Anhörungs-, aber keine Mitspracherechte besaß und auch die Kontrollkompetenz des *EuGH* sehr eingeschränkt war.

2. „Der Raum der Freiheit, der Sicherheit und des Rechts“ im Vertrag von Lissabon

Im **Vertrag von Lissabon** (Inkrafttreten: 1.12.2009) wurde der Bereich der Justiz- und Innenpolitik und damit des Strafrechts – in Anlehnung an den (gescheiterten) EU-Verfassungsvertrag von 2004 – erneut aufgewertet und erheblich reformiert. Der **„Raum der Freiheit, der Sicherheit und des Rechts“** ist seitdem ein **eigenständiges Unionsziel** (Art. 3 Abs. 2 EUV). Er bildet ein Hauptgebiet der Unionspolitik und Unionsrechtssetzungskompetenz, und zwar in Gestalt der zwischen der EU und den Mitgliedstaaten sog. geteilten Zuständigkeit, Art. 4 Abs. 2 lit. j AEUV. In strafrechtlicher Hinsicht soll dieses Ziel durch diejenigen **Sicherheitsmaßnahmen** erreicht werden, die in Art. 67 Abs. 3 AEUV genannt sind (Bekämpfung von Kriminalität, Rassismus und Fremdenfeindlichkeit; Kooperation von Polizei und Justiz; gegenseitige Anerkennung; Angleichung der Rechtsvorschriften). Ein Mittel zur Erreichung des Unionsziels, das auch die Überschrift des V. Teils des AEUV bildet, stellt (neben den Bereichen Grenzkontrolle, Asyl, Zuwanderung und justizielle Zusammenarbeit in Zivilsachen) die **justizielle Zusammenarbeit in Strafsachen** (JZS; Art. 82–86 AEUV) dar. Dieses EU-Politikfeld wurde „vergemeinschaftet“, dh in die Strukturen und Verfahrensabläufe der EU-Institutionen eingebunden; die 3. Säule wurde aufgelöst. Die strafrechtsrelevanten Änderungen im Detail werden im jeweiligen Sachzusammenhang dieses Kapitels behandelt. **5**

Die Kriminalpolitik und strafrechtliche Rechtssetzung der EU wurde in den darauffolgenden Jahren 2010–2014 durch das sog. Stockholmer Programm bestimmt (Ratsdok. 17024/09; dazu *Brodowski*, ZIS 2010, 377). Dem folgt das sog. **„Post-Stockholm-Programm“**, das der Europäische Rat 2014 (Ratsdokument EUCO 79/14) für die Jahre 2015–2019 entwickelt hat. Es enthält einen Katalog von Schlussfolgerungen mit strategischen Leitlinien (näher dazu *Brodowski*, ZIS 2015, 79) für den Raum der Freiheit, der Sicherheit und des Rechts (zB Stärkung der justiziellen Zusammenarbeit, Bekämpfung schwerer und organisierter Kriminalität, Schaffung eines „echten Europäischen Rechtsraums“). **5a**

III. Rechtsquellen

1. Zwei Rechtsordnungen (nach Maastricht), eine Rechtsordnung (nach Lissabon)

Formal betrachtet wies die Europäische Union früher, nach Inkrafttreten des Vertrags von Maastricht (1992) zwei Rechtsordnungen auf: Zum einen das Gemeinschaftsrecht der Europäischen Gemeinschaften **6** und das Recht der Europäischen Union. Allerdings stellte die EU die Dachorganisation dar, unter der die Europäischen Gemeinschaften (als 1. Säule), die Gemeinsame Außen- und Sicherheitspolitik (2. Säule) und die PJZS (3. Säule) zusammengefasst waren Zudem handelte die EU mittels der Organe der EG. Diese Struktur ist mit dem Vertrag von Lissabon hinfällig geworden: Aus dem – bildlich gesprochen – „Tempel" der EU mit seinen drei Säulen ist ein Haus mit einer durchgehenden Wand geworden. Die EG wurden (mit Ausnahme der Europäischen Atomgemeinschaft) abgeschafft und durch die **einheitliche** EU mit eigener Rechtspersönlichkeit ersetzt (Art. 1 Abs. 3, Art. 47 EUV). Das *BVerfG* hat die EU als einen – von den Mitgliedstaaten getragenen und deren nationale Identität achtenden – **„europäischen Staatenverbund"** charakterisiert (BVerfGE 89, 155, 181; *Streinz* Rn. 137). Noch überzeugender ist es, das historisch einzigartige Phänomen der EU wegen der unterschiedlichen Kompetenzebenen und komplexen Verflechtungen zwischen ihr und den Mitgliedstaaten als ein **supranationales föderatives Mehrebenensystem** zu verstehen (grundlegend dazu und zu den sich daraus ergebenden Perspektiven *Reinbacher*, S. 107). Hinsichtlich der Rechtsquellen dieses Verbunds ist weiterhin zwischen dem Primärrecht und Sekundärrecht zu unterscheiden.

Übungsklausur: *Ambos*, FL, Fall 2 Rn. 2 ff., 15 ff. (zur früheren Struktur der EU).

2. Primäres Unionsrecht; Strafverfassungsrecht der EU

7 Zu den Quellen des primären Unionsrechts gehören die Gründungsverträge der EG und der EU einschließlich der Änderungsverträge, Anhänge, Protokolle und Beitrittsabkommen (O/C/N/*Nettesheim*, 9/19). Durch den Vertrag von Lissabon (2007) wurde der bisherige Vertrag über die Europäische Union (EUV) neu gefasst und darüber hinaus ein neuer Vertrag, nämlich derjenige über die Arbeitsweise der EU (AEUV) geschaffen, der im Kern die Grundstruktur des alten EG-Vertrags beinhaltet. Obwohl die EU keinen eigenen Staat, sondern nur einen Staatenverbund bildet, handelt es sich formal und materiell bei beiden Verträgen (EUV & AEUV) um eine **europäische Verfassung**, da sie Grundaussagen über die in der EU institutionalisierte politische Herrschaftsausübung enthält (*Streinz*, Rn. 142 ff.).

7a Der EUV, der mit 55 Artikeln kurz gehalten ist, enthält vor allem die zentralen Aussagen über die demokratischen Werte der EU und ihre Institutionen. Der wesentlich umfangreichere AEUV ergänzt mit seinen 358 Artikeln den EUV, indem er die Funktionsweise der EU präzisiert und insbesondere die Rechtssetzungskompetenzen der EU für den Bereich des Strafrechts regelt. Neben diesem geschriebenen Primärrecht kennt das Europarecht zahlreiche ungeschriebene Rechtsregeln, namentlich das Gemeinschaftsgewohnheitsrecht und allgemeine Rechtsgrundsätze. Soweit das EU-Verfassungsrecht (zB Art. 67 Abs. 3, 82 Abs. 1 AEUV) das Strafrecht regelt oder tangiert, bietet sich hierfür, in Anlehnung an den Terminus „Strafverfassungsrecht", der Begriff des **„Strafverfassungsrechts der EU"** an (grundlegend dazu *Burchard*, Die Konstitutionalisierung der gegenseitigen Anerkennung, 2018, § 1; Tiedemann/*Burchard*, S. 27 ff.; ebenso *Jahn/Brodowski*, JZ 2016, 970).

3. Sekundäres Unionsrecht

Das sekundäre Unionsrecht wird von den Organen der EU geschaffen. **8**

a) Die Rechtsakttypen in der EU nach dem Vertrag von Lissabon

aa) Rechtsakte

Als Handlungstypen bei der Sekundärrechtssetzung nennt Art. 288 **9** AEUV Verordnungen, Richtlinien, Beschlüsse, Empfehlungen und Stellungnahmen. Die **Verordnung** hat allgemeine Geltung, ist in allen ihren Teilen verbindlich und gilt unmittelbar in jedem Mitgliedstaat (Art. 288 Abs. 2 AEUV). Auch die **Richtlinie** ist für jeden Mitgliedstaat unmittelbar verbindlich, allerdings nur hinsichtlich des zu erreichenden Ziels, während den nationalen Rechtssetzungsorganen die Freiheit verbleibt, welche Form und welche Mittel sie zur Erreichung des Ziels einsetzen (Art. 288 Abs. 3 AEUV). Die unmittelbare Wirkung einer Richtlinie kann nur eine für den Bürger begünstigende sein, während von ihr unmittelbar **keine** belastende, etwa **strafbarkeitsbegründende Wirkung** ausgehen darf (*Safferling*, 11/45). Wir finden bis heute nicht den Begriff des **europäischen „Gesetzes"** in den EU-Verträgen, obwohl es sich bei der Verordnung und bei der Richtlinie (bezüglich des zu verfolgenden Ziels) aufgrund ihres allgemeingültigen und rechtsverbindlichen Charakters **in der Sache um Gesetze** handelt (bzgl der VO vgl. O/C/N/*Nettesheim*, 9/72: „Europäisches Gesetz").

bb) Ordentliches und besonderes Gesetzgebungsverfahren

Immerhin wird das Rechtssetzungsverfahren, innerhalb dessen diese **10** EU-Rechtsakte erlassen werden, vom AEUV offen als „Gesetzgebungsverfahren" bezeichnet. Der AEUV unterscheidet dabei zwischen dem „ordentlichen" (Art. 294 AEUV) und dem „besonderen Gesetzgebungsverfahren" (Art. 289 Abs. 2 AEUV). Das ordentliche Gesetzgebungsverfahren stellt den Standard der europäischen Rechtssetzung dar

(O/C/N/*Nettesheim,* 11/51). Es kommt immer dann zum Zuge, wenn im Rat der EU eine Beschlussfassung mit qualifizierter Mehrheit erfolgen muss. Sie ist auch für die justizielle Zusammenarbeit in Strafsachen vorgeschrieben (Art. 82 Abs. 1 S. 2, 83 Abs. 1 AEUV). Die Europäische Staatsanwaltschaft wurde aber im Wege des besonderen Gesetzgebungsverfahrens geschaffen (unten Rn. 166).

11 Im ordentlichen Gesetzgebungsverfahren sind 4 Organe beteiligt: **1. Die europäische Kommission**, die gem. Art. 76 lit. a AEUV das Gesetzesinitiativrecht besitzt, aber, abweichend von Art. 17 Abs. 2 EUV, kein Vorschlagsmonopol innehat: Gem. Art. 76 lit. b AEUV kann auch von einem Viertel der Mitgliedstaaten im Rahmen der JZS eine Gesetzesinitiative ausgehen (G/H/N/*Röben*, Art. 76 AEUV Rn. 9); **2. das Europäische Parlament**, das über den Gesetzesvorschlag der Kommission berät, ggf Änderungsvorschläge einbringen sowie ein Vermittlungsverfahren auslösen kann, mit dem Risiko, dass das Rechtssetzungsverfahren scheitert (Art. 294 AEUV); **3. der Rat der EU** (Ministerrat), der dem Rechtsakt mit qualifizierter Mehrheit (Art. 16 Abs. 2 EUV: doppelte Mehrheit: 55 Prozent der Mitgliedstaaten, die mindestens 65 Prozent der EU-Bevölkerung repräsentieren) zustimmen muss, und **4. der nationale Gesetzgeber**, der über Gesetzgebungsverfahren informiert werden muss (Art. 12 EUV) und bei Verstößen etwa gegen das Subsidiaritätsprinzip bei Rechtsakten im Zusammenhang mit der justiziellen Zusammenarbeit (Art. 69 AEUV) ein Klagerecht (abgeleitet aus Art. 5 Abs. 3 EUV) besitzt.

b) Die Rahmenbeschlüsse in der PJZS und ihre Fortgeltung

12 Schon bislang kannte die EU, allerdings nur im Rahmen ihrer ersten Säule, der EG, die Rechtsakte der Verordnung, Richtlinie, Entscheidung, Empfehlung und Stellungnahme. Im Rahmen der PJZS erlangten innerhalb der in Art. 34 EUV aF genannten Handlungsformen primär die **Rahmenbeschlüsse** iSd Art. 34 Abs. 2 lit. b EUV aF große Bedeutung (J/S/*Jähnke*, 4/53). Hierbei erfolgte die Rechtsangleichung mittels eines Aktes, der den Richtlinien der EG/EU insoweit ähnelte, als er zwar verbindliche Ziele vorgab, es jedoch den Staaten überließ, mit welchen Mitteln sie diese verfolgten. Aber ihnen kam keine unmittelbare Wirkung zu, dh sie bedurften stets noch der Umsetzung durch nationale Rechtsakte. Die Rahmenbeschlüsse konnten nur einstimmig vom Rat der Minister getroffen werden. Es handelte sich dabei um intergouvernemental vereinbarte Rechtsakte der EU, dh die Verbindlichkeit der Rahmenbeschlüsse beruhte auf einer – über Art. 34 Abs. 2 lit. b EUV aF geregelten – völkerrechtlichen Kooperation der Mitgliedstaaten.

13 Wichtige Rahmenbeschlüsse der EU im Bereich des Strafrechts betrafen, neben **Terrorismus** (*Hecker*, 11/11), **Rassismus und Fremdenfeindlichkeit** (vgl. *Weiß*, MPI-EurStR, § 25), folgende **Kriminalitätsbereiche**: Geldwäsche (vgl. auch B/B/F-M/*Hauck*, S. 262); Bestechung im privaten Sektor; Organisierte Kriminalität; Schutz des Euro gegen Geldfälschung; Betrug und Fälschung bei unbaren Zahlungsmitteln; Menschenhandel; sexuelle Ausbeutung von Kindern, Kinderpornographie; Schlepperei; Drogenhandel; Computerkriminalität; Umweltdelikte; Meeresverschmutzung. Eine Zusammenstellung der erlassenen Rahmenbeschlüsse mit genauer Fundstellenangabe findet man etwa bei *Hecker*, 11/10.

14 Mit dem Vertrag von Lissabon wurde die Handlungsform des Rahmenbeschlusses zwar abgeschafft. An seine Stelle ist auch für die JZS die Richtlinie getreten. **Allerdings behalten die Rahmenbeschlüsse** – wie die anderen bisherigen Rechtsakte der EU – auch nach Inkrafttreten des Lissabonner Vertrags **ihre Gültigkeit**, wie sich aus Art. 9 des Protokolls Nr. 36 über die Übergangsbestimmungen ergibt (*Satzger*, 9/33). Zur Bedeutung der rahmenbeschlusskonformen Interpretation vgl. unten Rn. 94.

c) Bedeutung der Erwägungsgründe

14a Dem EU-Primär- und Sekundärrecht, also auch den Verordnungen und Richtlinien, werden – ähnlich völkerrechtlichen Verträgen – vor den eigentlichen Regelungen (Artikeln) zunächst die Motive vorangestellt, die den europäischen Gesetzgeber zum Erlass der Maßnahme bewogen haben („… in Erwägung nachstehender Gründe:“). Diese durchnummerierten sog. Erwägungsgründe werden, anders als amtliche Begründungen eines Gesetzesentwurfs oder Berichte des Rechtsausschusses in Deutschland, vom europäischen Gesetzgeber formuliert und beschlossen. Sie sind daher Bestandteil der Verordnung oder der Richtlinie und haben für die Auslegung europäischen Rechts eine hervorgehobene Bedeutung (J/S/*Jähnke*, 2/51 mit dem prägnanten Beispiel BVerfGE 140, 317 Rn. 106).

B. Supranationale Rechtssetzungskompetenz der EU

15 Bis zum Inkrafttreten des Vertrags von Lissabon hatte die EU keine Kompetenz zur Schaffung supranationalen Strafrechts. Der AEUV ermöglicht nunmehr die Setzung unmittelbaren EU-Strafrechts, wobei umstritten ist, welche Kriminalitätsbereiche davon betroffen sind.

I. Die Betrugsbekämpfung, Art. 325 Abs. 4 AEUV

16 Art. 325 Abs. 4 AEUV ermöglicht die erforderlichen Maßnahmen im Rahmen des ordentlichen Gesetzgebungsverfahrens zur Verhütung und Bekämpfung von Betrügereien, welche sich gegen die finanziellen Interessen der EU richten. Sie betreffen sowohl die Einnahmenseite (zB Nichtabführung von Mehrwertsteuern) als auch die Ausgabenseite (zB betrügerisches Erlangen oder die zweckwidrige Verwendung von Subventionen). Vorbild hierfür sind das PIF-Übereinkommen von 1995 (PIF= **P**rotection des **I**ntérêts **F**inanciers) und der Corpus Juris von Florenz (J/S/*Schramm,* 13/19, 34). Art. 325 Abs. 1 AEUV deutet an, dass es sich dabei auch um Maßnahmen „abschreckender Art" handeln kann, mithin um Strafrecht. Entscheidend ist aber, dass der frühere Art. 280 Abs. 4 S. 2 EGV einen Vorbehalt zugunsten nationalstaatlicher strafrechtlicher Regelungen enthielt. Diese Unberührtheitsklausel wurde – in Anlehnung an den entsprechenden Passus im (gescheiterten) EU-Verfassungsvertrag – durch den Vertrag von Lissabon gestrichen, was eine bewusste Entscheidung der Vertragsparteien war (*Ambos,* 9/22; *Vogel/Brodowski*, MPI-EurStR, 5/5). Zudem spricht der Vertrag ausdrücklich von „Maßnahmen" und nicht nur von Richtlinien. Damit stellt Art. 325 AEUV einen sektoriell begrenzten Durchbruch zu einem echten supranationalen (Kriminal-) Strafrecht dar (*Vogel/Brodowski*, MPI-EurStR 5/6b; *Ambos*, 9/22; *Hecker*, 4/81; *Satzger*, 8/25).

17 Art. 325 Abs. 4 AEUV erwähnt zwar nur die „Betrügereien", doch eine Begrenzung auf den Betrug iSd § 263 StGB wäre mit Blick auf den Sinn und Zweck des Art. 325 AEUV sehr lückenhaft und wenig effektiv. Zudem nennt Art. 325 Abs. 1 AEUV neben den Betrügereien „sonstige gegen die finanziellen Interessen der EU gerichtete rechtswidrige Handlungen". Die supranationale Rechtssetzungskompetenz ist daher weit zu fassen und erstreckt sich nicht nur auf den Betrug sowie auf Täuschungsdelikte wie die Urkundenfälschung (*Zimmermann*, Jura 2009, 845), sondern umschließt – in Anlehnung an den Corpus Juris von Florenz (dazu *Schramm*, ZJS 2010, 616) – ebenso Straftaten wie etwa Geldwäsche, Untreue- bzw untreueähnliche Handlungen oder die Korruption, diese freilich nur unter der Einschränkung, dass dadurch zusätzlich die finanziellen Interessen der EU verletzt werden müssen (vgl. auch *Satzger*, 8/25).

18 Die Normsetzung in diesem Bereich könnte zwar durch harmonisierende Richtlinien (Art. 288 Abs. 3 AEUV) erfolgen, die aber nur die Ziele und Aufgaben verbindlich vorgeben würden und im Übrigen erst durch die Umsetzung in einen nationalen Gesetzgebungsakt unmittelbare Geltung erlangen würden. Der einzig passende Rechtsakt für eine wirklich supranationale Strafgesetzgebung ist aber die **Verordnung** (Art. 288 Abs. 2 AEUV), die unmittelbar für die Unionsbürger verbindlich wäre und eine Strafbarkeit der Unionsbürger direkt begründen könnte (*Hecker*, 4/67).

Die EU hat sich gleichwohl davor gescheut, eine Verordnung zu erlassen und sich stattdessen mit einer bloßen Richtlinie begnügt, wie die 2012 entworfene und 2017 in Kraft getretene **PIF-Richtlinie** (2017/1371) zeigt. Hierin wurde neben den klassischen PIF-Delikten wie etwa dem Subventionsbetrug, der Geldwäsche, Untreue und Korruption (Art. 3 Abs. 2 a–c, Art. 4 PIF-Richtlinie) auch der **Mehrwertsteuerbetrug** aufgenommen (J/S/*Schramm,* 13/42), der grenzüberschreitend einen schweren Verstoß mit einem Mindestschaden von 10 Millionen Euro voraussetzt (Art. 2 Abs. 2, 3 Abs. 2 d PIF-Richtlinie). Nach einer Stellungnahme der BRAK erfüllt das deutsche Strafrecht schon bislang weitgehend diese Forderungen der PIF-RL (BRAK-Stellungnahme Nr. 36/2017). **18a**

II. Der Schutz des Zollwesens, Art. 33 AEUV

Auch hier sind Maßnahmen gemäß dem ordentlichen Gesetzgebungsverfahren zum Schutz der Zusammenarbeit im Zollwesen ermöglicht worden. Zwar wird in Art. 33 AEUV, anders als in Art. 325 Abs. 1 AEUV, nicht die Möglichkeit strafrechtlicher Sanktionierung angedeutet; doch wird Art. 33 AEUV aufgrund der Weite seiner Formulierung so verstanden, dass auch hier der frühere nationalstaatliche Regelungsvorbehalt durch den Vertrag von Lissabon gestrichen wurde (*Ambos*, 9/23; *Satzger*, 8/25). Allerdings erfolgte bislang die Einführung von zollrechtlichen Mindeststandards als **Richtlinien** auf der Grundlage des Art. 83 Abs. 2 AEUV. **19**

III. Menschenhandel, Art. 79 Abs. 2 lit. d AEUV

Die EU besitzt die Möglichkeit, Richtlinien zur Bekämpfung des Menschenhandels nach Art. 83 Abs. 1 AEUV zu erlassen. Allerdings enthält der AEUV mit Art. 79 Abs. 2 lit. c, d eine Bestimmung, die Maßnahmen zur Bekämpfung des Menschenhandels, insbesondere des Handels mit Frauen und Kindern, gemäß dem ordentlichen Gesetzgebungsverfahren vorsieht. Nach hM soll jedoch Art. 83 Abs. 1 AEUV gegenüber Art. 79 Abs. 2 lit.d AEUV vorrangig sein bzw Art. 79 Abs. 2 AEUV von vorneherein schon keine Kompetenzgrundlage enthalten (*Heger,* ZIS 2010, 416; G/H/N/*Thym*, Art. 79 AEUV Rn. 35). Doch ist Art. 79 Abs. 2 AEUV sprachlich ganz ähnlich formuliert wie Art. 325 Abs. 4 AEUV: Er enthält keine Beschränkung auf **20**

Richtlinien. In kriminalpolitischer Hinsicht hat der *EGMR* die Wichtigkeit eines auf Art. 4 EMRK gegründeten umfassenden strafrechtlichen Schutzes vor Menschenhandel betont (*EGMR*, *Rantsev/Zypern v. Russland*, NJW 2010, 3993). Daher spricht vieles dafür, dass die EU die Möglichkeit besitzen muss, diesen – gerade auch aufgrund des EU-Binnenmarkts und des Wegfalls der Grenzkontrollen florierenden – Kriminalitätsbereich nicht nur über Richtlinien, sondern auch in Gestalt einer supranationalen Verordnung zu regeln (*Schramm*, ZIS 2010, 615; *Tonio Walter*, ZStW 117, 912, 918 f.; *Vogel/Brodowski*, MPI-EurStR, 5/6). Hierbei muss freilich, da der Menschenhandel keine originären Interessen der EU tangiert, zum Schutz nationaler Souveränität das Notbremseverfahren analog Art. 83 Abs. 3 AEUV zur Anwendung gelangen (zu diesem Verfahren unten Rn. 52). Allerdings hat die EU auch in diesem Bereich den Regelungstyp der Verordnung nicht genutzt und stattdessen die Bekämpfung des Menschenhandels in die Form einer **Richtlinie** (2011/36/EU) gegossen (unten Rn. 42).

C. Strafrechtliche Relevanz der GRCh

21 Die Grundrechte-Charta der EU (GRCh) ist seit dem Vertrag von Lissabon rechtlich verbindlich. Sie ist zwar rechtlich selbständig und nicht in den EUV integriert, nimmt aber kraft Verweisung den Rang von Primärrecht ein (Art. 6 Abs. 1 EUV). Damit einher geht eine entsprechende Rechtsprechungskompetenz des *EuGH,* der überprüft, ob die GRCh durch die Mitgliedstaaten eingehalten wird. Die primärrechtlichen Grundfreiheiten des Binnenmarktes stehen, sofern sie nicht ohnehin in die GRCh aufgenommen wurden, gleichrangig daneben, wie auch die in der EMRK garantierten Menschenrechte als allgemeine Grundsätze Bestandteil des Unionsrechts sind (Art. 6 Abs. 3 EUV). Konflikte zwischen den einzelnen Rechten und Prinzipien sind im Wege praktischer Konkordanz zu lösen.

I. Bindungswirkung; Zuständigkeit des *EuGH*

22 EU-Grundrechtsverpflichtete sind gem. Art. 51 Abs. 1 S. 1 GRCh zunächst die Organe, Einrichtungen und sonstigen Stellen der EU, mithin etwa Europol, Eurojust und OLAF. Die **Mitgliedstaaten** sind an die GRCh aber nur dann gebunden, wenn sie EU-Primär- und Sekundärrecht **„durchführen“** (Art. 51 Abs. 1 S. 1 2. Var. GRCh), so beim Vollzug von Verordnungen oder bei der nationalen Umsetzung der in Richtlinien enthaltenen europarechtlichen Vorgaben (Details bei J/S/*Jähnke*, 3/5). Zur Sicherstellung des Vorrangs und der einheitlichen

Anwendung des Unionsrechts ist nach dem *EuGH* eine nationale Regelung aber sogar dann an den Unionsgrundrechten zu messen, wenn sie in den „**Anwendungsbereich** des Unionsrechts" fällt (G/H/N/*Kingreen*, Art. 51 GRCh Rn. 7), wodurch der Begriff der „Durchführung" (Art. 51 GRCh) sehr weit interpretiert wird.

Nach der *EuGH*-Rspr. kann hierfür in der Sache auch ein nur schwacher oder mittelbarer Bezug zum EU-Recht ausreichen. So sollen nach der **Åkerberg-Fransson**-Entscheidung des *EuGH* (NJW 2013, 1415) selbst nationalstaatliche steuerliche Sanktionen und Strafverfahren wegen Steuerhinterziehung aufgrund unrichtiger Angaben zur Mehrwertsteuer zum Anwendungsbereich des EU-Rechts gehören (näher zu der Åkerberg-Fransson-Entscheidung unten Rn. 62a). Damit wird der Begriff der **Durchführung** von EU-Recht zu einem „**Schlüsselbegriff**, auch zur Zuständigkeit des *EuGH*" (J/S/*Jähnke*, 3/14). **22a**

Das *BVerfG* hat daraufhin in einem obiter dictum seiner **Anti-Terrordatei-Entscheidung** (BVerfGE 133, 277 Rn. 91) vom *EuGH* Zurückhaltung und präzisere Kriterien angemahnt. Handelt es sich nicht um eine **„unionsrechtlich geregelte Fallgestaltung"**, so reicht „der Bezug einer Regelung zum bloß **abstrakten** Anwendungsbereich des Unionsrechts oder **rein tatsächliche Auswirkungen** auf dieses **nicht** aus" (BVerfGE aaO). Andernfalls werde eine verfassungswidrige, gegen die ultra-vires-Lehre verstoßende Kompetenzerweiterung des *EuGH* zu Lasten des *BVerfG* eintreten oder möglicherweise sogar der Schutz von in den Mitgliedstaaten gewährten Grundrechten und damit die Verfassungsidentität der Bundesrepublik gefährdet. Im Gefolge dieser Kritik hat sich der *EuGH* um eine Konkretisierung der Entscheidung bemüht: Die GRCh sei erst dann bindend, wenn sie den Mitgliedstaaten Verpflichtungen auferlege oder die Einheit des Unionrechts gefährdet werde (vgl. die Nachweise bei J/S/*Jähnke*, 3/13 und O/C/N/*Classen/Nettesheim*, 17/14). **22b**

Für die Ausübung der Staatsgewalt in den Mitgliedstaaten, die allein einen nationalstaatlichen Regelungsgegenstand betrifft, bemisst sich der Grundrechtsschutz weiterhin nach dem Recht des Mitgliedstaates, in Deutschland also nach dem GG und der EMRK. **22c**

II. Strafrechtlich relevante Garantien

1. Justizielle Rechte

Die *justiziellen* Grundrechte sind in Art. 47–49 GRCh enthalten. Sie stimmen im Allgemeinen weitgehend mit den entsprechenden Garantien der EMRK überein, wobei es im Besonderen durchaus (leichte) Abweichungen gibt: Das Recht auf einen wirksamen Rechtsbehelf **23** schließt, anders als in Art. 13 EMRK, einen solchen vor einem internationalen Gericht (Art. 47 Abs. 1 GRCh) ein (NK-EuGRCh/*Eser*, 47/3). Das Recht auf Verteidigung ist in Art. 48 Abs. 2 GRCh allgemeiner festgehalten als etwa in Art. 6 Abs. 3 EMRK. Die Unschuldsvermutung in Art. 48 Abs. 1 GRCh ist etwas anders formuliert als in Art. 6 Abs. 2 EMRK, was aber wohl keine Unterschiede in der Sache bedeutet (*Ambos*, 10/160). Bemerkenswert sind ferner die Einbindung des lex-mitior-Grundsatzes (Art. 49 Abs. 1 S. 3 GRCh) und die explizite Nennung des **Verhältnismäßigkeitsgrundsatzes** (Art. 49 Abs. 3 GRCh).

2. Materiell-rechtliche Garantien

24 Die *auf das materielle Recht bezogenen* Grundrechte lehnen sich ebenfalls an die EMRK an. Das Grundrecht auf Leben, Art. 2 GRCh, schließt zwar, anders als Art. 2 EMRK (beachte aber 3/23), auch das Verbot der Todesstrafe ein, wird aber über Art. 53 Abs. 1 S. 1 GRCh im inhaltlichen Einklang mit der *EGMR*-Rechtsprechung unter Einbindung des Art. 2 Abs. 2 EMRK sowie der Notstandsklauseln in Art. 15 Abs. 1, 2 EMRK gewährleistet (*Ambos*, 10/160). Das Folterverbot in Art. 4 GRCh stimmt ganz mit Art. 3 EMRK überein. Das Recht auf Freiheit und Sicherheit, Art. 6 GRCh, ist auch in Art. 5 EMRK enthalten, der aber die Zulässigkeitsvoraussetzungen eines Freiheitsentzugs en detail regelt (oben 3/39).

III. Das Doppelbestrafungsverbot, Art. 50 GRCh

25 Besonderes Gewicht erlangt das Verbot der Doppelbestrafung in Art. 50 GRCh. Dieses europäische Grundrecht ist von transnationaler Bedeutung, da es sich auch auf die Bestrafung **1.** in zwei Mitgliedstaaten der EU oder **2.** durch einen Mitgliedstaat und die EU erstreckt (C/R/*Blanke*, Art. 50 GRCh Rn. 1). Zwar darf schon nach Art. 103 Abs. 3 GG niemand wegen derselben Tat mehrfach bestraft werden. Dieses Verbot des ne bis in idem greift aber nur für doppelte Bestrafungen durch die deutsche Staatsgewalt ein. Gegenüber Verurteilungen anderer EU-Mitgliedstaaten bietet es keinen Schutz. Ist also jemand schon im (EU-)Ausland wegen einer bestimmten Tat verurteilt worden, steht dies an sich einer erneuten Verurteilung in Deutschland nicht entgegen. Dies zeigt sich etwa an § 51 Abs. 3 StGB, nach dem bei einer Verurteilung wegen derselben Tat im Ausland eine dort bereits vollstreckte Strafe auf die neue Strafe angerechnet werden kann.

1. Art. 54 SDÜ und Art. 50 GRCh

Das Doppelbestrafungsverbot ist jedoch nicht nur in allen europäischen Rechtsordnungen verfassungsrechtlich anerkannt, sondern hatte schon über das Schengener Durchführungsübereinkommen von 1995 eine gewisse transnationale Geltung erlangt. Art. 54 SDÜ lautet: *Wer durch eine Vertragspartei rechtskräftig abgeurteilt worden ist, darf durch eine andere Vertragspartei wegen derselben Tat nicht verfolgt werden, vorausgesetzt, dass im Fall einer Verurteilung die Sanktion bereits vollstreckt worden ist, gerade vollstreckt wird oder nach dem Recht des Urteilsstaats nicht mehr vollstreckt werden kann.* Dahinter steht der Gedanke, dass eine Person, die von ihrem Recht auf Freizügigkeit Gebrauch macht, nicht wegen derselben Tat in mehreren Vertragsstaaten verfolgt werden soll (Fall „*Miraglia*", *EuGH* NJW 2005, 1337, 1338 Rn. 32). Das Schengener ne bis in idem enthält allerdings eine wichtige Einschränkung: Eine doppelte Bestrafung kommt nur dann nicht in Betracht, wenn zusätzlich ein Vollstreckungselement vorliegt, dh die Strafe schon vollstreckt wurde, gerade vollstreckt wird oder nicht mehr vollstreckt werden kann. Wer die erkannte Strafe noch nicht verbüßt hat, soll sich also nicht durch die Flucht in ein anderes Land der Strafe entziehen können (sog. **forum fleeing;** vgl. J/S/*Jähnke*, 9/60). 26

Art. 50 GRCh dagegen verzichtet auf die zusätzliche Voraussetzung einer Vollstreckung: *Niemand darf wegen einer Straftat, derentwegen er bereits in der Union nach dem Gesetz rechtskräftig verurteilt oder freigesprochen worden ist, in einem Strafverfahren erneut verfolgt oder bestraft werden.* Neben diesem fehlenden Vollstreckungselement unterscheiden sich Art. 50 GRCh und Art. 54 SDÜ auch in ihrem Anwendungsbereich: Das SDÜ gilt für alle Schengen-Staaten, während Art. 50 GRCh alle EU-Mitgliedstaaten (außer Polen und Großbritannien) bindet. 27

2. Vorrang des Art. 50 GRCh gegenüber Art. 54 SDÜ?

Ob Art. 50 GRCh den Art. 54 SDÜ verdrängt, war lange eine der am kontroversesten diskutierten und praktisch bedeutsamsten Fragen des Europäischen Strafrechts. Eine Minderheitsmeinung betrachtet die Regelung in Art. 50 GRCh als **neu definiertes, teileuropäisches Doppelbestrafungsverbot**. Für das Vollstreckungselement bestehe kein Bedürfnis mehr. Fliehe ein Täter nach seiner Verurteilung in ein anderes Land, könne er mit EHB festgenommen werden (*Heger*, ZIS 2009, 408). Zudem streitet auch der Wortlaut des Art. 50 GRCh, dh die fehlende Vollstreckungsklausel, für die Minderheitsmeinung. Art. 54 28

SDÜ soll demnach nur noch für die assoziierten Staaten und die sog. Opt-out-Staaten weitergelten (*Reichling*, StV 2010, 238).

29 Die herrschende Meinung sieht in Art. 54 SDÜ dagegen eine **grundrechtskonkretisierende Schrankenbestimmung** des Art. 50 GRCh (*Burchard/Brodowski,* StraFo 2010, 179). Das SDÜ begrenze dieses (zu) weit gefasste justizielle Grundrecht. Der transnationale ne-bis-in idem-Grundsatz innerhalb der EU bestimme sich somit nach wie vor nach dem Gewährleistungsumfang des Art. 54 SDÜ und der hierzu ergangenen Rechtsprechung (*Ambos*, 10/187; *Esser*, 7/43a; *Hecker*, 13/20). Dies gelte zumindest solange, wie keine unionsweiten Maßnahmen vorhanden sind, welche die Vollstreckung im Unionsgebiet gewährleisten (*Safferling*, 12/84). Der ***BGH*** ist der hM gefolgt. Auch der ***EuGH*** (NJW 2014, 3007 [Fall Spasic] m. Anm. *Hecker,* JuS 2014, 845; *Eckstein*, JR 2015, 421) hat die Frage inzwischen geklärt und das Vollstreckungselement bei Art. 50 GRCh ebenfalls für nicht entbehrlich erklärt.

30 **Fall „Tötung von Partisanen im Zweiten Weltkrieg"** (BGHSt 56, 11): *Josef Sch.* führte eine Kompanie der deutschen Wehrmacht in der Toskana. Beim Reparieren einer Brücke wurden zwei deutsche Soldaten von Partisanen hinterrücks erschossen. Sch schwor Vergeltung und befahl, alle in der Gegend erreichbaren männlichen Zivilisten festzunehmen. Am Ende waren dies neun Männer, von denen der älteste 67 Jahre alt war, und zwei Jugendliche von 15 und 16 Jahren. Keiner war der Beteiligung an dem Anschlag oder überhaupt der Unterstützung von Partisanen verdächtig. Sie wurden in einem Haus eingeschlossen. Das Haus wurde alsbald in Anwesenheit und auf Befehl des Sch gesprengt. Danach wurde ebenfalls auf seinen Befehl mit Maschinengewehren in die Trümmer geschossen, um noch lebende Opfer zu töten. Sch wurde in Deutschland wegen zehnfachen Mordes und versuchten Mordes zu lebenslanger Freiheitsstrafe verurteilt. Allerdings wurde Sch schon in Abwesenheit in Italien 2006 zu einer lebenslangen Freiheitsstrafe verurteilt. Stand daher seiner Verurteilung in Deutschland das Doppelbestrafungsverbot entgegen? **Lösung des *BGH*:** Art. 54 SDÜ gelte auch für Abwesenheitsurteile. Die Strafe sei aber noch nicht vollstreckt worden und werde auch gerade nicht vollstreckt. Auch bestehe kein Verfahrenshindernis, wenn Italien keinen Antrag auf Auslieferung oder Vollstreckung der Strafe gestellt habe. Zudem folge aus Art. 50 GRCh nichts anderes. Art. 50 GRCh werde zulässigerweise (Art. 52 Abs. 1 GRCh) durch die engen Ausnahmen des SDÜ eingegrenzt, weshalb das Vollstreckungselement auch in der GRCh zum Tragen komme.

3. Die Voraussetzungen des Doppelbestrafungsverbots nach Art. 50 GRCh iVm Art. 54 SDÜ

Prüfungsschema 21: Doppelbestrafungsverbot nach Art. 50 GRCh 31

1. Rechtskräftige Verurteilung

2. Dieselbe Tat

3. Vollstreckungselement (str.)

Folgt man der herrschenden Meinung, so sind innerhalb des Art. 50 GRCh die folgenden Voraussetzungen des Art. 54 SDÜ zu prüfen.

Übungsklausuren: *Ambos*, FL, Fall 4 Rn. 5 ff.; *Hecker/Zöller*, Klausur 3, S. 41, und Klausur 14, S. 148; *Safferling*, 12/108; *Schramm*, ZJS 2010, 615 (zu Art. 54 SDÜ); *Weißer/Göhler*, JuS 2016, 532.

a) Rechtskräftige Verurteilung

Eine weitere Bestrafung ist ausgeschlossen, wenn der Täter im anderen Mitgliedstaat zuerst verurteilt wurde: Die schnellste Strafjustiz „gewinnt" (umgangssprachlich „Windhundprinzip", wissenschaftlich **Prioritätsprinzip** genannt). Darunter soll nach der Rspr. des *BGH* **nur** eine **gerichtliche** Entscheidung fallen. Dazu gehören ein formales, gerichtliches Sachurteil in Gestalt einer **Verurteilung**, eines **Freispruchs** (aufgrund von Verjährung [*EuGH* NJW 2006, 3403] oder wegen Mangels an Beweisen [*EuGH* StV 2007,57]) oder eine gerichtliche **Einstellung** des **Verfahrens** nach **§ 153 Abs. 2 StPO** (BGHSt 46, 307). Dagegen genügt es nach der *EuGH*-Rspr. (vgl. sogleich den Fall *Gözütok/Brügge*) und einem Teil der Literatur, wenn es sich um eine verfahrensbeendende Entscheidung einer zur Strafrechtspflege berufenen Behörde handelt, etwa der **Staatsanwaltschaft**. Eine gerichtliche Mitwirkung oder ein gerichtliches „Urteil" ist hierfür nicht notwendig. Der Entscheidung muss aber zusätzlich eine sanktionsähnliche Ahndungswirkung zukommen und die Strafklage muss nach nationalem Recht endgültig verbraucht sein. Diese Sperrwirkung tritt aber auch bei einer **eingeschränkten materiellen Rechtskraft** ein, so etwa bei Einstellungen nach **§ 153a Abs. 1 StPO** oder bei einem **Nichteröffnungsbeschluss** im Zwischenverfahren nach §§ 204 Abs. 1, 211 StPO (*Hecker*, JuS 2015, 1046 zu einer vergleichbaren Konstellation im belgischen Recht, *EuGH* NJW 2014, 3010). **Nicht ausreichend** sind jedoch Einstellungen nach **§§ 153 Abs. 1, 154, 170 Abs. 2 StPO** (*Hackner*, NStZ 2011, 429). Die *EuGH*-Rspr. wird von einer teleologischen Interpretation des Art. 54 SDÜ gestützt (*Hecker*, 13/33). 32

33 **Fall „Gözütok/Brügge"** (*EuGH* NJW 2003, 1173): Der türkische Staatsangehörige Gözütok betrieb in Holland unter der Bezeichnung Coffee- and Teahouse eine Imbissstube. Im Rahmen von zwei Durchsuchungen in diesem Betrieb beschlagnahmte die niederländische Polizei 1,1 kg Haschisch, 1,7 kg Marihuana und 51 Haschischzigaretten. Die eingeleitete Strafverfolgung wurde beendet, nachdem G die Angebote der Staatsanwaltschaft im Rahmen eines zum Strafklageverbrauch führenden Verfahrens (sog. „transactie") angenommen und die von ihr in diesem Zusammenhang geforderten Geldbeträge gezahlt hatte. Gleichwohl wurde G auch in Deutschland deshalb wegen gewerbsmäßigen Handels mit Betäubungsmitteln (§ 6 Nr. 5 StGB) zu einer Freiheitsstrafe mit Bewährung verurteilt.

Der deutsche Staatsangehörige Brügge wird von der belgischen Staatsanwaltschaft wegen einer Körperverletzung angeklagt, die er zum Nachteil von Frau L. begangen haben soll und die für diese zu Krankheit oder Arbeitsunfähigkeit geführt haben soll. L tritt bei der als Strafgericht zuständigen Rechtbank van Eerste Aanleg Veurne, vor die B geladen wurde, als Nebenklägerin auf. Sie hat Ersatz des erlittenen immateriellen Schadens beantragt. Die Staatsanwaltschaft Bonn (Deutschland) schlug B im Rahmen des Ermittlungsverfahrens, das sie gegen ihn wegen der Tat eingeleitet hatte, derentwegen er vor die Rechtbank geladen worden war, die Einstellung des Verfahrens gegen Zahlung von 1 000 DM vor. B entrichtete den Betrag, woraufhin die Staatsanwaltschaft das Strafverfahren gem. § 153a StPO einstellte.

Die **gemeinsame Fragestellung** der beiden Fälle bestand darin, ob die Einstellung des Verfahrens durch die Staatsanwaltschaft eines Mitgliedstaates dazu führt, dass in einem anderen EU-Land die Tat nicht mehr verfolgt und geahndet werden darf, dh ob die **staatsanwaltschaftliche Einstellung** einer **„rechtskräftigen Aburteilung" gleichkommt**, so dass das Verbot von ne bis in idem eingreift. Der ***EuGH*** **bejaht** dies: Sofern dieses Verfahren zum endgültigen Strafklageverbrauch führt (so in den Niederlanden bei einer „transactie" und in Deutschland bei einer Verfahrenseinstellung nach § 153a Abs. 1 StPO, sofern sich die Tat später nicht als Verbrechen erweist, § 153a Abs. 3 S. 5 StPO), darf die Tat nicht (anderweitig) nochmals strafrechtlich verfolgt werden. Dass es sich dabei um ein staatsanwaltschaftliches Verfahren ohne Mitwirkung eines Richters gehandelt hat, sei nur ein verfahrensrechtlicher und formaler Gesichtspunkt, der keine Wirkungen auf den Strafklageverbrauch habe.

Keine Verurteilungen stellen dagegen die durch die Exekutive in einem Verwaltungsverfahren verhängten (sog.) **Verwaltungssanktionen** dar. Sie stehen der zusätzlichen Verhängung der Freiheits- oder Geldstrafe in einem Strafverfahren nicht entgegen. Dies zeigt etwa die *EuGH*-Entscheidung Åkerberg-Franson zu einer Mehrwertsteuerhinterziehung in Schweden (*EuGH* NJW 2013, 1415 (vgl. oben Rn. 22a und unten Rn. 62a) sowie ein jüngeres *EuGH*-Urteil in einem vergleichbaren italienischen Fall (*EuGH*, Fall *Menci*, C-524/15 v. 20.3.2018; dazu *Brodowski*, ZIS 2018).

b) Dieselbe Tat

Während in der StPO darauf abgestellt wird, ob sich die Anklage auf ein einheitliches geschichtliches Vorkommnis erstreckt, bestimmt der *EuGH* den Begriff derselben Tat eigenständig. Der *EuGH* nähert sich dabei in der Sache weitgehend dem Tatbegriff des deutschen Strafverfahrens, wenn er das Geschehen „als Komplex von Tatsachen darstellt, die in zeitlicher und räumlicher Hinsicht sowie nach ihrem Zweck unlösbar miteinander verbunden sind" (Fall *van Esbroek, EuGH* NJW 2006, 1781). Ganz ähnlich stellt auch der *EGMR* auf die substanzielle Identität des Sachverhalts ab (vgl. J/S/*Jähnke*, 9/65). **34**

c) Vollstreckungselement

Die Strafe **ist vollstreckt**, wenn die Vollstreckung abgeschlossen ist, also eine Freiheitsstrafe verbüßt, eine Bewährung beendet oder eine Geldstrafe bezahlt ist. Eine Strafe **wird gerade vollstreckt**, wenn die Vollstreckung begonnen hat, aber noch nicht abgeschlossen ist. Dies ist auch der Fall, wenn eine Freiheitsstrafe zur **Bewährung** ausgesetzt wird, da hier Bewährungsauflagen erfüllt werden müssen und insofern die Freiheitsstrafe doch vollstreckt wird (ebenso Fall *Kretzinger*, *EuGH* NJW 2007, 3412). Hat die verurteilte Person aber nur die ihr auferlegte Geldstrafe gezahlt, nicht jedoch die gleichzeitig gegen sie verhängte Freiheitsstrafe verbüßt, ist die Vollstreckungsbedingung nicht erfüllt (*EuGH* NJW 2014, 3007). – Die Strafe **kann nicht mehr vollstreckt** werden, wenn beispielsweise Vollstreckungsverjährung eingetreten ist. Hierzu muss die Tat nicht zwangsläufig überhaupt einmal vollstreckbar gewesen sein (*Satzger*, 10/72). Richtigerweise muss dies auch dann gelten, wenn die Tat aufgrund einer Amnestie oder Begnadigung nicht vollstreckt werden kann, während die Gegenansicht darauf abstellt, dass es sich dabei um einen politischen Akt handele, bei dem das Prinzip gegenseitiger Anerkennung nicht zur Anwendung gelange (zur Diskussion vgl. *Satzger*, 10/73). **35**

D. Materielles Strafrecht und Sekundärrechtsakte

36 Mit dem Vertrag von Lissabon sind an die Stelle strafrechtsharmonisierender Rahmenbeschlüsse die Richtlinien getreten. Zudem wurde die PJZS aufgespaltet in eine Polizeiliche Zusammenarbeit in Strafsachen (PZS) und eine Justizielle Zusammenarbeit in Strafsachen (JZS). Die JZS ist in den Art. 82 ff. AEUV geregelt. Art. 83 AEUV ist die maßgebliche Norm zur Schaffung materiell strafrechtsharmonisierenden Sekundärrechts, Art. 82 Abs. 2 AEUV diejenige zur Schaffung von harmonisierenden Vorschriften im Bereich der internationalen Rechtshilfe und des nationalen Strafverfahrensrechts (dazu mehr unten Rn. 115).

I. Allgemeine Grundsätze der Rechtssetzung in der EU; Kriminalpolitik

37 Innerhalb der EU sind bei der Rechtssetzung und Rechtsanwendung folgende **sechs Prinzipien** von zentraler Bedeutung, die allerdings von unterschiedlichem Gewicht sind: **1.** Zentral ist das **Prinzip der begrenzten Einzelermächtigung** (Art. 5 Abs. 1 S. 1, Abs. 2 EUV; Art. 2 AEUV): Die Union darf nur aufgrund einer Kompetenz tätig werden, die ihr primärrechtlich zuvor von den Mitgliedstaaten verliehen wurde (keine sog. „Kompetenz-Kompetenz"). Hierzu enthält der AEUV einen systematischen Kompetenzenkatalog (Art. 2 ff. AEUV) mit ausschließlicher (Art. 3 AEUV), geteilter (Art. 4 AEUV) und koordinierender bzw unterstützender Zuständigkeit (Art. 5 bzw 6 AEUV). Die Gegenstände des Raums der Freiheit, der Sicherheit und des Rechts – also auch das Strafrecht – gehören gem. Art. 4 Abs. 2 lit. j AEUV zur geteilten Zuständigkeit. **2.** Der **Subsidiaritätsgrundsatz** des Art. 5 Abs. 3 AEUV ist eher deklaratorischer Natur: Nur wenn die Ziele auf nationaler Ebene nicht ausreichend verwirklicht werden können, darf die EU tätig werden, sofern sie durch ihre Tätigkeit den erforderlichen „europäischen Mehrwert" erzielt (O/C/N/*Nettesheim,* 11/24). Zu einer echten Beschränkung der Europäisierung hat dieses Prinzip aber nie geführt (*Nettesheim* ebd.: nur Formulierung von „prozeduralen Anforderungen" und „Begründungslasten"). **3.** Der **Verhältnismäßigkeitsgrundsatz** des Art. 5 Abs. 4 AEUV: Maßnahmen der EU dürfen in inhaltlicher und formaler Hinsicht das Maß der Geeignetheit, Erforderlichkeit und Angemessenheit nicht übersteigen. **4.** Ebenso ist die EU nach Art. 4 Abs. 2 EUV zur **Achtung der nationalen Identität** (auch in strafrechtskultureller Hinsicht) verpflichtet (zur Identitätskontrolle durch das *BVerfG* beim Europäischen Haftbefehl siehe unten Rn. 154). Die Achtung nationaler Rechtsordnungen und -traditionen ist für die

JZS nochmals in Art. 67 Abs. 1 AEUV festgehalten. Für die Rechtssetzung im Bereich der JZS hebt Art. 67 Abs. 1 AEUV die **Bindung an die Grundrechte** hervor. **5.** Der **Effizienzgrundsatz** des *EuGH*: Dem Unionsrecht soll ein praktischer Nutzen (effet utile) zukommen. Der Auslegung, welche die effektive Durchführung des Unionsrechts (Art. 197 AEUV) am meisten fördert, ist dabei der Vorzug zu geben. **6. Der Loyalitätsgrundsatz** (Art. 4 Abs. 3 EUV): Die Union und die Mitgliedstaaten achten und unterstützen sich gegenseitig bei der Erfüllung der Aufgaben, die sich aus den Verträgen ergeben. Aus der „Unionstreue" abgeleitet werden etwa die Assimilierungspflicht (unten Rn. 62) oder die unionsrechtskonforme Interpretation (unten Rn. 83).

Eine europäische Wissenschaftlergruppe aus 10 Staaten, die sog. European Criminal Policy Initiative, hat 2009 ein **„Manifest zur Europäischen Kriminalpolitik"** verabschiedet, das dazu dienen soll, die Kriminalpolitik der EU – im Sinne eines liberalen Strafrechtsverständnisses – stärker an den Prinzipien der demokratischen Legitimität und rechtsstaatlichen Begrenzung auszurichten (eingehend dazu *Satzger*, 9/55 f.). In dem vielbeachteten Programm werden Grundprinzipien für die Schaffung materiell-strafrechtlicher EU-Rechtsakte aufgestellt (ZIS 2009, 382; *www.crimpol.eu*), so zB das Erfordernis eines legitimen Schutzzwecks sowie das ultima-ratio-, Schuld-, Gesetzlichkeits-, Subsidiaritäts- und Kohärenzprinzip hervorgehoben. **38**

II. Materiellrechtliche Richtlinien (Art. 83 AEUV)

Systematisch sind innerhalb des Art. 83 AEUV *zwei* Rechtssetzungskompetenzen zu unterscheiden: **1.** Die Harmonisierung von Straftatbeständen bei besonders schwerer **grenzüberschreitender Kriminalität** in den Bereichen des Art. 83 Abs. 1 AEUV (unten Rn. 40) und **2.** die **Annexkompetenz** (unten Rn. 49) zur Harmonisierung des Strafrechts in anderen Politikbereichen der EU, Art. 83 Abs. 2 AEUV. Solche (meist ungeschriebenen) Rechtssetzungs- sowie Vertragskompetenzen aufgrund Sachzusammenhangs mit den Regelungsbereichen, in denen die EU die alleinige Gesetzgebungskompetenz besitzt, nennt man völkerrechtlich auch „implied powers" (*Hecker*, 4/73). Darüber hinaus sieht Art. 83 Abs. 3 AEUV ein **Notbremseverfahren** vor (unten Rn. 52). **39**

Übungsklausur: *Ambos*, FL, Fall 2 Rn. 21 ff. (Art. 83 Abs. 1, 2 AEUV).

1. Grenzüberschreitende Kriminalität, Art. 83 Abs. 1 AEUV

Art. 83 Abs. 1 UA 1 AEUV stellt dabei die zwei zentralen Voraussetzungen europäischer Strafrechtssetzung auf: Es muss sich **1.** um **40** schwere Kriminalitätsformen handeln, die **2.** grenzüberschreitender Natur sind. Der grenzüberschreitende Charakter kann dabei auf der Form der Kriminalität, den Auswirkungen der Straftat oder auf der besonderen Notwendigkeit, einheitliche Regelungen in der EU zu schaffen, beruhen (Art. 83 Abs. 1 UA 1 AEUV). Für die in Art 83 Abs. 1 UA 2 genannten Deliktsbereiche werden die Voraussetzungen des UA 1 vermutet. Art. 83 Abs. 1 UA 1 erlaubt aber keine Ausdehnung der Rechtskompetenzen schlechthin, sondern nur im Rahmen des vereinfachten Vertragsänderungsverfahrens nach Art. 83 Abs. 1 UA 3 und unter der inhaltlichen Maßgabe des UA 1 (grenzüberschreitende, schwere Kriminalität). – Art. 83 AEUV erlangt übrigens auch bei Ausweisungen Bedeutung: Begeht ein Unionsbürger eine Straftat aus dem Katalog des Art. 83 Abs. 1 UA 2 AEUV, lässt sich damit eine Abschiebung rechtfertigen (vgl. nur *EuGH* HRRS 2012 Nr. 489).

a) Die einzelnen Kriminalitätsbereiche

41 Art. 83 Abs. 1 UA 1 nennt insgesamt zehn Kategorien, in denen eine EU-Rechtssetzung in Form von Richtlinien möglich ist. Kritisch zu sehen ist teilweise die Unbestimmtheit der aufgezählten Deliktsbereiche, deren vielfach kriminologische Kategorien (zB „organisierte Kriminalität") Raum für weite Interpretationen lassen und keine zuverlässigen Vorhersagen über den zu erwartenden Umfang der europäischen Rechtssetzung ermöglichen. Inzwischen hat die EU umfassend von ihrer Richtliniensetzungskompetenz Gebrauch gemacht. Die nachstehende Aufzählung zeigt, in welchen Kernbereichen des Strafrechts inzwischen – weitreichend oder doch zumindest punktuell – eine Europäisierung – und das bedeutet eine richtlinienbedingte **Ausdehnung der Strafbarkeit** – herbeigeführt wurde:

42 – **Terrorismus** (Var. 1): Dieser Bereich wurde zuerst durch einen Rahmenbeschluss zur Terrorismusbekämpfung (2002/475/JI) harmonisiert. Er wurde 2017 durch eine Richtlinie ersetzt (2017/541), die bis September 2018 umzusetzen ist und eine Fülle von Straftatbeständen vorsieht, die allerdings zT schon im nationalen Recht enthalten sind.

42a – **Menschenhandel** (Var. 2): Die EU hat 2011 eine Richtlinie (2011/36/EU) zur Verhütung und Bekämpfung des Menschenhandels und zum Schutz seiner Opfer geschaffen. Deutschland hat sie 2016 umgesetzt (BGBl. I 2226; dazu *Renzikowski/Kudlich*, ZRP 2015, 45) und dabei vor allem die neu gefasste Strafvorschrift des § 232 StGB auf die Fälle des Menschenhandels zum Zweck der Begehung strafbarer Handlungen, der Bettelei und zum Zweck der Organentnahme ausgedehnt. Außerdem wurden zwei neue Straftatbestände – die „Zwangsprostitution" und „Zwangsarbeit" in den

§§ 232a, 232b – geschaffen, die freilich bereits nach altem Recht strafbar waren, bei freilich früher wesentlich enger gefassten Tatbeständen. Zudem wurde eine „Freierstrafbarkeit" eingeführt (§ 232a Abs. 6 StGB), dh der „Konsum" der sexuellen Handlungen von Opfern eines Menschenhandels oder einer Zwangsprostitution unter Strafe gestellt. Hierzu muss der Kunde aber (vorsätzlich!) die persönliche oder wirtschaftliche Zwangslage oder auslandsspezifische Hilflosigkeit des Opfers ausnutzen.

- **Sexuelle Ausbeutung von Frauen und Kindern** (Var. 3): Die Richtlinie 2011/93/EU von 2011 zur Bekämpfung des sexuellen Missbrauchs und der sexuellen Ausbeutung von Kindern sowie der Kinderpornographie zur Ersetzung des Rahmenbeschlusses 2004/68/JI im Jahre 2015 wurde in Deutschland durch das 49. StÄG (BGBl. I 10) vor allem in Form von Verschärfungen bei der Kinderpornographie umgesetzt (zB durch die Bestrafung des „Posing"; vgl. *Eisele/Franosch*, ZIS 2016, 519). **42b**
- **Illegaler Drogenhandel** (Var. 4): Richtlinie 2017/2103; **42c**
- **Illegaler Waffenhandel** (Var. 5): Noch keine Richtlinie, aber integrierter EU-Ansatz zur Bekämpfung des Waffenhandels geplant (Pressemitteilung EU-Kommission v. 13.6.2018). **42d**
- **Geldwäsche** (Var. 6): Durch die 5. Geldwäscherichtlinie vom Juni 2018 wurden unlängst die Anforderungen an die Transparenz von Zahlungen und die Geldwäscheprävention erhöht, zB im Bereich der Maklertätigkeit oder des Kunsthandels. **42e**
- **Korruption** (Var. 7): Das gesamte grenzüberschreitende Korruptionsstrafrecht ist an sich in die Kompetenz der EU überführt worden. Auf eine vereinheitlichende Richtlinie hat die EU in diesem Bereich verzichtet, da es hierzu bereits Instrumente der Vereinten Nationen sowie des Europarats gibt (G/H/N/*Vogel/Eisele*, Art. 83 AEUV Rn. 60). Für den Bereich der PIF-Delikte wurde durch Art. 4 Abs. 2, 4 der PIF-Richtlinie (2017/1371) die Bestechung und Bestechlichkeit definiert und dabei, wie bei den untreueähnlichen PIF-Vorschriften (missbräuchliche Verwendung von EU-Geldern), ein weiter Begriff des „öffentlichen Bediensteten" zugrundegelegt. **42f**
- **Fälschung von Zahlungsmitteln** (Var. 8): Richtlinie 2014/62/EU; Richtlinienvorschlag COM 2017/0489. **42g**
- **Computerkriminalität** (Var. 9): Die Richtlinie über Angriffe auf Informationssysteme (2013/40/EU) führte lediglich zu einer Anhebung des Strafrahmens bei § 202c StGB, da der Gesetzgeber deren weitere Vorgaben bereits zuvor aufgrund anderer europarechtlicher Verpflichtungen erfüllt hatte (BT-Drs. 18/4350 S. 14). **42h**
- **Organisierte Kriminalität** (Var. 10): Eine übergreifende Richtlinie wurde noch nicht erlassen. Noch immer ist der Rahmenbeschluss **42i**

2008/841/JI aktuell (G/H/N/*Vogel/Eisele*, Art. 83 AEUV Rn. 63). Es finden sich aber in Richtlinien und deren Erwägungsgründen punktuelle OK-Bezüge, zB bei der Geldwäsche oder den PIF-Delikten.

b) Mindeststandards für Tatbestand und Rechtsfolge; Problematik der Anweisungsdichte

43 Art. 83 Abs. 1 UA 1 AEUV erlaubt den Erlass von Mindestvorschriften. Dies bedeutet auf der Tatbestandsseite, dass die Richtlinie Vorgaben enthält, welches Verhalten mindestens strafbar sein soll; der nationale Gesetzgeber ist daher nicht daran gehindert, weitere Verhaltensweisen unter Strafe zu stellen. Auf der Rechtsfolgenseite operiert die EU mit Mindesthöchststrafen, dh es wird vorgegeben, dass die Höchststrafe ein bestimmtes Mindestmaß erreichen muss (zB nicht unter 3 Jahren).

44 **Umstritten** ist allerdings **die Reichweite dieser Anweisungskompetenz** (*Ambos*, 11/38: „Anweisungsdichte"). Trotz der Vorgaben müsse den Mitgliedstaaten nach dem *BVerfG* und der hM ein substanzieller eigener kriminalpolitischer Entscheidungsspielraum verbleiben (*Ambos,* 11/38; *Klip,* S. 163). Denn es sei, so das *BVerfG*, „die demokratische Selbstbestimmung (…) in einer besonders empfindlichen Weise berührt, wenn eine Rechtsgemeinschaft gehindert wird, über die Strafbarkeit von Verhaltensweisen und gar die Verhängung von Freiheitsstrafen nach Maßgabe eigener Wertvorstellungen zu entscheiden. Das gilt umso mehr, je enger diese Wertvorstellungen mit historischen Erfahrungen, Glaubenstraditionen und anderen für das Selbstgefühl der Menschen und ihrer Gemeinschaft wesentlichen Faktoren verknüpft sind" (*BVerfG* NJW 2009, 2267, 2288 Rn. 363).

45 Die Gegenansicht will der EU eine Befugnis zu detaillierten Vorgaben hinsichtlich des Unrechts und der Strafen einräumen (zB *Eisele,* JZ 2008, 254; G/H/N/*Vogel/Eisele*, Art. 83 AEUV Rn. 33). Dies begründet aber die Gefahr, dass dies auf eine allgemeine supranationale Rechtssetzungskompetenz der EU hinausläuft, die der EU aber nicht eingeräumt wurde (*Ambos*, 11/38). Zudem droht hier ein Widerspruch zu der primärrechtlich vorgeprägten Rechtsnatur von Richtlinien, die gem. Art. 288 AEUV den Mitgliedstaaten gerade die Freiheit hinsichtlich der Form und der Mittel zur Erreichung der verfolgten Zwecke belässt (*Ambos*, 11/38). Andererseits unterliegt, worauf die Minderheitsmeinung zu Recht hinweist, die Rechtssetzung der Union dem Bestimmtheitsgrundsatz (Art. 49 Abs. 1 S. 1 GRCh), weshalb zu weitgehende nationale Spielräume „nach oben" oder „nach unten" schwerlich mit dem Unionsrecht vereinbar sind (G/H/N/*Vogel/Eisele*, aaO). Daher dürfte es am überzeugendsten sein, einen legislativen Mittelweg zu beschreiten, der einerseits dem Bestimmtheitsgrundsatz genügt, andererseits noch Raum für eine souveräne nationale Entscheidung lässt.

Richtlinien per **„copy and paste"** in ein nationales Gesetz zu überführen, widerspricht der demokratischen Funktion der Richtlinie, dem nationalen Gesetzgeber bewusst und souveränitätsschonend gewisse Umsetzungsspielräume zu belassen (vgl. *Ambos*, 11/38). So wäre es zB durchaus denkbar gewesen, den verbesserten Schutz von Opfern eines **Menschenhandels** (Richtlinie 2011/36/EU) vorrangig mit präventiven Regelungen und Opferschutzmaßnahmen (vgl. den Gesetzesentwurf BT-Drs. 18/3256) herbeizuführen, anstatt den legislativen Schwerpunkt auf strafrechtliche Verschärfungen zu legen. Darüber hinaus wird die Gesetzesreform in Gefolge einer Richtlinie vom Gesetzgeber auch zu einer (leichten) Liberalisierung im jeweiligen Nationalstaat genutzt. Verstand man etwa bislang unter einer ausbeuterischen Beschäftigung iSd § 232 Abs. 1 S. 2 StGB die Unterschreitung des Mindestlohns um 30%, so soll nach der Gesetzesreform dieses Merkmal erst bei einer 50%igen Unterschreitung zu bejahen sein (zB bei der Betreuung pflegebedürftiger Angehöriger durch Pflegepersonal aus Osteuropa, BT-Drs. 18/9095 S. 18, 28). **45a**

c) Ausdehnung dieses Bereichs durch Ratsbeschluss

Je nach Entwicklung der Kriminalität kann der Rat nach Art. 83 Abs. 1 UA 3 AEUV einen Beschluss erlassen, in dem andere Kriminalitätsbereiche bestimmt werden, die die Kriterien dieses Absatzes erfüllen. Er beschließt einstimmig nach Zustimmung des Europäischen Parlaments. Diese dynamische Blankettermächtigung läuft auf eine Klausel zur verdeckten Vertragsänderung hinaus. Die EU räumt sich damit selbst eine ihr – auf der Grundlage der begrenzten Einzelermächtigung, Art. 5 Abs. 1, 2 EUV verbotene – Kompetenz-Kompetenz ein. Das *BVerfG* hat dies in seinem Lissabon-Urteil kritisiert und den Parlamentsvorbehalt nach Art. 23 Abs. 1 S.2 GG hervorgehoben (NJW 2009, 2267, 2288 Rn. 359). Das dem Urteil folgende Integrationsverantwortungsgesetz (IntVG v. 22.9.2009, BGBl. I 2009, 3022) regelt daher in § 7 IntVG, dass ein solcher Erweiterungsbeschluss nach Art. 83 Abs. 1 UA 2 AEUV nur auf der Grundlage eines **formellen** deutschen **Gesetzes** möglich ist (zur erforderlichen parlamentarischen Mehrheit vgl. C/R/*Suhr*, Art. 83 AEUV Rn. 20 ff.). **46**

d) Harmonisierung des Allgemeinen Teils

Die bisherigen Rahmenbeschlüsse enthielten zulässigerweise Aussagen zu Fragen des **Allgemeinen Teils**, vor allem dazu, ob auch der Versuch und die Teilnahme strafbar sein sollen. Für die Richtlinien nach Art. 83 Abs. 1 AEUV und die Annexkompetenz nach Art. 83 **47**

Abs. 2 AEUV kann nichts anderes gelten (G/H/N/*Vogel*, Art. 83 AEUV Rn. 36; eingehende Analyse und „Durchforstung" des europäisierten StrafR bei EnzEuR/*Stuckenberg*, 10/8 ff.). Allerdings sind die Allgemeinen Teile der Mitgliedstaaten nicht harmonisiert. Zudem enthält der AEUV keine Kompetenz für die Schaffung eines „europäischen Allgemeinen Teils" (vgl. auch *Heger*, ZIS 2009, 412; G/H/N/*Vogel/Eisele*, Art. 83 AEUV Rn. 36 „kein Umsetzungsbedarf" und andernfalls „Gefahr der Notbremse"). Auch die auf den AT bezogenen Musterbestimmungen des Rates für Beratungen im Bereich des Strafrechts (Ratsdok. 16798/09) nehmen keine Begriffsbildung vor (vdG/S/H/*Meyer*, Art. 83 AEUV Rn. 21) und sind eher symbolischer Natur (*Satzger*, 9/44).

47a Allerdings kommt den Allgemeinen Verbrechenslehren für die konkrete Bestrafung eines Verhaltens eine zentrale Bedeutung zu. Es stellt sich daher die Frage, ob es nicht in der Logik europäisierten Strafrechts liegt, das europarechtliche **Trennungsprinzip**, dh die Trennung von BT-Harmonisierung durch die EU und Nicht-AT-Harmonisierung durch die EU aufzuheben. Im Rahmen einer künftigen Reform des Primärrechts könnte nach der momentan stattfindenden Europäisierung der ‚Besonderen Teile' auch die Europäisierung der ‚Allgemeinen Teile' ins Blickfeld gerückt werden (krit. dazu aber etwa vdG/S/H/*Meyer* aaO: „kohärenzgefährdend und nur spekulativ positiv"). Entgegen den Vorbehalten der hM in Deutschland besteht daher bei fortschreitender Strafrechtsharmonisierung und – integration eine Notwendigkeit, Grundsätze eines Allgemeinen Teils zu entwickeln.

47b Eine BT-Harmonisierung ohne Vorgaben im AT ist defizitär und hängt „praktisch in der Luft". Ohne Klärung der Grundlagenfragen, etwa hinsichtlich des Vorsatzes und allgemeiner Teilnahmelehren, aber auch hinsichtlich des Sanktionensystems, der Strafzumessung und der Strafvollstreckung kann eine fundierte und systematisch stimmige harmonisierende Rechtsangleichung im BT nur unvollständig erfolgen. Eine AT-Harmonisierung ließe sich methodisch de lege ferenda etwa verwirklichen (vgl. EnzEuR/*Stuckenberg*, 10/71 ff.)

- mit einem von Wissenschaftlern entwickelten **Muster-Strafgesetzbuch** als Modell für die StGBs der Mitgliedstaaten – vergleichbar dem amerikanischen Model Penal Code – oder
- durch die Schaffung eines auf intensiver Rechtsvergleichung beruhendes **europäischen StGB** (auf der Grundlage modifizierten [!] Primärrechts), das Souveränitätsvorbehalten der Mitgliedstaaten mit einer **Subsidiaritätsklausel** – wie etwa in der Constitito Criminalis Carolina – Rechnung tragen könnte.

47c Auch die ***EuGH*-Rechtsprechung** ist im Bereich des Kartellrechts bereits auf dem Weg, AT-Standards zu entwickeln, die für einen **ge-**

meineuropäischen Allgemeinen Teil des Europäischen Strafrechts nutzbar gemacht (J/S/*Jähnke*, 14/2) und als Vorarbeiten für ein sekundärrechtlich zu schaffendes Regelungswerk verstanden werden können. In den Entscheidungen des *EuGH* finden sich zB Ansätze einer Vorsatzlehre, Definitionen der groben Fahrlässigkeit, Ausführungen zum Verbots- und Subsumtionsirrtum sowie zu Notwehr und Notstand (J/S/*Jähnke*, 14/3 ff.).

e) Keine Entkriminalisierungskompetenz

Die Entkriminalisierung national unter Strafe gestellten Verhaltens durch Vorgaben der EU findet im EUV und AEUV bislang keine Stütze. Sie dürfte auch mit dem Sinn und Zweck der Unions- und Völkerrechtspraxis nur schwer vereinbar sein (G/H/N/*Vogel/Eisele*, Art. 83 AEUV Rn. 32: „limitierende Strafrechtsangleichung" nicht möglich), wenngleich der **unionale Raum**, wie er in Art. 3 Abs. 2 EUV umschrieben wird, gleichrangig (neben der Sicherheit und dem Recht) und in der Reihenfolge an erster Stelle als ein solcher **der Freiheit** bezeichnet wird. Allerdings entfalten die Unionsgrundrechte sowie der Verhältnismäßigkeitsgrundsatz eine strafrechtslimitierende Wirkung. **48**

2. Die Annexkompetenz nach Art. 83 Abs. 2 AEUV

Besonders umstritten ist die Regelung in Art. 83 Abs. 2 AEUV, die das „potentiell wohl breiteste Einfallstor für unterlegitimierte Strafrechtsharmonisierung" (*Ambos/Rackow*, ZIS 2009, 403) darstellt. Der Vertrag von Lissabon ist damit der Rechtsprechung des *EuGH* gefolgt, in der diese EU-Annexkompetenz in zwei Urteilen – EuGHE 2005, I-876 („Umweltstrafrecht") und EuGHE 2007, I-9097 („Meeresverschmutzung") festgestellt wurde (dazu *Heger*, S. 50 ff.). Daraufhin erließ die EG Richtlinien mit strafrechtsrelevantem Inhalt auf den Gebieten des Umweltschutzes (RL 2008/99/EG), der Meeresverschmutzung durch Schiffe (RL 2009/123/EG) und der illegalen Beschäftigung (RL 2009/52/EG). Zu den Rechtsgebieten, die einer Strafrechtsharmonisierung zugänglich sind, werden darüber hinaus u. a. die Nichtdiskriminierung, der Verkehr, Wettbewerb, das geistige Eigentum oder der Verbraucherschutz gezählt (vgl. die Zusammenstellung bei vdG/S/H/*Meyer*, Art. 83 AEUV Rn. 46). **49**

a) Voraussetzungen

Es muss sich nach Art. 83 Abs. 2 AEUV iVm Art. 67 Abs. 3 AEUV **50**
1. um einen **Politikbereich** handeln, der rechtlich schon ansatzweise geregelt ist. Es kann also nicht eine außerstrafrechtliche Angleichungsregelung erstmals und zeitgleich mit einer strafrechtlichen Harmonisierung

verbunden werden. Zudem muss **2.** die Maßnahme **unerlässlich** für die wirksame Durchführung der EU-Politik sein. Eine strafrechtliche Regelung darf somit unter „ultima ratio"-Prinzip erst dann geschaffen werden, wenn niederschwelligere Regelungsmechanismen keinen Erfolg versprechen (*Reinbacher*, S. 480; *Schwarze/Böse*, Art. 83 AEUV Rn. 28).

Ob mit diesem „Unerlässlichkeitstest" (*Meyer*, EuR 2011, 188) tatsächlich eine Einschränkung der EU-Rechtssetzung verbunden ist, bleibt angesichts der EU-freundlichen Grundtendenz des *EuGH* abzuwarten.

b) Restriktive Handhabung

51 Das *BVerfG* hat eine restriktive Handhabung des Art. 83 Abs. 2 AEUV eingefordert (*BVerfG* NJW 2009, 2267, 2288). Danach muss sich die Angleichung entsprechender Rechtsvorschriften der Mitgliedstaaten „als unerlässlich für die wirksame Durchführung der Politik der Union" auf dem harmonisierten Rechtsgebiet erweisen (Art. 83 Abs. 2 S. 1 AEUV). Es müsse ein „gravierendes Vollzugsdefizit tatsächlich bestehen, das nur durch Strafandrohung beseitigt werden könne" (*BVerfG* aaO; krit. dazu G/H/N/*Vogel/Eisele*, Art. 83 AEUV Rn. 93: Unionsgesetzgeber habe gleichen Einschätzungs- und Bewertungsspielraum wie Bundestag).

III. Die „emergency brake" in Art. 83 Abs. 3 AEUV

52 In Art. 83 Abs. 3 UA 1 S. 1 AEUV wird den einzelnen Mitgliedstaaten ein „Notbremse-Recht", dh ein Veto-Recht gegen Harmonisierungsvorschriften eingeräumt, wenn das Land durch die Norm **grundlegende Aspekte seiner Strafrechtsordnung** berührt sieht. In einem solchen Konfliktfall wird das Gesetzgebungsverfahren ausgesetzt und der Europäische Rat mit der Angelegenheit befasst (Art. 83 Abs. 3 UA 1 S. 1 AEUV). Sofern im Rat eine Einigkeit erzielt wird, kommt es zur Fortsetzung des Verfahrens (Art. 83 Abs. 3 UA 1 S. 3 AEUV). Falls keine Einigung zustande kommt, ist die Richtlinie gescheitert. Es können dann aber die übrigen Mitgliedstaaten in ihren Ländern die Regelung im Rahmen der sog. **Verstärkten Zusammenarbeit** in Kraft setzen (Art. 83 Abs. 3 UA 2 S. 1 AEUV). Bildlich gesprochen kann also der ablehnende Mitgliedstaat nach dem Ziehen der Notbremse den „Richtlinien-Zug" zum Stehen bringen und aussteigen (*Safferling*, 10/63: „opting out-Mechanismus"). Es können aber diejenigen Mitgliedstaaten, welche die Regelung wünschen, quasi sitzenbleiben, nach dem Entsperren der Notbremse weiterfahren und eine – freilich **nur für sie** – verbindliche Regelung treffen.

53 Ein potenzieller Gegenstand für ein solches von Deutschland veranlasstes Notbremseverfahren wäre etwa die **Einführung einer Ver-**

bandsstrafbarkeit, wie sie manch andere europäische Staaten kennen. Das *BVerfG* hat im Lissabon-Urteil die große Bedeutung des Schuld-Grundsatzes für das deutsche Strafrecht hervorgehoben (*BVerfG* NJW 2009, 2267, 2289) und damit zwar nicht explizit Unternehmensstrafen ausgeschlossen, zumindest aber diese verfassungsrechtliche Tradition des deutschen Strafrechts ins Zentrum gerückt. Nach hM genügt Deutschland ohnehin über § 30 OWiG der in zahlreichen EU-Richtlinien enthaltenen Vorgabe, jeweils für eine angemessene Sanktionierung der Unternehmen zu sorgen (vgl. etwa *Rönnau/Wegner*, ZRP 2014, 158). Die Einführung einer Unternehmensstrafbarkeit würde aber nicht gegen den ordre public verstoßen (BGHSt 5, 28; J/S/*Jähnke*, 4/52).

Umstritten ist, ob die Voraussetzungen des Verfahrens eher eng oder **54**
eher weit auszulegen sind. Einerseits müssen Missbräuche des Verfahrens verhindert werden; insbesondere dürfen durch ein solches Instrumentarium nicht sachfremde Ziele verfolgt werden. Andererseits muss den einzelnen Mitgliedstaaten „ein nicht zu enger (europarechtlich nicht justiziabler) Beurteilungsspielraum belassen werden" (*Satzger*, 9/49). Eine Kontrolle des Emergency Brake-Verfahrens durch den *EuGH* muss es also geben, sich aber auf Missbrauchsfälle beschränkten sollte.

Es wird darüber diskutiert, ob das Notbremseverfahren des Art. 83 **55**
Abs. 3 AEUV analog auf die supranationale Strafrechtssetzung der EU angewandt werden kann. Da es sich hierbei um zwei autonome Rechtsordnungen handelt (die der EU und derjenigen des Mitgliedstaats), sprechen die besseren Gründe gegen diese Übertragung (*Ambos*, 11/11). Soweit allerdings nur eine Harmonisierung (durch Richtlinien) erfolgt, wird das nationale Strafrecht tangiert. Somit ist dementsprechend eine analoge Heranziehung des Art. 83 Abs. 3 AEUV für strafrechtsangleichende Richtlinien auf der Grundlage des Art. 33, 325 Abs. 4 zu bejahen (*Satzger*, 9/54; gegen eine solche Differenzierung J/S/*Jähnke*, 4/27).

E. Weitere Formen der Harmonisierung

Zu den weiteren Harmonisierungsfaktoren gehoren das I. Assimilie- **56**
rungsprinzip, II. die Verweisung nationalen Strafrechts auf das EU-Recht, III. der Anwendungsvorrang des EU-Rechts und IV. die unionsrechtskonforme Interpretation.

I. Assimilierungsprinzip und Loyalitätsgebot

1. Begriff

57 Assimilierung bedeutet die Einbeziehung unionsrechtlicher Schutzgüter in den Anwendungsbereich nationaler Straftatbestände (*Hecker*, EuStR, 7/1). Es bestehen zwei Formen der Assimilierung. Zum einen kann das Primär- oder Sekundärrecht der EU auf das nationale Strafrecht verweisen, um so die EU-Rechtsgüter den nationalen Rechtsgütern in ihrem strafrechtlichen Schutz gleichzustellen. Zum anderen besteht eine genuine Verpflichtung der Mitgliedstaaten, europäische und nationale Sachverhalte gleich zu behandeln. Hier werden also von „unten", dh durch den Mitgliedstaat selbst, das Strafrecht und die Strafverfolgung auf europäische Sachverhalte ausgedehnt.

2. Verweisung des EU-Rechts auf nationales Recht

58 Im Vordergrund stehen **primärrechtliche Verweisungen** (*Satzger*, MPI-EurStR, 9/13), namentlich die Verpflichtung in Art. 30 *EuGH*-Satzung, wonach jeder Mitgliedstaat die Eidesverletzung eines Zeugen oder Sachverständigen wie eine vor seinen eigenen in Zivilsachen zuständigen Gerichten begangene Straftat zu behandeln hat. An sich ist es für ein deutsches Gericht nicht möglich, wegen einer im Ausland begangenen Falschaussage eine Strafe zu verhängen. Daher kann sich eine Zuständigkeit des deutschen Gerichts nur aus Art. 30 *EuGH*-Satzung ergeben (dazu *Hecker*, 7/116; inzwischen eher skeptisch *Ambos* 11/22), während eine im Vordringen begriffene Ansicht die Bestimmung als Ausprägung des Loyalitätsprinzips ansieht, aber über § 6 Nr. 9 StGB im Ergebnis ebenfalls zur Anwendbarkeit des deutschen Strafrechts kommt (so zB *Satzger*, 7/13; *Esser*, 2/41 ff.). Das zweite Beispiel für eine primärrechtliche Verweisung ist Art. 194 Abs. 1 UA 2 EAGV, der Geheimhaltungspflichten im Bereich der Europäischen Atomgemeinschaft über nationale Strafbestimmungen absicherte (*Hecker*, 7/16).

59 Das Assimilierungsprinzip hat folgende Konsequenzen: **1.** Das nationale Strafrecht wird auf bestimmte internationale Sachverhalte ausgedehnt. **2.** Die primärrechtliche Assimilierungsnorm ist self-executing, benötigt also keinen nationalen Umsetzungsakt. Der einschlägige nationale Tatbestand wird so um die entsprechende primärrechtliche Assimilierungsvorschrift erweitert, ohne dass es hierfür einer weiteren gesetzgeberischen Entscheidung des nationalen Gesetzgebers bedarf. **3.** Die EU schafft dadurch supranationales Gemeinschaftsrecht trotz insoweit fehlender Gesetzgebungskompetenz (*Ambos* 11/22/ *Hecker*, 7/6).

§ 162 StGB erstreckt inzwischen den Anwendungsbereich der §§ 153 ff. StGB auch auf falsche Angaben in einem Verfahren vor einem internationalen Gericht (einschließlich des *EuGH*), das durch einen für die Bundesrepublik Deutschland verbindlichen Rechtsakt errichtet worden ist (beachte dazu aber 1/71). Allerdings war diese Gesetzeserweiterung veranlasst durch die Gründung des IStGHSt. 60

Übungsklausur: *Hecker/Zöller*, Klausur 7, S. 83.

Fall „Falschaussage vor dem *EuGH*": In einer mündlichen Verhandlung vor dem *EuGH* in Luxemburg sagt der in Baden-Baden lebende, deutsche Staatsangehörige T als Zeuge unter Eid falsch aus. Kann T vom Amtsgericht Baden-Baden wegen Meineids nach § 154 StGB verurteilt werden? – § 162 StGB erstreckt den Tatbestand auf Falschaussagen vor internationalen Gerichten, zu denen auch der *EuGH* gehört. Die davon zu unterscheidende Anwendbarkeit des deutschen Strafrechts ergibt sich entweder aus Art. 30 *EuGH*-Statut (so *Hecker*, 7/11) oder aus § 6 Nr. 9 StGB (so *Satzger*, 8/15), T kann also vom AG wegen eines Meineids schuldig gesprochen werden.

Daneben ist auch eine **sekundärrechtliche Verweisung** denkbar (Bsp. bei *Satzger*, MPI-EurStR 9/19), deren Zulässigkeit seit Inkrafttreten des Vertrags von Lissabon bejaht wird (vgl. *Satzger*, MPI-EurStR 9/19). 61

3. Assimilierungspflicht

a) Grundsatz

Da die EU (vor dem Vertrag von Lissabon) keine eigenständige Strafrechtssetzungskompetenz hatte, wurde aus Art. 10 EGV aF zunächst ein **Recht** der Mitgliedstaaten abgeleitet, ihr nationales Strafrecht in den Dienst der EG und EU zu stellen (so der *EuGH* in seiner Entscheidung *Amsterdamer Bulb*; EuGHE 1977, 137, 150). Später wurde daraus sogar die **Pflicht**, das nationale Strafrecht in den Dienst supranationaler Interessen zu stellen. Die Judikatur des *EuGH* fand später Eingang in Art. 280 EGV aF und lebt heute, was die EU-Finanzinteressen anbelangt, in Art. 325 AEUV fort (dazu oben Rn. 16). 62

Fall Åkerberg Fransson – *EuGH* NJW 2013, 1415 m. Bspr. *Eckstein*, ZIS 2013, 220, *Streinz*, JuS 2013, 568, *Safferling*, NStZ 2014, 545 und *Satzger*, 2016, 514: Der schwedische Fischer Å. F. verkaufte seine Fischfänge, ohne Einkommens- und Mehrwertsteuer an den schwedischen Staat abzuführen. Die schwedische Steuerbehör- 62a de Skatteverk verhängte daraufhin gegen ihn Steuerzuschläge. Außerdem erhob die schwedische Staatsanwaltschaft (Åklagare) Anklage wegen Steuerhinterziehung. – Im Vorlageverfahren entschied der ***EuGH***, dass es keinen Verstoß gegen das Doppelbestrafungsverbot nach Art. 50 GRCh darstelle, wenn erst eine steuerliche Sanktion (Skatteverk) und danach eine strafrechtliche Sanktion verhängt werden. Allerdings dürfe die steuerrechtliche Sanktion keinen strafrechtlichen Charakter tragen. Wegen der Bedeutung der finanziellen Interessen der EU erlaube Art. 325 AEUV unter diesen Voraussetzungen eine doppelte, dh sowohl steuerrechtliche wie strafrechtliche Sanktionierung.

62b Allgemein wird die Assimilierungspflicht aus dem **Loyalitätsgebot in Art. 4 Abs. 3 AEUV** abgeleitet (*Safferling*, 11/30): Das Primärrecht erweitert dann den Anwendungsbereich des nationalen Strafrechts, indem Mindestanforderungen an nationale Strafvorschriften gestellt werden. Das Primärrecht dient somit als Untergrenze des Strafrechts.

b) Mindestanforderungen

63 Dabei statuiert der *EuGH* zwei Vorgaben: **1.** Die Strafe muss wirksam, verhältnismäßig und abschreckend sein (sog. **Mindesttrias**). **2.** Es existiert ein **Gleichstellungsgebot:** Wenn es eine nationale Strafnorm gibt, die vergleichbare innerstaatliche Verhaltensweisen unter Strafe stellt, muss sie **a)** auch auf Eingriffe in EU-Rechtsgüter erstreckt werden und **b)** auch eine entsprechende Strafverfolgung stattfinden. Nach hL beschränkt sich die Aufgabe und Pflicht der Mitgliedstaaten, ihr nationales Recht in den Dienst der Gemeinschaftsinteressen zu stellen, nicht auf den Schutz der EU-Finanzinteressen. Es erstrecke sich vielmehr „auf alle Rechtsgüter und rechtlich geschützten Interessen der Gemeinschaft, welche für die Existenz und Funktionsfähigkeit der Gemeinschaft und für die Durchsetzung ihrer Politiken von Bedeutung sind“ (so *Hecker,* 7/34; *Ambos,* 11/37). Die zentrale Entscheidung in diesem Zusammenhang ist das *EuGH*-Urteil in der Rechtssache „Griechischer Mais“ (*EuGHE* 1989, 2965).

64 **Fall „Griechischer Mais“** (*EuGHE* 1989, 2965; dazu *Ambos*, 11/39; *Hecker*, 7/27; *Safferling*, 10/27): Um EU-Agrarabschöpfungen (das sind quasi von der EU erhobene Zölle auf Importe aus Drittländern) zu umgehen, wurde 1986 angeblich „griechischer Mais“, der in Wahrheit aus dem EU-NichtMitgliedstaat Jugoslawien stammte, mittels gefälschter griechischer Dokumenten über Griechenland nach Belgien ausgeführt. Dies geschah mit Hilfe griechischer Staatsbeamter, denen allerdings, trotz Aufdeckung des Sachverhalts und einer Aufforderung zu nationalen Straf- und Disziplinarmaßnahmen der griechischen Regierung durch die Kommission, keine Sanktionen auferlegt wurden.

Die Kommission leitete gegen Griechenland ein Vertragsverletzungsverfahren ein. Der *EuGH* sah in dem Verhalten der griechischen Behörden einen Verstoß gegen das Prinzip der Gemeinschaftstreue und begründete eine Verpflichtung der Mitgliedstaaten, das Unionsrecht mit effektiven Mitteln durchzusetzen. Er leitete aus Art. 10 EG aF (heute: Art. 4 Abs. 3 EUV), dem Prinzip der Gemeinschaftstreue, eine Garantenstellung der Mitgliedstaaten her, woraus sich die Pflicht ergibt, das nationale Strafrecht zur Durchsetzung der Ziele und Interessen der Gemeinschaft zu funktionalisieren. Verstöße gegen Unionsrecht müssten genauso geahndet werden wie vergleichbare Verstöße gegen nationales Recht (Gleichstellungsgebot auf der Grundlage des Assimilierungsprinzips). Den Mitgliedstaaten bleibt im Einzelfall die Wahl der Sanktionen; allerdings müssen diese zumindest „wirksam, verhältnismäßig und abschreckend" sein, was de facto bedeuten kann, dass eine Strafnorm geschaffen und durchgesetzt werden muss (Pönalisierungsgebot).

c) Nationale Verjährungsregeln

Besondere Probleme treten auf, wenn eine Straftat zum Nachteil der EU-Interessen von einem Mitgliedstaat wegen Verjährung nicht mehr strafrechtlich verfolgt werden kann. Soll dann die Strafjustiz zugunsten der EU die nationalstaatliche Verjährungsregelung nicht anwenden? **64a**

Fall „Taricco I" (*EuGH* NZWiSt 2015, 390 mit Bspr. *Bülte* ebd., *Hochmayer,* ZIS 2016, 239 und *Kubiciel,* StV 2017, 69): T wird von einem italienischen Strafgericht zur Last gelegt, eine kriminelle Vereinigung gegründet und organisiert zu haben, um verschiedene Mehrwertsteuerdelikte zu begehen. Mit Hilfe betrügerischer rechtlicher Konstruktionen sei es ihm geglückt, Waren (zB Champagnerflaschen) rechtswidrig mehrwertsteuerfrei zu erwerben, wodurch die Waren zu einem geringeren als dem Marktpreis verkauft werden konnten. Da Mehrwertsteuereinnahmen auch in den Etat der EU fließen, habe T auch die EU geschädigt. Wegen der großen Komplexität des Falls und der langen Verfahrensdauer wären nach dem italienischen Strafrecht alle von den Angeschuldigten begangenen Steuerdelikte verjährt gewesen, bevor ein endgültiges Urteil gegen die Angeschuldigten erlassen werden konnte. Drei Jahre vor dem Ablauf der Verjährungsfrist wollte daher das italienische Strafgericht in einem Vorabentscheidungsverfahren nach Art. 267 AEUV **64b**

vom *EuGH* wissen, ob es dazu verpflichtet sei, die italienischen Verjährungsvorschriften nicht anzuwenden, da andernfalls in diesem Fall kein ausreichender Schutz der EU-Finanzinteressen durch die italienische Strafjustiz erfolge.

Lösung des *EuGH*: Das nationale Gericht sei verpflichtet, Art. 325 I und II AEUV volle Wirkung zu verleihen. Daher dürfen die italienischen Verjährungsfristen nicht angewendet werden, wenn andernfalls Italien an der Erfüllung der ihm durch Art. 325 I und II AEUV auferlegten Verpflichtungen gehindert würde. Verjährungsregelungen dürfen demnach nicht angewendet werden, wenn dadurch in einer Vielzahl von Fällen keine Sanktionen wegen schwerer Betrugsfälle zum Nachteil der EU verhängt werden können. Das Gleiche gelte, wenn die Verjährungsfrist bei vergleichbaren (Steuer-)Betrügereien zum Nachteil der nationalen Finanzinteressen länger sei.

Da die Verjährungsregelungen, anders als etwa im deutschen Recht, nach dem italienischen Rechtsverständnis aber nicht „bloß" Verfahrensrecht, sondern materielles Strafrecht sind, fallen sie in Italien unter das verfassungsrechtlich geschützte Gesetzlichkeitsprinzip. Der italienische Verfassungsgerichtshof hat deshalb, als er die eingetretene Verjährung in einem mit „Taricco I" vergleichbaren Fall verfassungsrechtlich zu beurteilen hatte, in den Grundsätzen der Taricco I-Entscheidung einen Verstoß gegen seine nationale Identität erblickt und den Fall dem *EuGH* vorgelegt.

Der *EuGH* hat sich konziliant gezeigt und die Grundsätze seiner Taricco I-Entscheidung modifiziert (*EuGH* NJW 2018, 217 mit Bspr. *Ruffert,* JuS 2018, 469 und *Meyer*, JZ 2018, 304; sog. **„Taricco II"**): Strafgerichte müssen in Fällen schweren Mehrwertsteuerbetrugs nicht von einer Anwendung der nationalen Verjährungsvorschriften absehen, wenn dies gegen den Gesetzmäßigkeitsgrundsatz verstieße, der die Prinzipien der Vorhersehbarkeit, der Bestimmtheit und des Rückwirkungsverbots von Strafgesetzen beinhalte. – Mit der teilweisen Harmonisierung der Verjährungsregelungen durch Art. 12 der neuen PIF-Richtlinie (2017/1371/EU) dürfte den zuweilen großzügig kurzen, täterfreundlichen Verjährungsregelungen aber ein Ende bereitet werden.

II. Verweisung des nationalen Rechts auf das Unionsrecht

65 Die EU besitzt zwar in vielen Politikbereichen eine (außerstrafrechtliche) sachlich-rechtliche Rechtssetzungskompetenz. Sie kann aber nur in einem sehr eng begrenzten Rahmen transnationales Strafrecht setzen bzw die Mitgliedstaaten auf der Grundlage des Art. 83 AEUV zur Harmonisierung des Strafrechts veranlassen. Daher ist sie darauf angewiesen, dass bestimmte Rechte und Pflichten, wie sie sich aus dem EU-Primär- und Sekundärrecht ergeben, über das jeweilige nationale Strafrecht unter Strafe gestellt werden. Der nationale Gesetzgeber nimmt also in den jeweiligen nationalstaatlichen Tatbestand den Verweis auf die primär- oder sekundärrechtlichen europarechtlichen Pflichten auf.

Übungsklausur: *Köpferl*, Jura 2011, 236 (Verweis im Ordnungswidrigkeitenrecht auf EGV).

1. Bezugspunkt Richtlinie

Soweit der außerstrafrechtliche Bezugspunkt des Straftatbestands eine EG/EU-Richtlinie ist, ist das Zusammenspiel „kaschiert". Denn eine Richtlinie ist, sofern sie sich nicht zugunsten des Bürgers, sondern vielmehr belastend auswirkt – was bei einer Einbettung in eine Strafnorm stets der Fall ist –, nicht unmittelbar wirksam. Dies hat der *EuGH* bereits im Fall **„Kolpinghuis Nijmegen"** 1987 so entschieden und 2005 im **Fall „Berlusconi"** wiederholt: „Eine **Richtlinie** für sich allein und unabhängig von zu ihrer Durchführung erlassenen innerstaatlichen Rechtsvorschriften eines Mitgliedstaats" **kann „nicht** die Wirkung haben (…), **die strafrechtliche Verantwortlichkeit** derjenigen, die gegen die Vorschriften dieser Richtlinie verstoßen, **festzulegen** oder zu verschärfen" (*EuGH*, *Berlusconi*, EuZW 2005, 369 para 74 in Anlehnung an *EuGH*, *Kolpinghuis Nijmegen*, Slg. 1987, S. 3969 para 13). Die Richtlinie bedarf erst der Umwandlung ins nationale Recht (*Safferling*, 11/45). Daher ergibt sich der komplette Gehalt der Strafnorm (nur) aus dem nationalen Straftatbestand, der vielfach einfach nur den Wortlaut der Richtlinie wiederholt. Der Tatbestand (zB § 4 Zugangskontrolldiensteschutz-Gesetz) ist entsprechend richtlinienkonform zu interpretieren. **66**

2. Bezugspunkt Verordnung

Anders verhält es sich jedoch, wenn eine Verhaltensvorschrift aus einer EU-Verordnung durch nationales Strafrecht abgesichert werden soll. Zwar wäre es theoretisch denkbar, dass der nationale Gesetzgeber so vorgeht wie bei den Richtlinien, dh die VO erst in nationales Recht umsetzt und im Straftatbestand dann das strafrechtlich sanktionierte Fehlverhalten benennt. Jedoch ist eine solche Vorgehensweise vom *EuGH* für europarechtlich unzulässig erklärt worden (*Safferling*, 11/56): **67**

Denn dadurch werde der europarechtliche Ursprung der Verhaltensanordnung verschleiert, was zudem die Gefahr uneinheitlicher Anwendung und divergierender Interpretationen der VO in den Mitgliedstaaten zur Folge haben könnte (*EuGH* C-34/73, „Variola"). Dem nationalen Gesetzgeber bleibt hier keine andere Wahl, als in der Strafnorm direkt auf die EU-Verhaltensnorm zu verweisen (*Satzger,* 9/60). **Beispiele** hierfür bilden die §§ 1, 2a, 2b Chemikalien Straf- und Bußgeldverordnung (ChemStroWiV).

a) Blankettatbestände

68 Die Folge dieses Zusammenspiels ist ein gemeinschaftsrechtsakzessorischer Blankettatbestand, der die Sanktionierung vorsätzlicher oder fahrlässig begangener Zuwiderhandlungen gegen Gemeinschaftsrecht ermöglicht. Es handelt sich dabei um **„janusköpfige"** (*Ambos*, 11/30) Normen: die eine Tatbestandsseite reicht in das Gemeinschaftsrechts hinein, während die andere ausschließlich vom nationalen Recht geprägt ist (*Hecker*, 7/80). Diese Art der Gesetzgebungstechnik wird vor allem im Nebenstrafrecht und im Ordnungswidrigkeitenrecht praktiziert. Ein schönes **Beispiel** findet man etwa bei *Ambos*, 11/28 (Schaubild 26): Gewerbsmäßige Einfuhr eines afrikanischen Elefanten als Verstoß gegen § 71 BNatSchG iVm § 69 Abs. 4 Nr. 1 BNatSchG iVm Art. 4 Abs. 1 S. 1 EG-VO 338/97.

b) Dynamische und statische Verweisung

69 Sodann wird zwischen dynamischer und statischer Verweisung unterschieden. Es wird **statisch** verwiesen, wenn die Norm auf eine bestehende Rechtsvorschrift in einer bestimmten Fassung verweist, zB in § 96 Nr. 20 AMG (vgl. auch das Fallbeispiel von *Safferling*, 11/57). – Dagegen liegt eine **dynamische Verweisung** vor, wenn explizit eine Norm auf eine EG-Verordnung „in der jeweils gültigen Fassung" verweist und sich damit flexibel an etwaige Änderungen des Verweisungsobjekts anpasst. Eine versteckt dynamische Verweisung liegt vor, wenn in dem Verweisungsobjekt, auf das statisch Bezug genommen wird, ein dynamischer Verweis auf weitere Normen in ihrer jeweiligen gültigen Fassung enthalten ist, zB § 18 Abs. 5 S. 2 AWG, der dynamisch auf die dual use-VO der EG Bezug nimmt.

Übungsklausur: *Safferling*, 11/57 (statische Verweisung) und 11/58 (dynamische Verweisung).

c) Wirkung der Verweisung

70 Durch die Verweisung wird die VO als Verweisungsobjekt Bestandteil der Norm. Bei der Interpretation der Norm sind die europarechtli-

chen Auslegungsgrundsätze unter besonderer Berücksichtigung der *EuGH*-Rspr. zu beachten; denn die VO ist in den Mitgliedstaaten einheitlich anzuwenden. Das EU-Verweisungsobjekt bleibt materiell Unionsrecht. Eine Rechtszersplitterung wäre angesichts Art. 4 Abs. 3 EUV und des Vorrangs des Unionsrechts europarechtlich unzulässig. Dies bedeutet aber auch, dass bei der Auslegung der VO alle 23 Amtssprachen der EU zu berücksichtigen sind und der Grundsatz des **effet utile** eingreift, dh derjenigen Auslegung ist der Vorzug zu geben, mit der die Durchsetzung der Ziele des Unionsrechts am meisten gefördert werden kann (vgl. *Satzger*, 9/69).

3. Rückverweisungsklauseln

Bei dieser Form der Strafbewehrung von Gemeinschaftsrecht wird **71**
nicht direkt auf die EU-Verordnung verwiesen, sondern auf eine deutsche Verordnung, die festlegt, welche Gebote und Verbote der EU-VO strafbewehrt sein sollen (zB § 58 LFGB, *Satzger*, 9/72, oder § 144 Abs. 2 MarkenschutzG). Mit dieser hochkomplexen Konstruktion (*Safferling*, 11/60) soll dem Bürger zum einen das Suchen der EU-VO erspart bleiben und der Normbefehl sich aus dem Zusammenspiel von Straftatbestand und deutscher Rechtsverordnung ergeben (*Safferling*, 11/59). Zum anderen kann der Gesetzgeber so ohne Durchführung eines zeitaufwendigen formellen Gesetzgebungsverfahrens die Strafbarkeit rasch dem aktuellen EU-Recht anpassen (*Hecker*, 7/92).

4. Verfassungsrechtliche Problematik

Sowohl die Blanketttatbestände als auch die Rückverweisungsklau- **72**
seln müssen sich, da es sich um deutsche Gesetze handelt, am Maßstab des deutschen Verfassungsrechts messen lassen. Dies gilt bei den Blankettatbestanden auch für die EU-Verordnung, die über ihre Inkorporation in den Tatbestand „formal zu deutschem Bundesrecht" wird (*Hecker*, 7/80). Aus dem Verfassungsrecht, Art. 103 Abs. 2, 104 GG folgt vor allem die Pflicht zur Beachtung folgender 3 Prinzipien: **1. Gesetzlichkeitsprinzip:** Der nationale Gesetzgeber muss bestimmen, was strafbar ist, nicht ein Bundes- oder Landesministerium. **2. Bestimmtheitsgrundsatz:** Aus dem Tatbestand muss iVm dem Gemeinschaftsrecht deutlich und klar hervorgehen, welches Verhalten strafbar sein soll. Dabei ist freilich zu bedenken, dass sich die meisten Vorschriften in diesem Kontext an Experten richten, „bei denen man einschlägige Rechtskenntnisse voraussetzen muss (J/S/*Jähnke*, 5/7: „Expertenstrafrecht"). **3. Demokratieprinzip:** Die Entscheidung über Ob und Umfang der Strafbarkeit muss beim jeweils nationalen Parla-

ment liegen und darf nicht allein von der EU bestimmt werden. **Problematisch** sind hierbei insbesondere Blankettstraftatbestände, die sich einer **extrem extensiven Verweisungstechnik** bedienen. Der *BGH* hat diese Verweisungstechnik jedoch nicht beanstandet.

73 **Fall „BundesnaturschutzG"** (BGHSt 42, 219; *Hecker*, 7/87): Der Straftatbestand des Vorrätighaltens zum Verkauf, des Anbietens sowie des Verkaufs von lebenden oder toten Tieren einer vom Aussterben bedrohten Art oder ihrer Teile im BNaturschutzG verletze als Blankettstrafnorm in Verbindung mit der Verordnung (EWG Nr. 3626/82) oder der Bundesartenschutzverordnung in deren gegenwärtiger Fassung weder das Demokratieprinzip noch den Bestimmtheitsgrundsatz. Allein eine lange Verweisungskette, die eine Mehrzahl von Einzelvorschriften zusammenfasst, führe noch nicht zur Unbestimmtheit im Sinne von Art. 103 Abs. 2 GG. Diese Regelungstechnik sei im Nebenstrafrecht üblich und diene der lückenlosen Erfassung komplexer Materien. Unüberwindliche Probleme für die Rechtsanwendungspraxis hätten sich daraus bisher nicht ergeben.

5. Grundsatz des mildesten Gesetzes (lex mitior)

74 Nach § 2 Abs. 3 StGB gilt der Grundsatz des mildesten Gesetzes. Wird das Gesetz vor der Entscheidung geändert, ist das mildeste Gesetz anzuwenden. Zwar hat dieser sog. **Meistbegünstigungsgrundsatz** (L/K/*Kühl*, § 2 Rn. 3) keinen Verfassungsrang; aber nach der *EuGH*-Rechtsprechung ist er Bestandteil des EU-Rechts als allgemeiner Rechtsgrundsatz nach Art. 6 Abs. 2 EUV (*EuGH* EuZW 2005, 369 para 68). Zudem ist dieses Prinzip als Justizgrundrecht in Art. 49 Abs. 1 S. 3 GRCh anerkannt. – Wird in der Phase zwischen Tatbegehung und gerichtlicher Entscheidung das Gesetz milder gefasst, so ist das aktuellere zugrunde zu legen. Dies gilt auch in denjenigen Fällen, in denen die Handlung des Täters auch an nur einem einzigen Tag straflos war; diese Straflosigkeit wirkt zurück auf das Geschehen im Tatzeitpunkt. Das mildeste Gesetz ist die Straflosigkeit. Sie kann sich dadurch ergeben, dass die in Bezug genommene EU/EG-Verordnung geändert wurde, der Strafgesetzgeber die deutsche Strafnorm aber noch nicht rechtzeitig angepasst hat, dh das Gesetz noch nicht auf die neue VO, sondern noch auf die alte VO verweist, die im Tatzeitpunkt dann aber möglicherweise gar nicht mehr gegolten hat (*Satzger*, 9/74). Die Norm läuft dann leer (*Esser,* 2/108a).

III. Anwendungsvorrang des Unionsrechts

1. Allgemeines

Das Unionsrecht besitzt einen **Anwendungsvorrang** vor dem nationalen Strafrecht. Es ist verwunderlich, dass ein so zentrales und seit 1964 in der *EuGH*-Rspr. anerkanntes Prinzip nicht primärrechtlich im Vertrag von Lissabon verankert wurde (J/S/*Jähnke*, 2/16: Rücksicht auf „nationalstaatliche Befindlichkeiten"). Kollidiert deutsches Strafrecht mit dem EU-Recht (etwa mit einer der vier EU-Grundfreiheiten des freien Verkehrs von Waren, Personen, Dienstleistungen und Kapital), so darf die deutsche Strafnorm, so es sich um eine sog. echte Kollision handelt (dazu unten Rn. 78), nicht angewendet werden. Das EU-Recht genießt dabei nur einen Anwendungs-, nicht aber einen Geltungsvorrang (*Ambos*, 11/44). Eine solche Kollision kann sowohl auf der Tatbestands- als auch auf der Rechtsfolgenseite vorliegen. **75**

Reichhaltiges Anschauungsmaterial für diese Neutralisierung nationaler Strafnormen findet sich im **Lebensmittelstrafrecht**. Wird beispielsweise in einem Mitgliedstaat ein Lebensmittel rechtmäßig hergestellt, darf es wegen der Warenverkehrsfreiheit auch in jedem anderen Mitgliedstaat in Verkehr gebracht werden, ohne dass der Hersteller den Sanktionen des anderen Staates ausgesetzt wird, falls das Produkt dort gegen lebensmittelrechtliche Vorgaben verstößt. So darf etwa in Deutschland Bier aus dem Ausland, das dem deutschen Reinheitsgebot widerspricht, eingeführt werden, sofern dieses sog. „Bier" einen entsprechenden Hinweis enthält (EuGHE 1987, 1227, 1262). **76**

Den Vorrang des EG-Gemeinschaftsrechts gegenüber dem nationalen Recht hat der ***EuGH*** bereits in der Entscheidung *Costa ./. E.N.E.L.* vom 15.7.1964 – EuGHE 1964, 1251, mit prägnanten Formulierungen festgestellt, und für das heutige Unionsrecht der EU kann nichts anderes gelten. Der EWG-Vertrag habe eine „eigenständige Rechtsordnung" geschaffen, „die in die Rechtsordnungen der Mitgliedstaaten aufgenommen wurde und daher von den nationalen Gerichten auch anzuwenden ist". Dem vom Vertrag geschaffenen, somit aus einer autonomen Rechtsquelle fließenden Recht können wegen seiner Eigenständigkeit keine wie immer gearteten innerstaatlichen Rechtsvorschriften vorgehen „(…) wenn ihm nicht sein Charakter als Gemeinschaftsrecht aberkannt und wenn nicht die Rechtsgrundlage der Gemeinschaft selbst in Frage gestellt werden soll". **77**

2. Echte Kollisionen

a) Tatbestandsseite

78 Ist ein Verhalten in Deutschland verboten, aber durch unmittelbar anwendbares Unionsrecht erlaubt, geht das Unionsrecht dem deutschen Strafrecht vor. Zu solchem vorrangigen Unionsrecht zählt auch, wie oben gezeigt, das Primärrecht wie etwa die Grundfreiheiten des EU-Vertrags (oben Rn. 73). Hinsichtlich dieser Grundfreiheiten ist allerdings zu beachten, dass sie vielfach nicht grenzenlos sind, sondern unter dem Vorbehalt des ordre public stehen (zB Art. 45 Abs. 3 AEUV) und auch einen (ungeschriebenen) Vorbehalt zugunsten zwingender Gründe des Allgemeinwohls enthalten (*Satzger*, 9/82).

79 **Fall „Glücksspielverbot in Deutschland“:** Besonders umstritten ist die Strafbarkeit des Werbens und des Veranstaltens einer **Lotterie ohne eine behördliche Erlaubnis** durch die zuständige deutsche Genehmigungsbehörde. Ist hier ein Unternehmen grenzüberschreitend tätig, indem es in Deutschland für Wetten im Ausland wirbt oder diese gar anbietet, liegt darin eine **Beschränkung der Dienstleistungsfreiheit** nach Art. 56 AEUV (Art. 49 EGV aF). Der *EuGH* hat hierzu aber mehrfach betont, dass die Mitgliedstaaten ein Ermessen bei der Beurteilung von Wetten und Lotterien besitzen und deren Verbot unter zwingenden Gründen der Allgemeinheit **gerechtfertigt** sein kann. Zu solchen Gründen zählen etwa die finanziell schädlichen Folgen des Spielens für den Betroffenen wie die Allgemeinheit sowie das Risiko des Spielers, Betrügereien ausgesetzt zu sein. Zwar gibt es auch liberalere Tendenzen des *EuGH* bei der Bewertung von Glücksspielen, vor allem in der „Gambelli“-Entscheidung des *EuGH* (EuGHE I 2003, I, 13031). In der Rechtssache C42/07 (BWin & Portugiesiescher Fussballverband ./. Departamento de Jogos da Santa Casa da Misericórdia de Lisboa = NJW 2009, 3221) hat der *EuGH* die nationale Beschränkung von Online-Wetten auf einen nationalen, vom Staat kontrollierten Online-Wettanbieter gebilligt.

Das **deutsche Glückspielmonopol** für die staatlichen Lotterieunternehmen hat der *EuGH* 2009 als unionsrechtswidrig eingestuft (*EuGH*, Urt. vom 8.9.2010, C-409/06 = DVBl. 2010, 1298). Das Monopol verstoße gegen den Grundsatz der Niederlassungs- und Dienstleistungsfreiheit (Art. 49, 56 AEUV). Es trage nicht dazu bei, die Wetttätigkeiten in kohärenter und systematischer Weise zu begrenzen, was sich etwa an der intensiven Werbung der staatlichen Monopolinhaber für Lotterien zeige. C-336/14 – Folglich kann es bis zur Schaffung einer unionskonformen Neuregelung des deutschen Glückspielrechts nicht nach § 284 StGB strafbar sein, wenn ein privater Veranstalter von Lotterien in Deutschland solche Glücksspiele anbietet. Der Tatbestand wird neutralisiert (*Safferling*, 11/33). Dies hat 2016 der *EuGH* bestätigt (JuS 2016, 568 mit Bspr. *Streinz*), dass die **Europarechtswidrigkeit des deutschen Sportwettenmonopols** faktisch **fortbestehe.** Eine Sanktionierung privater Sportwettenvermittlung, etwa auf der Grundlage einer britischen Lizenz, dürfe daher nicht stattfinden. Auch die im reformierten Glücksspielstaatsvertrag enthaltene „Experimentierklausel" habe die Unvereinbarkeit des Staatsmonopols mit dem freien Dienstleistungsverkehr nicht behoben.

Übungsklausur: *Safferling/Scholz*, JA 2009, 353 (Glücksspielmonopol).

b) Rechtsfolgenseite

Auch können sich Widersprüche zwischen Unionsrecht und der Rechtsfolge einer nationalen Strafvorschrift ergeben. Dies zeigt sich beispielhaft im Fall Donatella Calfa, in dem das primäre Gemeinschaftsrecht – heute das Unionsrecht – als strafrechtslimitierende Obergrenze fungiert. **80**

Fall „Donatella Calfa" (*EuGH*, C-348/96; JZ 1999, 784 m. Bspr. *Hanf*; *Streinz*, JuS 1999,1120; zu diesem Fall vgl. auch *Hecker*, 9/49; *Safferling*, 11/24): Die italienische Staatsangehörige Donatella Calfa wurde während eines Aufenthalts als Touristin auf Kreta von einem Gericht in Heraklion wegen des Besitzes und Verbrauches bestimmter Betäubungsmittel zum eigenen Bedarf zu einer Freiheitsstrafe von drei Monaten verurteilt und **auf Lebenszeit** aus Griechenland **ausgewiesen**. Das griechische Betäubungsmittelgesetz sieht vor, dass das Gericht, das einen Ausländer wegen Verstoßes gegen dieses Gesetz verurteilt hat, ihn auf Lebenszeit auszuweisen hat, wenn dem keine wichtigen, insb. familiären Gründe entgegenstehen. Diese Entscheidung kann erst nach Ablauf von drei Jahren durch eine Ermessensentscheidung des Justizministers aufgehoben werden. Griechische Staatsangehörige können demgegenüber nicht auf Lebenszeit ausgewiesen werden. Der Areios Pagos, bei dem die Klägerin Rechtsmittel einlegte, hat den *EuGH* gefragt, ob das griechische BtMG mit den Vorschriften des EG-Vertrags über die Dienstleistungsfreiheit vereinbar ist. **81**

Der *EuGH* befand, dass der Grundsatz des freien Dienstleistungsverkehrs (heute: Art. 56 AEUV) die Freiheit eines Touristen einschließe, sich ohne Behinderung zur Inanspruchnahme einer

Dienstleistung in einen anderen Mitgliedstaat zu begeben. Zwar seien für das Strafrecht grundsätzlich die Mitgliedstaaten zuständig, es dürfe aber nicht die durch das Gemeinschaftsrecht garantierten Grundfreiheiten beschränken. Die vom griechischen Gesetz vorgesehene generelle Ausweisung von Ausländern auf Lebenszeit ohne Einzelfallprüfung stelle eine Behinderung der Dienstleistungsfreiheit und anderer durch den EG-Vertrag garantierter Grundfreiheiten dar, die im konkreten Fall (bloßer Eigenkonsum, kein Handeltreiben) auch nicht aus Gründen der öffentlichen Ordnung (heute: Art. 52 AEUV iVm Art. 56, 62 AEUV) gerechtfertigt sei.

3. Unechte Kollisionen

82 Gilt das Gemeinschaftsrecht nicht unmittelbar, sondern nur nach Umsetzung durch den nationalen Gesetzgeber, kann eine Neutralisierungswirkung nicht eintreten, so etwa dann nicht, wenn eine noch nicht umgesetzte Richtlinie an sich dem bisherigen nationalen Strafrecht zuwiderlaufen würde (*Hecker*, 9/16; zur Problematik der Abgrenzung von echter und unechter Kollision im Fall *Berlusconi* vgl. EuGHE 2005, 3565 und dazu *Hecker* aaO). Das EU-Recht kann aber dann immerhin im Rahmen einer unionsrechtskonformen Interpretation berücksichtigt werden (*Satzger*, 9/80).

IV. Die unionsrechtskonforme Interpretation

1. Aufgabe, Begründung, Grenzen

83 Das Gebot unionsrechtskonformer Interpretation (zuweilen auch „richtlinienkonforme" oder „gemeinschaftsrechtskonforme" Auslegung genannt) hat zur Folge, dass unter mehreren nach nationalem Verständnis vertretbaren Auslegungsvarianten diejenige zu bevorzugen ist, die dem Gemeinschaftsrecht am besten gerecht wird. Die gemeinschaftsrechtskonforme Auslegung erstreckt sich dabei zum einen auf das nationale Recht, das etwa eine Richtlinie oder Verordnung umsetzt. Aber auch das sonstige nationale Recht ist richtlinienkonform auszulegen, selbst wenn es sich um Vorschriften handelt, die vor oder unabhängig vom Erlass der Richtlinie oder Verordnung geschaffen wurden (*Hecker*, 10/10). Diese Interpretationsmethode hat zwei Funktionen (*Satzger*, MPI-EurStR, 9/51): **1.** Sie kann verhindern, dass nationales Recht mit dem Unionsrecht kollidiert und so deutsches Recht neutralisiert wird. **2.** Sie gewährleistet die objektive Wirkung und eine gleichmäßige Rechtsanwendung des Unionsrechts in den Mitgliedstaaten und trägt damit zur Schaffung eines einheitlichen Rechtsraums bei (J/S/*Jähnke*, 5/34).

a) Rechtliche Begründung

84 Aus Art. 4 Abs. 3 EUV wird abgeleitet, dass den Mitgliedstaaten und den Trägern der öffentlichen Gewalt die Aufgabe zukommt, für eine einheitliche Anwendung des EU-Rechts im innerstaatlichen Bereich zu sorgen (*Esser*, 2/88; *Satzger*, 9/89). Außerdem ist eine richtlinienkonforme Interpretation schon nach den Grundsätzen nationaler Rechtsauslegung geboten, wenn der nationale Gesetzgeber bei dem Gesetzesvorhaben eine Richtlinie umgesetzt hat. Dann ist von einem Willen des Gesetzgebers auszugehen, diese Richtlinie auch richtig umzusetzen, weshalb sie bei der Auslegung berücksichtigt werden muss (vgl. *EuGH*, Urt v. 10.4.1984, Rs. 14/83, Slg. 1984, 1891 – *von Colson und Kamann/Land Nordrhein-Westfalen*).

b) Grenzen

85 Raum für eine unionsrechtskonforme Interpretation ist nur im Rahmen des nach nationalem Recht bestehenden Auslegungsspielraums. Der Wortlaut, der Wille des Gesetzgebers und der systematische Zusammenhang bleiben daher auch bei der unionsrechtskonformen Auslegung verbindlich; insbesondere darf eine Strafvorschrift nicht über ihren Wortlaut hin ausgedehnt werden, nur um dadurch dem Unionsrecht zur Geltung zu verhelfen (*Hecker*, 10/34). Insofern kann nur von einem „relativen Vorrang" (*Ambos*, 11/54) des Unionsrechts ausgegangen werden.

86 Im Strafrecht ergeben sich besondere Begrenzungen der Auslegung durch das Gesetzlichkeitsprinzip, Art. 103 Abs. 2 GG. Eine weite Auslegung eines nationalen Straftatbestands ist daher nur möglich, wenn dies sich noch im Rahmen des Wortlauts der Norm bewegt und der EU-Rechtsakt selbst hinreichend bestimmt ist.

87 Nicht prinzipiell ausgeschlossen ist aber die **strafbarkeitserweiternde unionsrechtskonforme Auslegung** (*Safferling*, 11/18), dh eine solche Interpretation, wonach ein bislang strafloses Verhalten aufgrund veränderter unionsrechtlicher Rechtslage (vor allem durch den Erlass einer Richtlinie) nunmehr strafbar wird (*Ambos*, 11/53; *Hecker*, 10/63; *Satzger*, 9/94). Es liegt darin kein Verstoß gegen das Analogieverbot, da es hier „nur" um die Interpretation nationalen Rechts geht, dessen Reichweite von den nationalen Gerichten auf der Grundlage des Strafgesetzes bestimmt wird. Wird hierbei eine veränderte europäische Rechtslage einbezogen, handelt es sich nur um einen Rechtsprechungswandel, auf dessen Nichteintritt der Bürger aber auch sonst nicht vertrauen darf und der nicht gegen das Rückwirkungsverbot verstößt. Dies gilt jedoch dann nicht, wenn sich die strafrechtliche Verantwortlichkeit allein aufgrund der Richtlinie ergibt.

2. Beispiele unionsrechtskonformer Interpretation im deutschen Strafrecht

a) Pyrolyse-Urteil

88 Der *BGH* hat mit seinem Pyrolyse-Urteil (BGHSt 37, 333) die unionsrechtskonforme Auslegung in den Kanon der strafrechtsrelevanten Auslegungsmethoden aufgenommen, ohne diese freilich explizit als solche zu benennen (*Hecker*, 10/59).

Fall „Pyrolyse" (BGHSt 37, 333; hierzu *Heger*, S. 39 f.): In einer Pyrolyse-Anlage der Firma SPG, in der Sondermüll thermisch umgewandelt wurde, fiel verunreinigtes Pyrolyse-Öl an, das die Betreiber dieser Anlage an Dritte weiterverkaufen wollten, die es nach einer entsprechenden Bearbeitung als Öl technisch hätten einsetzen sollen. Zu diesem Verkauf kam es indes nicht. Das Pyrolyse-Öl wurde in 6 Tankwagen der SPG gepumpt. Dort verblieb es mehrere Wochen, bis die Behörden bestimmten, dass das Öl zurück in die Tanklager des SPG gebracht werden sollte. Die Geschäftsführer der SPG wurden vom Tatgericht vom Vorwurf des Lagerns von Abfall, § 326 StGB, freigesprochen. – Der *BGH* hob den Freispruch auf. Unter Abfall iSd § 326 StGB versteht man sowohl solche Gegenstände, derer sich der Besitzer entledigen will (sog. subjektiver Abfallbegriff), als auch solche, deren geordnete Entsorgung zum Wohl der Allgemeinheit erforderlich ist (sog. objektiver Abfallbegriff). Hier habe es sich, trotz der wirtschaftlichen Verwertbarkeit des Pyrolyse-Öls, objektiv um Abfall gehandelt; auf die subjektive Zweckbestimmung komme es nicht an. Der *BGH* entwickelt dieses Ergebnis zunächst auf der Grundlage des deutschen Abfallgesetzes, sichert sein Ergebnis aber dergestalt ab, dass er sich hierzu auch auf EG-Richtlinien und die Rechtsprechung des *EuGH* beruft:

„Eine solche von subjektiven Zweckbestimmungen losgelöste Definition des Abfallbegriffes steht auch im Einklang mit den bereits zur Tatzeit geltenden Richtlinien (…)" Auch „hat der Gerichtshof der Europäischen Gemeinschaften eine nationale Regelung, die den Begriff »Abfälle« so bestimmt, dass Stoffe und Gegenstände, die einer wirtschaftlichen Wiederverwendung zugeführt werden können, nicht darunterfallen, mit den Richtlinien (…) für nicht vereinbar erklärt. Darüber hinaus hat der Gerichtshof in einem weiteren Urteil vom selben Tage (...) ausgeführt, dass die Ziele der beiden Richtlinien – der Schutz der menschlichen Gesundheit und der Umweltschutz – beeinträchtigt würden, wenn ihre Anwendung davon abhinge, welche Vorstellungen der Besitzer im Hinblick auf die wirtschaftliche Wiederverwendung der Stoffe oder Gegenstände, deren er sich entledigt, durch dritte Personen hat. Diese Rechtsprechung haben die nationalen Verwaltungen und Gerichte bei ihrer Rechtsanwendung zu berücksichtigen (...).“

b) E 101-Urteil

Ein weiteres Beispiel für eine unionsrechtskonforme Interpretation betrifft die Bindungswirkung der Entsenderichtlinie E 101 für deutsche Strafgerichte im Rahmen des § 266a StGB. **89**

Fall „Entsenderichtlinie“ (BGHSt 51, 124 mit Anm. *Hauck,* NStZ 2007, 221): Die A-GmbH, deren Geschäftsführer F ist, betätigte sich als Subunternehmerin auf Baustellen in Deutschland und setzte dabei zwei portugiesische Arbeiter ein. Die zwei Arbeiter wurden zum Schein beim portugiesischen Bauunternehmen B angestellt, das auch formell in die Bauaufträge der A-GmbH eintrat. In Wahrheit hatte B keinerlei Geschäftsbeziehungen nach Deutschland, vielmehr blieben die Arbeiter faktisch bei der A-GmbH beschäftigt, die ihnen – über B – auch ihren Lohn auszahlte. Bei den deutschen Sozialbehörden meldete F die Arbeiter nicht an und entzog dadurch dem Sozialversicherungsträger Beiträge in Höhe von 110.000 EUR. Das *LG München* verurteilte A nach § 266a StGB zu eineinhalb Jahren Freiheitsstrafe.

Der *BGH* sah sich „genötigt“, den F freizusprechen. Eine Strafbarkeit nach § 266a StGB setzt voraus, dass der Arbeitnehmer nach deutschem Sozialversicherungsrecht sozialversicherungspflichtig ist. Dies sei zwar hier der Fall; gleichwohl werde diese Pflicht überlagert durch über- und zwischenstaatliches Recht, nämlich die Entsendebescheinigung, die vom portugiesischen Sozialversicherungsträger auf der Grundlage der EG-Wanderarbeitnehmerverordnung von 1971 erteilt wurde. Der *EuGH* hat entschieden, dass diese vom jeweiligen Sozialversicherungsträger erteilte Bescheinigung eine Bindungswirkung für die nationalen Behörden des Gastlandes entfalte; ein anderes Verständnis verstieße gegen die Bindungswirkung des Art. 249 Abs. 2 EG-Vertrag sowie den Grundsatz der vertrauensvollen Zusammenarbeit aus Art. 10 EU-Vertrag. Dies gelte, so der *BGH*, auch dann, wenn die Bescheinigung durch Manipulation erschlichen sei. In diesem Fall sei allenfalls eine Überprüfungsanregung bei der Ausstellungsbehörde denkbar; die Wirksamkeit der E 101- Bescheinigung könne aber nicht unter einen Missbrauchsvorbehalt gestellt werden.

90 Weitere Beispiele für *BGH*-Entscheidungen mit unionsrechtskonformer Interpretation: BGHSt 48, 347 (**Scalping**); BGHSt 50, 347 mit Anm. *Schramm,* wistra 2008, 245 (fehlender Hehlereivorsatz und **leichtfertige Geldwäsche**); *BGH* wistra 2010, 268 mit Anm. *Schramm/Hinderer,* ZIS 2010, 494 (**Untreue** zum Nachteil einer **Limited**); *BGH* NJW 2014, 2595 (**Abofallen-Betrugs**-Entscheidung des *BGH*; eingehend dazu *Schramm*, BT-1, 7/64 mwN; Übungsklausur bei *Hecker/Zöller*, 9. Klausur, S. 101); *BGH* NJW 2018, 480 (**Emissionszertifikate** als sonstige Rechte iSd § 470 AO); BGHSt 62, 13 (**Insiderhandel** und Marktmanipulation nach Neufassung des WpHG).

3. Schutz von EU-Rechtsgütern

91 Soweit nicht das deutsche Strafrecht ohnehin schon explizit Rechtsgüter der EU schützt (vgl. etwa §§ 108e, 264 Abs. 7 Nr. 2 StGB), ergibt sich die tatbestandliche Erstreckung des deutschen Strafrechts auf die Individualrechtsgüter der EU (zB Eigentum, Vermögen) bereits aus allgemeinen Grundsätzen, soweit die weiteren Voraussetzungen der Anwendbarkeit deutschen Strafrechts auch im Übrigen vorliegen (etwa Tat in Deutschland – § 3 – oder die Tat vom Deutschen im Ausland begangen – § 7 StGB –; vgl. dazu *Satzger*, 6/1). Der strafrechtliche Schutz von Individualrechtsgütern hängt nicht davon ab, ob ihr Träger Ausländer oder Inländer ist (dazu 1 /69).

92 Nicht erstreckt werden kann das deutsche Strafrecht auf Rechtsgüter des Auslands, soweit die Strafnorm eindeutig auf deutsche Rechtsgüter beschränkt ist (oben 1/71). Soweit aber Rechtsgüter der Allgemeinheit geschützt werden, ohne dass der nationale Bezug sich aus der Norm ergibt (oben 1/72), wird im Schrifttum zu Recht eine auf dem Loyalitätsgebot (Art. 4 Abs. 3 AEUV) beruhende Erstreckung des deutschen Strafrechts auf (EU-)Rechtsgüter der Allgemeinheit bejaht (*Hecker*, 10/63; *Satzger*, 9/99), so etwa bei der Amtsanmaßung nach § 132 StGB, dem Verwahrungsbruch nach § 133 StGB, dem Siegelbruch nach § 136 StGB, den Urkundendelikten nach §§ 267, 271 StGB und im Umweltstrafrecht, wenn der Tatbestand einen Verstoß gegen „verwaltungsrechtliche Pflichten“ voraussetzt (zB §§ 324a Abs. 1, 325 Abs. 1 StGB), die heute eben auch durch das (harmonisierte) EU-Umweltrecht bestimmt werden.

Übungsklausur: *Safferling*, 11/19 (zu § 132 StGB).

4. Strafzumessung; Fahrlässigkeit

93 Innerhalb des Spielraums, den der Richter bei der Strafzumessung nach § 46 StGB besitzt, ist ein Ansatzpunkt für eine unionsrechtskon-

forme Interpretation etwa die Grundfreiheiten berücksichtigende Strafzumessung (*Satzger*, 9/107, 111). Ebenso können EU-definierte Sorgfaltspflichten und Sondernormen bei der Bestimmung des Fahrlässigkeitsmaßstabs, etwa im Rahmen der §§ 222, 229 StGB, eine Rolle spielen (*Hecker*, 10/76 mit dem Beispiel einer Richtlinie zur Sicherheit von Kinderspielzeug).

5. Rahmenbeschlusskonforme Interpretation

94 Die innerhalb der 3. Säule erlassenen Rahmenbeschlüsse sind auch nach dem Inkrafttreten des Vertrags von Lissabon weiterhin wirksam (*Safferling*, 11/51: keine „Mutation" zu Richtlinien), entfalten aber *an sich* – anders als Richtlinien – keine unmittelbare Wirkung (Art. 34 Abs. 3 lit. b EUV aF), weshalb von ihnen auch – anders als von Richtlinien – keine Neutralisierungswirkung ausgehen kann. Gleichwohl hat der *EuGH* in seiner Pupino-Entscheidung (unten Rn. 95) die Rahmenbeschlüsse den Richtlinien weitgehend gleichgestellt und damit zuleich eine weitreichende Befugnis des *EuGH* zur Auslegung von Rahmenbeschlüssen begründet (J/S/*Jähnke,* 4/58 ff.): Der Einzelne kann subjektive Rechte aus Rahmenbeschlüssen herleiten, und das nationale Recht ist rahmenbeschlusskonform zu interpretieren. Besondere Bedeutung erlangt die rahmenbeschlusskonforme Interpretation beim EHB (siehe unten Rn. 137 ff.; J/S/*Jähnke*, 4/58). Der Grundsatz der loyalen Zusammenarbeit galt auch bei der früheren dritten Säule. Bei der Umsetzung und Interpretation des Rahmenbeschlusses ist jedoch den Besonderheiten der nationalen Rechtsordnung Rechnung zu tragen.

95 **Fall „Maria Pupino"** (*EuGH* NJW 2005, 2839): Die italienische Kindergärtnerin Maria Pupino soll mehrere nach italienischem Strafrecht strafbare Handlungen an ihr anvertrauten Kindern begangen haben (Misshandlungen, Zukleben des Mundes, Hindern am Toilettenbesuch usw). Ein Antrag der Staatsanwaltschaft, ein bestimmtes Verfahren zum Zeugenschutz der misshandelten Kinder anzuwenden (etwa keine Vernehmung der Kinder in der Verhandlung) musste abgelehnt werden, da die italienische Strafprozessordnung zwar für Opfer von Sexualdelikten, nicht aber für minderjährige Opfer von Misshandlungen entsprechende Schutzmaßnahmen vorsah. Der Rahmenbeschluss des Rates vom 15.3.2001 über die Stellung des Opfers im Strafverfahren sieht jedoch Schutzmaßnahmen zum Schutz von Kindern bei Delikten auch ohne sexuellen Bezug vor. Daher hatte das italienische Gericht ernsthafte Zweifel an der Anwendung der italienischen Vorschriften.

Auf die Vorlage des italienischen Gerichts postulierte der *EuGH* eine gemeinschaftsrechtliche Pflicht zur rahmenbeschlusskonformen Auslegung des nationalen Rechts. Das Wegweisende dieser Entscheidung war, dass der Gerichtshof erstmals die europarechtskonforme Auslegung aus dem supranationalen Bereich herauslöste und sie auf intergouvernementale Handlungsformen ausdehnte. Er bekräftigte damit zudem den herausragenden Charakter der PJZS: Der Rahmenbeschluss 2001/220/JI über die Stellung des Opfers im Strafverfahren sei dahin auszulegen, dass das nationale Gericht die Möglichkeit haben muss, Kleinkindern, die nach ihren Angaben Opfer von Misshandlungen geworden sind, zu erlauben, unter Modalitäten auszusagen, die ihnen einen angemessenen Schutz bieten, zB außerhalb der öffentlichen Gerichtsverhandlung und vor deren Durchführung. Das nationale Gericht müsse daher sämtliche Vorschriften des nationalen Rechts berücksichtigen und ihre Auslegung so weit wie möglich an Wortlaut und Zweck des genannten Rahmenbeschlusses ausrichten. Der zwingende Charakter von Rahmenbeschlüssen habe für die nationalen Behörden und insbesondere auch die nationalen Gerichte eine Verpflichtung zu gemeinschaftsrechtskonformer Auslegung des nationalen Rechts zur Folge.

F. Der *EuGH* als Motor der Europäisierung

I. Allgemeines

96 Der Gerichtshof der Europäischen Union, *EuGH*, ist mit der **Aufgabe** betraut, das Unionsrecht anzuwenden und auszulegen (Art. 19 Abs. 1 S. 2 EUV). Er besteht seit 1952 und hat seinen Sitz in Luxemburg. Das Unionsrecht kann grob gesprochen aus zwei Richtungen gefährdet sein: Durch die Organe der EU selbst, die das Gemeinschaftsrecht nicht richtig anwenden und durch die Mitgliedstaaten, die das EU-Recht gar nicht oder nur fehlerhaft umsetzen. Der *EuGH* überprüft also die Rechtmäßigkeit der Handlungen von Organen der EU (also etwa der Kommission, des Rats der EU, des Europaparlaments) sowie die Erfüllung der Pflichten aus den Verträgen durch die Mitgliedstaaten. Darüber hinaus hat der *EuGH* die Aufgabe, auf das Ersuchen nationaler Gerichte vorab das Unionsrecht auszulegen, damit das nationale Gericht später eine gemeinschaftsrechtskonforme Entscheidung treffen kann.

1. Die drei Gerichtszweige (Art. 19 Abs. 1 S. 1 EUV)

– Das (Europäische) Gericht (das *EuG)* als Eingangsinstanz (im AEUV und EUV nur „das Gericht“ genannt, Art. 19 Abs. 1 AEUV), das vor allem dann zuständig ist, wenn sich natürliche oder juristische Personen gegen Maßnahmen der EU wenden (Art. 256 AEUV). **97**
– Der Gerichtshof, der vor allem für die „großen Verfahren“, dh das Vorabentscheidungsverfahren und das Vertragsverletzungsverfahren zuständig ist. Der *EuGH* ist mit 28 Richtern aus den 28 Mitgliedstaaten (Art. 19 Abs. 2 EUV) und inzwischen 11 Generalanwälten (Art. 252 AEUV) besetzt. Die Generalanwälte sind wegen ihrer völligen sachlichen Unabhängigkeit für die Urteilsfindung von sehr großer Bedeutung (J/S/*Jähnke*, 3/3).
– Das praktisch bedeutungslos gewordene Fachgericht (früher: Gericht für den öffentlichen Dienst).

2. Änderungen durch den Vertrag von Lissabon

Von den zahlreichen Änderungen, die mit dem Vertrag von Lissabon für den *EuGH* verbunden waren, seien folgende hervorgehoben: Der *EuGH* heißt nicht mehr Europäischer Gerichtshof, sondern Gerichtshof der Europäischen Union (Art. 13 Abs. 1 EUV). Die Richter werden nach einem veränderten Modus bestimmt (Art. 253, 255 AEUV). Der *EuGH* ist jetzt für Vorabentscheidungen im Raum der Sicherheit, der Freiheit und des Rechts zuständig, ohne dass es, wie bisher, einer diesbezüglichen Anerkennung durch einen Mitgliedstaat bedarf (zur früheren „opt in“-Klausel in Art. 35 EUV aF, die für unveränderte Rahmenbeschlüsse noch Bedeutung hat, vgl. *Hecker*, 4/37). Die Grundrechtscharta der EU nimmt jetzt – auch in der *EuGH*-Rspr. – den gleichen Rang ein wie die Verträge (Art. 6 Abs. 1 EUV). **98**

3. Verfahrensarten

Im Vertragsverletzungsverfahren wird geprüft, ob die Unionsmitglieder ihren Pflichten aus den Verträgen nachgekommen sind (Art. 257, 258 AEUV). Daneben kennt der *EuGH* Nichtigkeitsklage (Art. 263 AEUV), Untätigkeitsklage (Art. 265 AEUV), Schadensersatzklage (Art. 268 AEUV) sowie einstweiligen Rechtsschutz (Art. 279 AEUV). Zudem ist der *EuGH* zuständig für die auf Rechtsfragen beschränkten Rechtsmittel gegen Urteile und Beschlüsse des *EuG*. Doch die wichtigste Verfahrensart ist das Vorabentscheidungsverfahren. **99**

II. Das Vorabentscheidungsverfahren

100 Das Vorabentscheidungsverfahren (Art. 267 AEUV) war und ist von substanzieller Bedeutung für den europäischen Einigungsprozess. Nahezu alle bedeutenden Urteile des *EuGH* – auch in strafrechtlicher Hinsicht – sind als Vorabentscheidungen ergangen. In bestimmten Konstellationen besteht die **Verpflichtung**, die unionsrechtliche Rechtsfrage dem *EuGH* vorzulegen (Art. 267 Abs. 3 AEUV; § 1 Abs. 2 EuGHG; vgl. auch *Heger*, HRRS 2014, 471 [zu *BGH* NJW 2014, 2595]).

101 **Prüfungsschema 22: Vorabentscheidungsverfahren (VE)**

1. Zulässigkeit der Richtervorlage, Art. 267 AEUV
   - a) Zuständigkeit des *EuGH* (Art. 267 UA 1 lit. a, b AEUV)
   - b) Vorlage
     - (1) Fakultative Vorlage (Vorlageberechtigung; Art. 267 UA 2 AEUV)
     - (2) Obligatorische Vorlage (Vorlagepflicht: Art. 267 UA 3 AEUV, wenn kein ordentlicher Rechtsbehelf mehr gegeben)
   - c) Vorlagegegenstand: Auslegung primären Unionsrechts (Art. 267 UA 1 lit. a AEUV) bzw Gültigkeit oder Auslegung sekundären Unionsrechts (Art. 267 UA 1 lit. b AEUV)
   - d) Entscheidungserheblichkeit (Art. 267 UA 2 AEUV): zu verneinen, wenn in keinem Zusammenhang zur Vorlagesache, rein hypothetische Frage, richtige Antwort offenkundig (sog. „acte claire"-Doktrin) oder Sachverhalt bereits vom *EuGH* entschieden
   - e) Vorlagefrage (die der *EuGH* zur Not auch selbst formuliert)
2. Beantwortung der Vorlagefrage durch den *EuGH*
   - a) Bei Auslegungsfragen (Art. 267 UA 1 lit. a AEUV): Abstrakte Antwort auf die Rechtsfrage; die konkrete Entscheidung über den Sachverhalt obliegt nicht dem *EuGH*, sondern dem Vorlagegericht
   - b) Bei Gültigkeitsfragen (Art. 267 UA 1 lit. b AEUV): Überprüfung des Rechtsakts in formeller (Zuständigkeit, Verfahren) und materieller Hinsicht

3. Wirkung der Vorabentscheidung

Bindungswirkung für vorlegendes Gericht; bei Ungültigkeit eines unionsrechtlichen Rechtsakts faktische erga-omnes-Wirkung

Näher dazu O/C/N/*Classen*, 13/71 ff.; *Streinz*, Rn. 693 ff.

1. Zweck

Ziele des VE sind objektiv betrachtet die Sicherstellung der Anwendung des Unionsrechts und die Einheitlichkeit der Rechtsanwendung in den Mitgliedstaaten, in subjektiver Hinsicht der Individualrechtsschutz. Das VE stellt eine Art Kooperation zwischen einem nationalen Gericht und dem *EuGH* dar, mit der dem nationalen Gericht durch eine verbindliche Auslegung des Unionsrechts durch den *EuGH* bei der Entscheidung geholfen wird (O/C/N/*Classen* 13/68). **102**

In der Sache geht es dem vorlegenden Gericht in diesem Verfahren meist darum, die Vereinbarkeit einer nationalen Bestimmung mit dem Unionsrecht überprüfen zu lassen. Doch dies fällt an sich nicht in den Zuständigkeitsbereich des *EuGH*. Deshalb muss das nationale Gericht die umstrittene nationale Norm in der Vorlagefrage umschreiben und die strittige Rechtsfrage zugleich als ein Problem des Unionsrechts darstellen, zu dessen Lösung der *EuGH* berufen ist. Für **Strafsachen** im Vorabentscheidungsverfahren ist beim *EuGH* ein **Eilverfahren** vorgesehen (vgl. etwa Art. 267 Abs. 4 AEUV; J/S/*Jähnke*, 3/28 mwN). **103**

Übungsklausur: *Safferling/Scholz*, JA 2009, 353, 354.

2. Gegenstand, Zuständigkeit

Gegenstand des VE sind nach Art. 267 UA 1 AEUV die Auslegung der Verträge (einschließlich der EU-Grundrechte-Charta) und die Gültigkeit und die Auslegung von Handlungen der Institutionen und Organe der EU (vor allem also des Sekundärrechts, dh die Vereinbarkeit des Sekundärrechts mit dem Primarrecht). **104**

Dass nur das Vorlagegericht, nicht aber der *EuGH* gem. Art. 276 Alt. 1 EUV die Zuständigkeit für die Überprüfung von Maßnahmen der nationalen Polizei und Strafverfolgungsbehörden besitzt, ist nichts Neues und hat insofern „nur deklaratorische Bedeutung" (*Böse*, MPI-EurStR, 54/17). Außerdem ist der *EuGH* gem. Art. 276 Alt. 2 AEUV für die gerichtliche Kontrolle der gem. Art. 72 AEUV den Mitgliedstaaten vorbehaltenen nationalen Ordnungs- und Sicherheitspolitik nicht zuständig. **105**

106 Für Vorlagen in Bezug auf alte Rechtsakte der PJZS, die vor dem Vertrag von Lissabon erlassen und nach dessen Inkrafttreten nicht geändert wurden, besteht für eine Übergangszeit von 5 Jahren eine Zuständigkeit des *EuGH* nur dann, wenn diese schon zuvor vom Mitgliedstaat anerkannt wurde (vgl. *Böse*, MPI-EurStR, 54/6,7).

107 **Fall „Felix Kapper“** (*EuGH* NJW 2004, 1725): Kapper hatte seit 1998 keinen deutschen Führerschein mehr, da ihm dieser nach einer Verurteilung wegen eines Straßenverkehrsdelikts entzogen wurde. Die Verwaltungsbehörden wurden angewiesen, K nicht vor Ablauf von neun Monaten einen neuen Führerschein auszustellen. Einige Monate vor Ablauf dieser Frist ging K nach Holland und machte dort im August 1999 den Führerschein. Im November und Dezember 1999 wurde er von der Polizei kontrolliert. Im Anschluss daran erhielt er vom *AG Frankenthal* wg. Fahrens ohne Fahrerlaubnis in zwei Fällen einen Strafbefehl. Gegen diesen legt er Einspruch ein.

Das *AG Frankenthal* möchte in einem Vorlageverfahren geklärt wissen, ob nach der Führerscheinrichtlinie (FRL) 91/439/EWG ein im Ausland erworbener Führerschein als ungültig angesehen werden kann, wenn der Inhaber beim Erwerb des Führerscheins im Ausland gar nicht seinen Wohnsitz hatte (sog. **EU-Führerscheintourismus**). Denn Artikel 1 Abs. 2 der FRL besagt, dass in der EU die Führerscheine gegenseitig anerkannt werden. Ein Führerschein ist nach Art. 7 Abs. 1 der FRL von dem Staat auszustellen, in dem die Person ihren ordentlichen Wohnsitz hat (sog. **Wohnsitzprinzip**).

Der *EuGH* hat diese Vorlagefrage eigenständig um eine weitere Vorlagefrage erweitert und wie folgt beantwortet: **1.** dass „(…) ein Mitgliedstaat einem von einem anderen Mitgliedstaat ausgestellten Führerschein die Anerkennung nicht deshalb versagen darf, weil nach den ihm vorliegenden Informationen der Führerscheininhaber zum Zeitpunkt der Ausstellung des Führerscheins seinen ordentlichen Wohnsitz im Hoheitsgebiet dieses Mitgliedstaats und nicht im Hoheitsgebiet des ausstellenden Mitgliedstaats gehabt hat; **2.** (...) dass ein Mitgliedstaat die Anerkennung der Gültigkeit eines von einem anderen Mitgliedstaat ausgestellten Führerscheins nicht deshalb ablehnen darf, weil im Hoheitsgebiet des erstgenannten Mitgliedstaats auf den Inhaber des Führerscheins eine Maßnahme des Entzugs oder der Aufhebung einer von diesem Staat erteilten Fahrerlaubnis angewendet wurde, wenn die zusammen mit dieser Maßnahme angeordnete Sperrfrist für die Neuerteilung der Fahrerlaubnis in diesem Mitgliedstaat abgelaufen war, bevor der Führerschein von dem anderen Mitgliedstaat ausgestellt worden ist.“

In späteren Entscheidungen hat der *EuGH* den EU-Führerscheintourismus erschwert. Zur neuesten europ. Rechtsprechung zum Führerscheintourismus vgl. G/H/N/*Boeing/Kotthaus/Rusche,* Art. 91 AEUV Rn. 51 ff. **108**

III. Kritik am *EuGH*

Der *EuGH* selbst ist, anders als der *EGMR* oder das *BVerfG*, kein originäres Grundrechts- oder Menschenrechtsgericht. Dank der von ihm praktizierten sehr weiten Interpretation des Begriffs **„Durchführung des Rechts der Union"** im Rahmen des Art. 51 Abs. 1 S. 1 GRCh greift er aber in Bereiche ein, die dem *EGMR* und den nationalen Verfassungsgerichten vorbehalten sind (vgl. dazu bereits oben Rn. 22 sowie *Nußberger,* APUZ 27/2017). Aus diesem Grund hat das **Bundesverfassungsgericht** in Gefolge seiner Lissabon-Entscheidung die sog. **„Identitäts"**- und **„Ultra vires"**-Kontrolle entwickelt (siehe unten Rn. 145c). Damit soll einem judikativen Kompetenzverlust und einer Untergrabung der nationalen Rechtsstaatsstandards durch den *EuGH*, etwa beim Europäischen Haftbefehl, entgegengewirkt werden. Das *BVerfG* stellt dabei an den Begriff der Durchführung von Unionsrecht höhere Anforderungen als offenbar der *EuGH* in seiner Åkerberg Fransson-Entscheidung (dazu bereits oben Rn. 22a, 22b, 62a). Zahlreiche Verfassungsgerichte in Europa sind inzwischen dem *BVerfG* gefolgt, so etwa das italienische Verfassungsgericht und der tschechische Verfassungsgerichtshof (vgl. *BVerfG* NJW 2016, 1149 Rn. 45; *Wendel*, ZaöRV 74, S. 615, 666: „Demonstration kollektiver Geschlossenheit" der nationalen Verfassungsgerichte „gegenüber dem *EuGH*"). Der ***EuGH*** versucht der Kritik durch richterliche Selbstbeschränkung zu begegnen (vgl. J/S/*Jähnke*, 3/30). **108a**

G. Rechtshilfe in der EU: Die justizielle Zusammenarbeit in Strafsachen

I. Allgemeines

Zur Verwirklichung des Raums der Freiheit, der Sicherheit und des Rechts in der Union (Art. 67 Abs. 1 AEUV) wirkt die EU auch auf eine „Koordinierung und Zusammenarbeit von Polizeibehörden und Organen der Rechtspflege" hin (Art. 67 Abs. 3 AEUV). Die justizielle Zusammenarbeit (JZS) ist in Art. 82–86 AEUV und die polizeiliche Zusammenarbeit in Art. 87–89 AEUV geregelt (zu Europol siehe unten Rn. 154). Seit dem Vertrag von Lissabon trägt die Kooperation nicht **109** mehr den Charakter (lediglich) zwischenstaatlicher Zusammenarbeit (so Art. 29 ff. EUV aF), etwa in Form von Rahmenbeschlüssen, sondern ist seitdem „vergemeinschaftet", dh ein integraler Bestandteil der EU und vielfältig in das ordentliche Gesetzgebungsverfahren einbezogen (*Ambos*, 12/2; *Hecker*, 12/1).

110 Zu den beiden Grundpfeilern der JZS zählt **1.** das Prinzip der gegenseitigen Anerkennung und die damit verbundenen Richtlinien (Art. 82 Abs. 1 AEUV) und **2.** die Harmonisierung strafverfahrensrechtlicher Regelungen (Art. 82 Abs. 2 AEUV). Soweit in Art. 82 Abs. 1 UA 1 AEUV am Ende auch die Harmonisierung des materiellen Strafrechts (durch den Verweis auf Art. 83 AEUV) als Teil der JZS bezeichnet wird, ist dies in der Sache missverständlich. Denn die Festlegung von Mindestvorschriften ist kein Akt der justiziellen Zusammenarbeit in Strafsachen, sondern EU-Rechtssetzung, wie auch keine Zusammenarbeit in einer konkreten Strafsache stattfindet (G/H/N/*Vogel/Eisele*, Art. 82 AEUV Rn. 46).

II. Das Prinzip der gegenseitigen Anerkennung

111 Grundlage der justiziellen Zusammenarbeit bildet zunächst das Prinzip der gegenseitigen Anerkennung. Dieses Prinzip wurde von der EU-Kommission zunächst für den Bereich des Zivilverfahrensrechts entwickelt, um den Binnenmarkt zu unterstützen und die Verkehrsfähigkeit von Produkten auf dem europäischen Markt sicherzustellen. Später wurde er auf der Sondertagung des Europäischen Rats im finnischen Tampere 1999 zum **„Eckstein"** der justiziellen Zusammenarbeit erklärt (*EuGH* EuGRZ 2013, 417: **„pierre angulaire"**).

1. Definition und Zweck des Prinzips

112 Übertragen auf das Straf- und Strafverfahrensrecht heißt dies: **Eine in einem Mitgliedstaat rechtmäßig ergangene strafjustizielle Entscheidung muss in jedem anderen Mitgliedstaat als solche anerkannt werden.** Eine substanzielle sachliche Überprüfung dieser Entscheidung findet nicht mehr statt (*Safferling*, 12/43). Der Zweck dieses Prinzips besteht darin, zeitaufwändige Hindernisse zu beseitigen, die sonst im Rechtshilferecht bestehen und eine effektive grenzüberschreitende Strafverfolgung zu ermöglichen. „So wie die Freizügigkeitsrechte den Kriminellen den problemlosen Grenzübertritt ermöglichen, so soll das Prinzip der gegenseitigen Anerkennung den Nachteil der Strafverfolger, grundsätzlich an die nationalen Grenzen gebunden zu sein, ausgleichen und den Weg zu einem echten europäischen Rechtsraum öffnen" (*Satzger*, 10/24). Zu den wichtigsten Ausprägungen des

Prinzips der gegenseitigen Anerkennung zählen u. a. der EHB (unten Rn. 130), die EEA (unten Rn. 148), die geplante EPOC (unten Rn. 148j) und die gegenseitige Anerkennung von Geldstrafen und Geldbußen (unten Rn. 149).

2. Primärrechtliche Verankerung; Begrenzung durch ordre public

Mit dem Vertrag von Lissabon wurde das Rechtsprinzip der gegenseitigen Anerkennung als solches in Art. 82 Abs. 1 UA 1 AEUV primärrechtlich verankert. Zur Sicherstellung dieses Prinzips enthält Art. 82 Abs. 1 UA 2 lit. a AEUV die Ermächtigungsgrundlage für die Schaffung entsprechender Verordnungen und Richtlinien. Zuvor wurde dieses Prinzip im Strafverfahrensrecht durch Rahmenbeschlüsse verwirklicht, die weiterhin ihre Gültigkeit behalten und nach 5 Jahren in das supranationale Unionsrecht überführt wurden (*Satzger*, 10/31). **113**

Als individual- und **menschenrechtliche Grenzen** dieses Prinzips fungieren Vorbehalte in einzelnen Regelungen (zB in Art. 1 Abs. 3 des EU-Haftbefehl-Rahmenbeschlusses 2002/584/JI), die es erlauben, aufgrund von Grundrechten und allgemeinen Rechtsgrundsätzen eine Entscheidung **nicht** anzuerkennen (G/H/N/*Vogel/Eisele*, Art. 82 Rn. 19). Darüber hinaus gibt es Tendenzen in der Rechtsprechung des *EuGH*, das Prinzip rechtlich einzuschränken und als Begrenzung einen **nationalen** oder **europäischen ordre public** heranzuziehen (*EuGH* JZ 2018, 300 m. Bspr. *Meyer*, „Taricco II"; *EuGH* NJW 2013, 1145, „Radu" m. Bspr. *Brodowski* HRRS 2013, 54; näher dazu *Satzger*, 10/26a–26c). Dies betrifft vor allem Fälle des EHB (siehe daher unten Rn. 145a). **113a**

3. Rechtsschutz (Art. 47 GRCh)

Die gegenseitige Anerkennung, – eine im Grunde genommen „harmlos anmutende Formulierung" – ist „ein Grundsatz mit gravierender grundrechtlicher Bedeutung" (*Streinz/Ohler/Hartmann*, § 21, 1). Es ist daher, wie es primärrechtlich durch Art. 47 GRCh verbürgt istfür transnationale Strafverfolgungsakte ein umfassender gerichtlicher Rechtsschutz geboten und gegeben. Dabei ergibt sich eine **Aufspaltung** zwischen der **Gerichtsbarkeit** des **Entscheidungs-**Mitgliedstaats (etwa desjenigen, der die Vollstreckung einer Geldstrafe angeordnet, dh beantragt hat) und der Gerichtsbarkeit des **Vollstreckungs-**Mitgliedstaates (etwa desjenigen, der die Geldstrafe vollstreckt). Gegen die Anordnung (Beantragung) und ggf die ihr zugrundeliegende Entscheidung stehen dem Betroffenen die Rechtsbehelfe des Entscheidungsstaates zur Verfügung. Dagegen kann er im Vollstreckungsstaat nur auf diejenigen Rechtsbehelfe zurückgreifen, mit denen – im Regel- **114** fall nur – die Anerkennungsvoraussetzungen und die Rechtmäßigkeit der einzelnen Vollstreckungshandlungen nachgeprüft werden (G/H/N/*Vogel/Eisele*, Art. 82 AEUV Rn. 33: „Spiegelverteidigung" im Entscheidungs- und Vollstreckungsstaat).

III. Die Harmonisierungskompetenz im Bereich des Strafverfahrensrechts, Art. 82 Abs. 2 AEUV

115 Während die EU in bestimmten Kriminalitätsbereichen zu einer Harmonisierung des nationalen materiellen Strafrechts nach Art. 83 AEUV befugt ist, besteht eine solche Harmonisierungskompetenz im Bereich des formellen Strafrechts, also dem Strafverfahrensrecht, nur auf der Grundlage des Art. 82 Abs. 2 AEUV. Dies geschieht im Wege von Richtlinien im Rahmen des ordentlichen Gesetzgebungsverfahrens. Sie können sich auf alle Stadien des Strafverfahrens – also vom Ermittlungs- bis zum Vollstreckungsverfahren – beziehen (vdG/S/H/*Meyer,* Art. 82 AEUV Rn. 37). Gegenstand der Harmonisierung sind nach Art. 82 Abs. 2 UA 2 lit. a–c AEUV folgende vier Bereiche:

1. Zulässigkeit von Beweismitteln (lit. a)

116 Durch eine Richtlinie nach lit. a kann geregelt werden, ob Beweismittel, die bereits in einem anderen Mitgliedstaat gewonnen wurden, in einem (anderen) Strafverfahren eines Mitgliedstaats verwendet werden können (*Streinz/Satzger*, Art. 82 Rn. 58). Dagegen bestimmt sich die Beweisrechtshilfe, dh die Anerkennung von Beweisanträgen in einem anderen Mitgliedstaat nach Art. 82 Abs. 1 UA 2 (vdG/S/H/*Meyer*, Art. 82 AEUV Rn. 43). Die Europäische Ermittlungsanordnung (unten Rn. 148 ff.) ist daher auf Abs. 1 UA 2 zu stützen (G/H/N/*Vogel/Eisele*, Art. 82 AEUV Rn. 97).

2. Rechte des Einzelnen (lit. b)

117 Klassische Rechte des Beschuldigten werden in den Mitgliedstaaten nicht überall in gleichem Umfang geachtet (G/H/N/*Vogel/Eisele*, Art. 82 AEUV Rn. 101). Um in der EU ein einheitliches Schutzniveau für Verfahrensbeteiligte, vor allem den Beschuldigten/Angeklagten zu schaffen, hat der Rat 2009 daher eine „Roadmap" aufgestellt (EU-ABl. 2009 C 295). Ergangen sind in dessen Gefolge:

- Richtlinie 2012/13/EU über das **Recht auf Belehrung und Unterrichtung im Strafverfahren** (zB hinsichtlich Hinzuziehung Rechtsanwalt, Hinweis auf Aussageverweigerungsrecht) sowie die Richtlinie 2010/64/EU über das **Recht auf Dolmetschleistungen und**

Übersetzung im Strafverfahren, beide Richtlinien in Deutschland umgesetzt durch das „Gesetz zur Stärkung der Verfahrensrechte von Beschuldigten im Strafverfahren“ (v. 2.7.2013, BGBl. I 1938);
– Richtlinie 2013/48/EU über das Recht bei Festnahme auf **Zugang zu einem Rechtsbeistand in Strafverfahren** und in Verfahren zur Vollstreckung des Europäischen Haftbefehls, umgesetzt in Deutschland durch das 2. Gesetz zur Stärkung der Verfahrensrechte von Beschuldigten (BGBl. I 3295);
– Richtlinie 2016/343/EU über die Stärkung bestimmter Aspekte der **Unschuldsvermutung** und des **Rechts auf Anwesenheit** in der Verhandlung in Strafsachen, noch nicht umgesetzt, aber Referentenentwurf des BMJV v. 4.4.2018.

3. Rechte der Opfer (lit. c)

Schon vor dem Vertrag von Lissabon hatte die EU „einen beträchlichen Acquis“ zum Schutz der Opferrechte „angehäuft“ (vdG/S/H/*Meyer*, Art. 82 AEUV Rn. 47). 2012 wurde dann die Richtlinie über **Mindeststandards** für die Rechte, die Unterstützung und den Schutz von Opfern von Straftaten geschaffen (*Bock*, ZIS 2013, 201; *Brodowski*, ZIS 2012, 558). In nationales Recht umgesetzt wurde dies durch das **Dritte Opferrechtsreformgesetz** v. 21.12.2015 (BGBl. I 2525); Neu sind seitdem vor allem die Informationsrechte des Verletzten nach Anzeigeerstattung (§ 158 StPO) und die Verankerung der psychosozialen Prozessbegleitung (§§ 406f, 406g StPO). **118**

Um Gewaltopfer vor weiteren Übergriffen der Gewalttäter zu schützen, wurde zudem eine **Verordnung** über die **gegenseitige Anerkennung zivilrechtlicher Schutzmaßnahmen** geschaffen (Dok. 606/2013), die durch eine Richtlinie (2011/99/EU) ergänzt wird. Die Verordnung und Richtlinien sollen sicherstellen, dass sich Gewaltopfer (wie Opfer häuslicher Gewalt) auch dann auf die Schutzanordnung gegen den Gewalttäter verlassen können und von ihren Peinigern in Ruhe gelassen werden, wenn sie in ein anderes EU-Land reisen oder dorthin umziehen. Die deutsche Umsetzung erfolgte durch das EU-Gewaltschutzverfahrensgesetz (v. 5.12.2014, BGBl. I 1964). **119**

4. Kompetenzerweiterungsklausel (lit. d)

Zwar enthält lit. d eine Kompetenzerweiterungsklausel, „mit der sich theoretisch jede Vorschrift des nationalen Strafverfahrensrechts harmonisieren ließe“ (*Streinz/Satzger*, Art. 82 Rn. 65). Erforderlich hierfür wäre eine einstimmige Entscheidung des Rats unter Zustimmung des Europaparlaments. Zudem bedürfte sie einer Zustimmung des **120** deutschen Gesetzgebers nach § 7 Abs. 1 IntVG analog (vdG/S/H/*Meyer,* Art. 82 AEUV Rn. 48).

5. Notbremseverfahren nach Art. 82 Abs. 3 AEUV

121 Wie für die materiell-strafrechtlichen Harmonisierungsakte ist auch für die formell-strafrechtliche Rechtsharmonisierung ein sog. Notbremseverfahren primärrechtlich verankert. Da Art. 82 Abs. 3 AEUV sach- und wortgleich mit Art. 83 Abs. 3 AEUV ist, kann auf die Ausführungen oben Rn. 52 verwiesen werden. Der deutsche Vertreter im Rat kann dazu angewiesen werden, einen Antrag nach Art. 82 Abs. 3 AEUV zu stellen (BVerfGE 123, 267, 436).

IV. Die Europäische Rechtshilfe im Allgemeinen

1. Begriff der Rechtshilfe

122 Rechtshilfe im Allgemeinen bedeutet die Unterstützung eines grundsätzlich mit der Rechtssache befassten Gerichts durch ein anderes Gericht oder eine Justizbehörde. Unter **internationaler** Rechtshilfe „in Strafsachen versteht man die Unterstützung eines Strafverfahrens durch eine ausländische Behörde oder durch ein ausländisches Gericht" (*Gless*, Rn. 214) . Ihre Aufgabe besteht darin, „den **Strafverfolgungsradius** der Territorialstaaten über das eigene Hoheitsgebiet hinaus" zu **erweitern** (*Gless*, Rn. 215).

2. Große und kleine Rechtshilfe

123 Hierbei unterscheidet man zwischen der großen und der kleinen Rechtshilfe (*Gless*, Rn. 251). Die große Hilfe betrifft die Auslieferung einer Person, die kleine Rechtshilfe die Vollstreckungshilfe sowie sonstigen Formen der Hilfe wie zB die gegenseitige Unterstützung bei der Beweisbeschaffung (Zeugenvernehmung, Herausgabe von Beweismitteln) oder bei der Zustellung von Ladungen oder Urteilen (*Ambos*, 12/9; A/B/E/E/*Böhm*, Rn. 699).

124 Die zwischenstaatliche Zusammenarbeit in Strafsachen fußt im Allgemeinen auf der Rechtshilfe. Bei der klassischen Rechtshilfe gelten jedoch besondere Grundsätze. So bestehen etwa im Rahmen der Auslieferung regelmäßig das Verbot, eigene Staatsangehörige auszuliefern, und die Erlaubnis, fremde Staatsangehörige nur dann auszuliefern, wenn die Tat sowohl im ersuchenden als auch im ausliefernden Staat strafbar ist (sog. Erfordernis beiderseitiger Strafbarkeit). Diese Voraussetzungen sind in der EU zugunsten einer effektiveren Rechtshilfe vielfach erheblich herabgesenkt worden. Aus dem vertragsbezogenen Rechtshilferecht ist inzwischen ein „exekutivisches Übergabeverfahren" (*Ambos*, 12/14) geworden: Der (frühere) „ersuchende" Staat verwandelt sich in einen „Anordnungs"staat, der (frühere) „ersuchte" Staat in einen „Vollstreckungs"staat.

3. Rechtsquellen der Rechtshilfe

- **Nationale Rechtshilfegesetze in Strafsachen,** die innerstaatliche Befugnisse und das Verfahren generell beschreiben, ohne Verpflichtungen zu begründen. Die maßgeblichen Regelungen in Deutschland finden sich im IRG. **125**
- **Bi- oder multilaterale Übereinkommen**, die zur Leistung bestimmter Rechtshilfe in den Grenzen dieser Verträge verpflichten. Die UN hat hierzu Modellverträge entwickelt, die den Mitgliedstaaten empfohlen werden. Im europäischen Raum hat vor allem der **Europarat** entsprechende Rechtshilfekonventionen geschaffen, so das Europäische Auslieferungsübereinkommen (von 1957; ETS Nr. 24) oder, das Europäische Rechtshilfeübereinkommen (von 1959; ETS Nr. 30). **126**
- Zu diesen Mutterkonventionen des Europarats sind auf der Ebene der EU zahlreiche EU-Übereinkommen hinzugetreten. Im **Schengener Raum**, zu dem nahezu alle EU-Mitgliedstaaten, aber auch zB die Schweiz gehört (J/S/*Jähnke*, 4/4), hange haben das Schengener Übereinkommen (SÜ) und das Schengener Durchführungsübereinkommen (SDÜ) große Bedeutung für die Rechtshilfe (etwa hinsichtlich des Doppelbestrafungsverbots, siehe oben Rn. 25) erlangt. Neben dem **Prümer Vertrag** von 2005 finden sich weitere Übereinkommen (vgl. etwa das **EU-Auslieferungsübereinkommen**; dazu *Vogel,* JZ 2001, 938) und Rahmenbeschlüsse (EUV aF) sowie nach dem Inkrafttreten des Vertrags von Lissabon Rechtshilferegelungen auf der Grundlage von Richtlinien (zB die EEA-RL, EPOC-RL; dazu unten Rn. 148). Im Vordergrund steht dabei das Prinzip der gegenseitigen Anerkennung, welches die Rechtshilfe wesentlich vereinfacht und beschleunigt. **127**
- Daneben gibt es bereichsspezifische Übereinkommen, etwa das EU-Bestechungsübereinkommen und das Internationale Bestechungsübereinkommen, die auch Aussagen über die zu gewährende Rechtshilfe betreffen. Ebenso sind die Abkommen der EU mit den USA von großer Bedeutung, zB mit Blick auf einen europäischen Schutz vor der Vollstreckung der Todesstrafe in den USA. **128**
- Als Rechtshilfe für zwischen- und überstaatliche Organisationen stellt sich beispielweise die Rechtshilfe für den Internationalen **129**

Strafgerichtshof (*IStGH*) in Den Haag dar, wie sie im IStGHSt sowie dem deutschen *IStGH*-Gesetz vorgeschrieben ist.

Übungsklausur: *Ambos*, FL, Fall 1 Rn. 10 ff. (Auslieferung eines Türken aufgrund EuAlÜbk).

V. Der europäische Haftbefehl (EHB)

1. Ausgangslage

130 Durch den Rahmenbeschluss über den EHB und die Übergabeverfahren zwischen den Mitgliedstaaten von 2002 (RbEuHb) wurde die bisherige Form der Rechtshilfe in Gestalt von Staatenkooperation durch ein „System des freien Verkehrs strafrechtlich justizieller Entscheidungen" ersetzt. Im strafrechtlichen Bereich stellte der RbEuHb die erste Verwirklichung des Prinzips der gegenseitigen Anerkennung dar. Der RbEuHB ist inzwischen in allen 28 Mitgliedstaaten umgesetzt worden.

2. Das klassische Auslieferungsverfahren; Vollstreckungshilfe

131 Der Rahmenbeschluss tritt an die Stelle der unübersichtlichen Regelungen des Auslieferungsrechts („Regelungsdschungel"), das zu einem häufig langwierigen Auslieferungsverfahren geführt hatte. Er stellt für die EU ein neues, erheblich **vereinfachtes Auslieferungsverfahren** auf (unten Rn. 137). Außerhalb der Anwendung der EU-Haftbefehlsregelungen ist das **klassische, allgemeine Rechtshilfeverfahren** bei der Auslieferung aber **bis heute** durch das **Prinzip der Zweistufigkeit** sowie das Erfordernis der beiderseitigen Strafbarkeit gekennzeichnet. Dieses Verfahren, das maßgeblich durch die o. g. Konventionen des Europarats (oben Rn. 126) definiert wurde, findet in den EU-Mitgliedstaaten weiterhin für diejenigen Auslieferungsverfahren mit Drittstaaten Anwendung, die nicht dem EuHB unterliegen.

131a Zunächst wird gerichtlich die Zulässigkeit der Auslieferung geprüft (sog. **Zulässigkeitsverfahren**; vgl. §§ 12 ff. IRG). Sodann wird eine auf außen- und justizpolitischen Ermessenserwägungen beruhende Zweckmäßigkeitsentscheidung durch Regierungsvertreter getroffen (sog. **Bewilligungsverfahren**, § 74 IRG). Zudem muss das Verhalten, das Grundlage des Auslieferungsersuchens ist, sowohl im ersuchenden (§ 2 Abs. 1 IRG) als auch im ersuchten Staat strafbar sein (§ 3 Abs. 1 IRG).

131b Bei der **klassischen Vollstreckungs – und Verfolgungshilfe** greifen die §§ 48 ff. IRG ein (im EU-Kontext dagegen nach §§ 84 ff. IRG; unten Rn. 143). So genügt bei der Vollstreckung von ausländischen Erkenntnisurteilen in Deutschland nach § 49 Abs. 1 Nr. 3a IRG die beiderseitige Sanktionierung. Ist die Tat im Ausland strafbar, in Deutschland aber nur als Ordnungswidrigkeit mit einer Geldbuße sanktioniert, kann die im Ausland verhängte Freiheitsstrafe gleichwohl in Deutschland vollstreckt werden.

Fall „Rasender Schwabe in der Schweiz" (*OLG Stuttgart*, NJW 2018, 2213 m. Bspr. *Gaede*): Der im Großraum Stuttgart lebende V brachte 2014 in der Schweiz mit seinem BMW Z4 das Leben mehrerer Fahrer in Gefahr, indem er u. a. im Gotthard-Tunnel bei einer zulässigen Höchstgeschwindigkeit von 80 km/h mit einer durchschnittlichen Geschwindigkeit von 135 km/h fuhr, die erlaubte Höchstgeschwindigkeit wiederholt mit der Geschwindigkeit von 140 km/h überschritt und dabei zehn Überholmanöver durchführte sowie im Piottino-Tunnel auf einer Strecke mit nur einer durch Leitbaken getrennten Fahrspur fünf Überholmanöver durchführte und dabei sowohl den frontalen Zusammenstoß mit entgegenkommenden Fahrzeugen als auch den seitlichen mit den von ihm überholten Fahrzeugen riskierte. Wegen dieser und weiterer Straßenverkehrsdelikte wurde V in Abwesenheit von einem Tessiner Geschworenengericht im Februar 2017 wegen zwar in Deutschland nur als Owis geahndeter, in der Schweiz aber strafbarer Taten (vor allem wiederholt grobe qualifizierte Verletzung der Verkehrsregeln nach Art. 129 schweizerisches StGB und Art. 90 Abs. 2, 3 und 4 schweizerisches StraßenverkehrsG) zu einem Strafvollzug von 18 Monaten verurteilt. Die Schweiz beantragte daher in Deutschland die Vollstreckung der Strafe gem. § 48 IRG. **131c**

Das ***LG Stuttgart*** lehnte dies (im März 2018) mit der Begründung ab, dass eine Vollstreckung wesentlichen Grundsätzen der deutschen Rechtsordnung widerspräche: Vs Verhalten stelle in Deutschland nur eine Ordnungswidrigkeit dar, weshalb die Vollstreckung einer Freiheitsstrafe von einem Jahr unverhältnismäßig sei. Auf die sofortige Beschwerde der StA hat das **OLG** die Vollstreckung einer Freiheitsstrafe von zwölf Monaten (im April 2018) doch für zulässig erklärt. Es komme nach § 49 Abs. 1 Nr. 3a) IRG auf die beiderseitige Sanktionierbarkeit, nicht aber die beiderseitige Strafbarkeit an. Die verhängte Freiheitsstrafe sei zugegebenermaßen hart, aber nicht unverhältnismäßig. Im Übrigen sei Raserei seit dem Herbst 2017 auch in Deutschland (§ 315d Abs. 1 Nr. 3 StGB) und damit im maßgeblichen Zeitpunkt der Exequaturentscheidung (April 2018) strafbar.

3. Die Regelungen im RB

132 Die **Definition des Europäischen Haftbefehls** und die Verpflichtung zu seiner Vollstreckung ist in Art. 1 RbEuHB geregelt: Gegenstand des EHB ist die von einem EU-Mitgliedstaat angeordnete Festnahme und Übergabe einer gesuchten Person, die in einem anderen Mitgliedstaat, in dem diese Person sich aufhält, erfolgen soll. Sie geschieht entweder zum Zweck der Strafverfolgung oder – vollstreckung. Der EHB kommt **ohne** eine **politische Bewilligungsentscheidung** des Außenministeriums aus; allein die Justizbehörden bestimmen über die Auslieferung.

133 Zwar wird am **Grundsatz der beiderseitigen Strafbarkeit** festgehalten, liegt jedoch eine der im Rahmenbeschluss aufgelisteten **32 Straftaten** vor, kommt es auf eine beiderseitige Strafbarkeit nicht an. Voraussetzung ist jedoch, dass diese Katalogtat mit einer freiheitsentziehenden Strafe oder Maßregel der Besserung und Sicherung von im Höchstmaß mindestens 3 Jahren bedroht ist. Dabei handelt es sich um eine eher kriminologisch denn tatbestandsorientierte Positivliste (*Hecker*, 12/25), die eine Systematik nicht erkennen lässt. Art. 2 Abs. 2 S. 2 RbEuHb zählt u. a auf: Beteiligung an einer kriminellen Vereinigung, Terrorismus, Menschenhandel, sexuelle Ausbeutung von Kindern und Kinderpornografie, illegaler Handel mit Drogen und psychotropen Stoffen oder den illegalen Handel mit Waffen. Der Ausgelieferte darf im Anordnungsstaat nur wegen der Tat verfolgt werden, aufgrund derer die Auslieferung bewilligt wurde.

134 Der EHB ist vom Vollstreckungsstaat gem. Art. 3 Nr. 1–3 RbEuHb **zwingend** abzulehnen, wenn die Straftat im Vollstreckungsstaat unter eine Amnestie fällt, die gesuchte Person wegen der Tat schon rechtskräftig verurteilt worden ist (ne bis in idem) oder wegen ihres Alters nicht strafrechtlich zur Verantwortung gezogen werden kann. Darüber hinaus enthält der RB **fakultative** Ablehnungsgründe (Art. 4 Nr. 1–7 RbEuHB). Der aufgrund eines EHB Festgenommene musst **spätestens 60 Tage** später an das ausstellende Land ausgeliefert werden; stimmt er seiner Auslieferung zu, muss dies innerhalb von 10 Tagen geschehen.

4. Verfassungswidrigkeit des ersten EU- Haftbefehlsgesetzes

135 Der RB wurde in Deutschland zunächst durch das EuHbGes. von 2004 umgesetzt, das aber vom *BVerfG* 2005 für verfassungswidrig erklärt wurde.

Fall „Nichtigkeit des EU-Haftbefehlgesetzes" (BVerfGE 113, 273): D besitzt die deutsche und syrische Staatsangehörigkeit und befand sich in Auslieferungshaft. Ihm wurde zur Last gelegt, der ständige Ansprechpartner und Assistent Osama bin Ladens in Deutschland und eine der Schlüsselfiguren des terroristischen Netzwerks Al-Qaida gewesen zu sein. Die ihm vorgeworfenen Handlungen hat D weitgehend in Deutschland begangen. Der Generalbundesanwalt ermittelte gegen D wegen Verdachts der Mitgliedschaft in einer terroristischen Vereinigung (§ 129a StGB). Gegen ihn bestand ein EHB, den ein Amtsgericht in Madrid 2004 erlassen hat. Das *HansOLG* erklärte die Auslieferung für zulässig, die Justizbehörde von Hamburg erließ eine entsprechende Bewilligungsentscheidung. D griff diese Entscheidungen mit der Verfassungsbeschwerde an. – Der 2. Senat des *BVerfG* hob nicht nur den Beschluss des *OLG* und die Bewilligungsentscheidung der Justizbehörde auf, sondern erklärte das EuHbG für nichtig. Der Eingriff in den Schutzbereich des Art. 16 Abs. 2 GG sei nicht schonend genug erfolgt; so sei es u. a. verfassungswidrig, einen Deutschen auszuliefern, der im eigenen Rechtsraum eine Straftat begeht. Auch sei es nicht mit Art. 19 Abs. 4 GG vereinbar, dass die Bewilligungsentscheidung gerichtlich nicht überprüfbar sei. „Der Gesetzgeber war jedenfalls verpflichtet, die Umsetzungsspielräume, die der Rahmenbeschluss den Mitgliedstaaten belässt, in einer grundrechtsschonenden Weise auszufüllen." Wegen der schwachen demokratischen Legitimation von Maßnahmen aus der dritten Säule der EU folge auch eine besondere Verantwortung für die verfassungsgemäße Umsetzung. 136

5. Die Neuregelung in §§ 79 ff. IRG

Daraufhin wurde das EuHbGes. umformuliert und neu erlassen (EuHbGes. v. 20.7.2006, BGBl. I 1721). Die maßgeblichen Bestimmungen findet man jedoch nicht in einem eigenen Gesetz zum europäischen Haftbefehl, sie wurden vielmehr in das Gesetz über die internationale Rechtshilfe in Strafsachen (IRG) in einem eigenen Abschnitt, §§ 80–83e IRG, integriert. Das **komplizierte Bewilligungsverfahren** wird entweder – wegen der drei zentralen Verfahrensschritte (Vorabprüfung, Zulässigkeitsprüfung, Bewilligungsentscheidung) – als **dreistufig** (*Ambos*, 12/56) oder – wegen der zwei beteiligten Institutionen (*OLG* als Zulässigkeitsstelle und Justizministerium als Begründetheitsstelle) – als **„zweiaktig"** bezeichnet (*Safferling*, 12/58; vgl. auch *Satzger*, 10/36). 137

138 **Prüfungsschema 23: Dreistufiges Bewilligungsverfahren im Vollstreckungsstaat Deutschland**

1. Vorabentscheidung durch Bewilligungsbehörde (§ 79 Abs. 2 S. 1 IRG), ob sie Bewilligungshindernisse geltend macht (§ 83b IRG)
2. Zwingende Überprüfung der Zulässigkeit der Auslieferung durch das örtlich zuständige Oberlandesgericht (§§ 13, 14, 29 IRG)
3. Exekutives Bewilligungsverfahren: Endgültige Bewilligungsentscheidung durch Bewilligungsbehörde (zuständig Bundesjustizministerium, auf Landesjustizministerien übertragbar, § 74 IRG)

Übungsklausur: *Ambos/Bock*, JuS 2012, 437 (Fall Assange).

a) Verzicht auf beiderseitige Strafbarkeit

138a Die beiderseitige Strafbarkeit wird gem. § 81 Nr. 4 IRG iVm Art. 2 Abs. 2 EuRHB nicht geprüft, wenn es sich um eine der dort aufgelisteten deliktsgruppenbezogenen Katalogstraftaten handelt (oben Rn. 13). Es genügt also lediglich die Versicherung des Anordnungsstaats, dass eine Katalogtat vorliegt, damit der Vollstreckungsstaat die ansonsten erforderliche Prüfung der beiderseitigen Strafbarkeit unterlässt. Umgekehrt formuliert: Das Erfordernis der beiderseitigen Strafbarkeit besteht auch beim EHB insoweit, als sich der Vorwurf auf ein nicht deliktsgruppenbezogenes Delikt iSd § 81 Nr. 4 IRG bezieht (A/B/E/E/*Böhm*, Rn. 954). Dies wird am Fall Puigdemont anschaulich (unten Rn. 145f, g).

b) Auslieferung eines Deutschen an das Ausland

139 Strenge Voraussetzungen für die Auslieferung eines Deutschen an einen anderen EU-Mitgliedstaat sind – nach der Maßgabe des nachstehend behandelten *BVerfG*-Urteils – in § 80 IRG iVm Art. 16 Abs. 2 S. 2 GG festgehalten. Die sehr komplizierte Regelung des § 80 IRG differenziert dabei wie folgt:

aa) Auslieferung zur Strafverfolgung

140 Das Gesetz differenziert danach, ob die Tat einen Auslands- oder Inlandsbezug hat:

– **Ausschließlicher Auslandsbezug der Tat, § 80 Abs. 1 Nr. 1 IRG:** Eine Auslieferung ist danach zulässig, wenn **1.** gesichert ist, dass auf Wunsch des Verfolgten seine Strafe in Deutschland vollstreckt wird (**Rücküberstellungsklausel**) und **2.** die Tat einen maßgeblichen Bezug zum ersuchenden Staat aufweist (**genuine link**; konkretisiert in § 80 Abs. 1 S. 2 IRG). In den EU-Mitgliedstaaten ist die Rücküberstellung im Regelfall gewährleistet, weshalb es genügt, wenn die Bewilligung der Überstellung der Verfolgten mit dieser Maßgabe erklärt und die Übernahme der Verfolgten daraufhin erfolgt (*OLG Karlsruhe* NJW 2007, 2567).

- **Ausschließlich oder primär Inlandsbezug:** Es ist keine Auslieferung möglich, wenn die Tat (ausschließlich oder vorrangig) Inlandsbezug aufweist, § 80 Abs. 2 S. 1 Nr. 2, S. 2 IRG. **141**
- **Mischfall:** Handelt es sich um einen Mischfall mit Auslands- und Inlandsbezug, ist eine Auslieferung gem. § 80 Abs. 2 S. 1 Nr. 3, S. 3 IRG zulässig, wenn eine Rücküberstellung möglich ist, die beiderseitige Strafbarkeit gegeben ist und bei konkreter Abwägung der widerstreitenden Interessen kein schutzwürdiges Vertrauen des Verfolgten in seine Nichtauslieferung besteht. **142**

Übungsklausuren: *Ambos*, FL, Fall 1 Rn. 19 (Auslieferung eines Deutschen an die Niederlande); *Safferling*, 12/62 (Auslieferung eines Deutschen nach England).

bb) Auslieferung zur Strafvollstreckung

Zum Zweck der Strafvollstreckung (also zur Verbüßung einer gegen ihn verhängten Strafe) darf ein Deutscher gegen seinen Willen nicht ausgeliefert werden; seine Zustimmung muss richterlich protokolliert sein (§ 80 Abs. 3 IRG). Lehnt er seine Auslieferung ab, muss aber Deutschland die im Ausland verhängte Strafe vollstrecken, wobei es auf eine beiderseitige Strafbarkeit nicht ankommt (§§ 80 Abs. 4 S. 1, 49 Abs. 1 Nr. 3 IRG). **143**

c) Auslieferung eines Ausländers an das Ausland

Aber auch die Auslieferung eines in Deutschland lebenden Ausländers kann abgelehnt werden, sofern die Voraussetzungen des § 83b Abs. 2 IRG vorliegen. **144**

d) Fristen, Zuständigkeit, gerichtliche Überprüfbarkeit

Die Frist bemisst sich nach § 83c IRG. Über die Zulässigkeit der Bewilligung entscheidet das örtlich zuständige *OLG*, §§ 13 Abs. 1, 79 Abs. 2 S. 1 IRG, das den Vorabentscheid der StA gem. § 79 Abs. 2 S. 3 IRG auf Ermessensfehler hin überprüfen kann. Den eigentlichen **Bewilligungsbescheid** als solches erlässt später die **Bewilligungsbehörde** (dh das Bundesjustiz- oder ein Landes**justizministerium**, siehe § 74 IRG). **145**

6. Auslieferungshindernisse; Identitätskontrolle; Fall Puigdemont

145a Eine Fülle von Auslieferungshindernissen kann dem Vollzug eines EHB entgegenstehen. Das Gesetz selbst nennt zB den europäischen ordre public (§ 73 S. 2 IRG), die in § 83 Abs. 1 IRG aufgeführten Gründe sowie Abwesenheitsurteile (§ 83 Abs. 1 Nr. 3, beachte aber § 83 Abs. 2–4 IRG), Verjährung nach dem Recht des ersuchenden Staates und das allgemeine Verfolgungshindernis der politischen Straftat (§ 6 Abs. 2 IRG). Aber auch die Nichteinhaltung europäischer Standards beim Strafvollzug kann die Auslieferung verhindern, was zB der Fall ist, wenn die Auslieferung nach Rumänien in ein Gefängnis mit einer Haftraumgröße von 3 qm inklusive Mobiliar droht (vgl. *BVerfG* v. 2 BvR 424/17).

a) Identitätskontrolle durch das *BVerfG*

145b Obwohl der *EuGH* an sich das letzte Wort über die Auslegung des Europäischen Rechts hat und, mit Billigung des *BVerfG*, die Grundrechtskonfomität von europarechtlich definierten Hoheitsakten, Normen usw. allein überprüft (sog. Solange II-Rspr.; BVerfGE 73, 339), behält sich das *BVerfG* gleichwohl auch in europarechtsbezogenen Fallkonstellationen das Recht auf eine sog. Identitätskontrolle vor. Diese Möglichkeit der Identitätskontrolle hat das *BVerfG* in seiner Entscheidung zum Vertrag von Lissabon angedeutet (BVerfGE 123, 267, 353 [Rn. 240] und sodann 2015 erstmalig bei einer Entscheidung zum EHB (unten Rn. 145e) so praktiziert. Die zwei Komponenten der Identitätskontrolle lauten:

145c – **„Ultra vires"-Begrenzung**: Das Bundesverfassungsgericht überprüft weiterhin exklusiv und alleine, ob die Europäische Union mit dem Erlass einer Rechtsnorm die ihr übertragenen Befugnisse überschritten hat (Ultra vires-Lehre; Art. 23 Abs. 1 S. 2 GG iVm Art. 5 Abs. 2 EUV).

145d – **Kerngehalt:** Darüber hinaus nimmt das *BVerfG* eine sog. Identitätskontrolle vor, dh es überprüft, ob der unantastbare Kerngehalt von Art. 1 und 20 GG verletzt wird (iVm Art. 23 Abs. 1 S. 3, 79 Abs. 3 GG). Denn die Übertragung von Souveränitätsrechten auf die EU darf nicht dazu führen, dass die Verfassungsidentität des GG aufgehoben wird. Dies gelte insbesondere für den souveränitätssensiblen Bereich des Strafrechts. Zu diesen Identitätsmerkmalen gehören neben dem Demokratieprinzip nach Art. 20 GG namentlich das Recht auf Menschenwürde in Art. 1 GG. Dies kann dazu führen, dass Europäische Haftbefehle, die auf einer unzureichenden Feststellung der Schuld beruhen und gegen die Menschenwürde verstoßen, wegen des Verstoßes gegen den nationalen ordre public nicht von Deutschland vollstreckt werden dürfen. „Die deutsche Hoheitsgewalt darf die Hand nicht zu Verletzungen der Menschenwürde durch andere Staaten reichen (BVerfGE 140, 317). Insbesondere Abwesenheitsurteile sind menschenrechtsvirulent und werden, trotz der entgegenstehenden *EuGH*-Rspr. (vgl. *EuGH* NJW 2013, 1215 mit Bspr. *Streinz*, JuS 2013, 661, Fall *Melloni*) vom *BVerfG* einer nationalen Identitätskontrolle unterzogen.

Ein Amerikaner in Deutschland – BVerfGE 140, 317 (Identitätskontrolle I): In Italien wurde in Abwesenheit ein Amerikaner 1992 von einem italienischen Gericht zu einer Freiheitsstrafe von 30 Jahren verurteilt. Ihm wurde die Mitgliedschaft in einer kriminellen Vereinigung sowie Drogenbesitz vorgeworfen. A wusste nichts davon, das Urteil erging in Abwesenheit. Italien hatte aber einen EHB ausgestellt, woraufhin 2004 der A in Deutschland festgenommen wurde. Das *OLG Düsseldorf* erklärte die Auslieferung für zulässig. **145e**

Die dagegen eingelegte **Verfassungsbeschwerde** vor dem *BVerfG* hatte Erfolg. Das *OLG* habe den Beschwerdeführer in seinem Recht auf Achtung des Schuldprinzips und ein faires Verfahren aus Art. 1 Abs. 1 iVm Art. 23 Abs. 1 S. 3 und Art. 79 Abs. 3 GG verletzt. Strafe setze die Feststellung der individuellen Schuld voraus, wofür die Anwesenheit des Beschuldigten in der Hauptverhandlung unabdingbar sei. A hatte aber aufgrund der Verhandlung in seiner Abwesenheit nicht die Möglichkeit entlastende Umstände vorzutragen. Nach dem EU-Rahmenbeschluss zum EHB kann die Auslieferung dann verweigert werden, wenn dem Betroffenen in dem Land, in das er ausgeliefert werden soll, kein Rechtsmittel zur Verfügung steht, in dessen Rahmen der Sachverhalt und neue Beweismittel nochmals geprüft werden können. Das italienische Prozessrecht eröffnet dem Beschwerdeführer jedoch gerade nicht die Möglichkeit, eine erneute Beweisaufnahme im Berufungsverfahren zu erwirken.

b) Europäischer Haftbefehl gegen Carles Puigdemont

Europaweite Aufmerksamkeit erregte der EHB gegen den katalanischen Politiker Carles Puigdemont. Er wurde 2017 zum Präsidenten einer katalonischen Autonomieregierung gewählt. Nach Ansicht der spanischen Regierung war aber das vorangegangene Unabhängigkeitsreferendum verfassungswidrig. Puigdemont wurde von der spanischen Justiz wegen der spanischen Straftatbestände „Rebellion" und „Veruntreuung öffentlicher Gelder" angeklagt. P verließ jedoch Spanien und **145f** hielt sich einige Monate im Ausland auf, bevor er im schleswig-holsteinischen Schuby im März 2018 aufgrund eines von Spanien angeordneten EHB in Deutschland vorläufig festgenommen wurde.

145g Im **Fall Puigdemont** befand des *OLG Schleswig* (Beschl. v. 5.4.2018, 1 Ausl A 18/18, 20/18) zunächst, dass zwar keine Auslieferung von P unter dem Gesichtspunkt der Rebellion möglich sei, da hier keine Katalogtat nach § 81 Nr. 4 IRG vorliegt und es insoweit doch auf die gegenseitige Strafbarkeit ankomme. Der deutsche Straftatbestand § 81 StGB sei deutlich enger als das spanische Pendant (vgl. § 3 Abs. 1 IRG) und das Verhalten des P erreiche nicht das vom deutschen Tatbestand geforderte Gewaltniveau. Aber auf den Vorwurf der Veruntreuung öffentlicher Gelder kann er gestützt werden, ist doch dies als Untreue auch nach deutschem Recht strafbar (§ 266 StGB), wie diese Straftat auch unter die Katalogtaten des § 81 Nr. 4 IRG iVm Art. 2 Abs. 2 EuRHB falle. Zunächst setzte das *OLG Schleswig* den Vollzug, beruhend auf dem Haftgrund der Fluchtgefahr (§ 15 Abs. 1 Nr. 1 IRG), nach § 25 Abs. 1 iVm § 116 Abs. 1 StPO gegen Auflagen aus. Im Juli 2018 genehmigte es aber die Überstellung P.s, allerdings nur wegen des Vorwurfs der Veruntreuung öffentlicher Gelder. Umstritten ist freilich, ob P in Spanien wegen des **rechtshilferechtlichen Spezialitätsgrundsatzes** (§ 83h Abs. 1 Nr. 1 IRG) nur noch wegen Veruntreuung und nicht auch wegen Rebellion bestraft werden kann, sofern Deutschland nicht auf diesen Grundsatz (§ 83h Abs. 2 Nr. 5 IRG) **verzichtet**. Spanien hat inzwischen den Haftbefehl zurückgezogen. Zum Fall vgl. die Stellungnahmen von *Ambos*, LTO, 18.4.2018; *Gimbernat*, El Mundo, 16.4.2018; *Heger*, ZIS 2018, 184; *Kubiciel*, LTO, 6.4.2018; *Safferling*, Süddeutsche Zeitung, 26.3.2018.

VI. „Kleine Rechtshilfe" in der EU

1. Die Europäische Überwachungsanordnung im Ermittlungsverfahren

146 Der Europäischen Überwachungsanordnung (EÜA) liegt der Gedanke der gegenseitigen Anerkennung von untersuchungshaftvermeidenden Überwachungsmaßnahmen zugrunde (eingehend dazu *Morgenstern*, ZIS 2014, 416; vgl. auch *Ambos*, 12/102; *Esser*, MPI-EurStR, 53/83 ff.; *Satzger*, 10/40). Sie dient der Haftverschonung und stellt eine **Alternative zum Haftbefehl (Untersuchungshaft)** dar. Nach ihr dürfen Maßnahmen ergriffen werden, die zu einer Überwachung des Verdächtigen führen, ohne dass damit eine Freiheitsentziehung verbunden sein muss, wie etwa Weisungen, Meldeauflagen oder das Verbot, einen bestimmten Ort zu erlassen. Die EÜA könnte der bisweilen anzutreffenden Praxis entgegenwirken, eine Fluchtgefahr nach § 112 Abs. 2 Nr. 2 StPO bei ausländischen Tatverdächtigen allein wegen ihrer Staatsangehörigkeit anzunehmen (*Morgenstern*, ZIS 2014, 217). Die EÜA wurde in einem Rahmenbeschluss vom 23.10.2009 (2009/829/JL, ABlEU 2009 Nr. L 294/20) vorgegeben. Dieser RB ist in Europa bislang nur sehr schleppend sowie uneinheitlich (*Ambos*, 12/102) und in Deutschland noch gar nicht umgesetzt worden. Es bestehen insbesondere Bedenken hinsichtlich der fehlenden Präzision der Deliktsgruppen, bei denen auf eine Prüfung der gegenseitigen Strafbarkeit verzichtet werden kann.

2. Europäische Beweisanordnung

Im Jahre 2008 wurde ein Rahmenbeschluss über die europäische Beweisanordnung (EBA) zur Erlangung von **Sachen, Schriftstücken** und **Daten** zur Verwendung in Strafsachen angenommen (RB 2008/978/JI; *Ambos*, 12/84). Damit sollte es der Anordnungsbehörde ermöglicht werden, im Vollstreckungsstaat vorhandene und verfügbare Beweismittel nach dem Prozessrecht des Vollstreckungsstaats zu erlangen und in den Anordnungsstaat transferieren zu lassen (*Esser*, Roxin-FS, 2011, Bd. 2, S. 1497 ff.). Der Rahmenbeschluss ist **bedeutungslos** geworden. Die EBA wurde inzwischen durch die Europäische Ermittlungsanordnung ersetzt (*Böse*, ZIS 2014, 152). **147**

3. Europäische Ermittlungsanordnung (EEA)

Die EEA findet ihre Rechtsgrundlage in Art. 82 Abs. 1 lit. a AEUV. Sie regelt nur die **Erhebung** von Beweisen, nicht aber deren spätere **Verwertbarkeit** im nationalen Gerichtsverfahren (J/S/*Jähnke*, 6/37; zu Verwertungsfragen vgl. *Böhm*, NJW 2017, 1514). **148**

a) Die EEA-Richtlinie

Im Stockholmer Programm wurde der Vorschlag der EEA unterbreitet, die alle bisherigen Instrumente der grenzüberschreitenden Beweiserhebung ersetzen soll. 2014 wurde diese Richtlinie, abgekürzt RL EEA (2014/41/EU), angenommen (*Zimmermann*, ZStW 127, 143). Die **Grundintention** der RL EEA besteht in der Vereinfachung und Beschleunigung der grenzüberschreitenden Beweiserhebung. Die dabei angewandte **Methode** ist ein einheitliches Rechtshilfeverfahren unter Vorgabe von Fristen und unter Verwendung von Formularen. **148a**

148b Die RL sieht unter anderem folgende grenzüberschreitende **Ermittlungsmaßnahmen** vor: Vernehmung von Mitbeschuldigten im Ausland (BGHR StGB § 89a Abs. 2 Nr. 2 Herstellen 1); Überwachung der Telekommunikation; Verarbeitung von Verkehrs- und Standortdaten; Überstellung inhaftierter Personen; Vernehmung per Video- oder Telefonkonferenzen, mithin auch die audiovisuelle Zeugenvernehmung (§§ 91c Abs. 1, 61 c IRG); erstmalige Durchsuchung und Beschlagnahme noch nicht erhobener Beweismittel; aber auch Beschlagnahme und Verwertung bereits erhobener Beweise.

148c Die **Grundstruktur des Verfahrens** besteht darin, dass **1.** die EEA im Anordnungsstaat durch einen Richter oder Staatsanwalt erlassen und **2.** nach Übermittlung an den Vollstreckungsstaat dieser die Anordnung grundsätzlich ohne weitere Formalitäten anzuerkennen und die begehrte Ermittlungsmaßnahme in derselben Weise auszuführen hat, als wäre sie von einer Behörde des Vollstreckungsstaats angeordnet worden.

b) Umsetzung im IRG

148d Inzwischen ist die RL-EEA ins deutsche Recht umgesetzt worden (BGBl. I 2017, 31), indem sie in das System der sog. sonstigen Rechtshilfe in Strafsachen eingebettet wurde. Die Regelungen hierzu finden sich in **§§ 91a–91j, 92d IRG** (näher dazu *Böhm*, NJW 2017, 1512; *Brahms/Gut*, NStZ 2017, 388; *Rackow*, KriPoZ 2017, 79). Die neuen Vorschriften im IRG sind aber **verworren, komplex** und **fragmentarisch** geraten, weshalb es vielfach eines (richtlinienkonformen) **Rückgriffs** auf die **RL-EEA** bedarf.

c) Anordnung im Anordnungsstaat

148e Die EEA steht unter einem „generellen **Justizvorbehalt**" (*Ambos,* 12/88) und definiert damit einen „neuen europäischen Mindeststandard in der Rechtshilfe" (*Böse,* ZIS 2014, 158). Sie muss im **Anordnungsstaat** von einer Justizbehörde, einem Gericht, einem Ermittlungsrichter oder einem Staatsanwalt angeordnet werden (§ 91d Abs. 1 Nr. 1, 2 IRG, „justizielle Stelle, die in Richtlinie aufgeführt ist"). Wenn sie von der Polizei oder einer Verwaltungsbehörde erlassen wird, muss sie von einem Richter oder Staatsanwalt dieser Personen „validiert" (geprüft und als richtig bestätigt) sein (Art. 2c ii RL-EEA). Im Zentrum des EEA steht die **Verwendung** eines bestimmten **Formblatts** (siehe Anhang A zu RL-EEA). Die anordnende Behörde muss zudem im Formblatt eine Beschreibung der strafbaren Handlung sowie die anwendbaren Bestimmungen des Strafrechts des Anordnungsstaats vorlegen. Der Antrag auf Erlass einer EEA kann auch vom **Beschuldigten** oder dessen **Verteidiger** gestellt werden (Art. 1 Abs. 3 RL-EEA). Der

Gefahr des **„forum shopping"** wird dadurch entgegengewirkt, dass die Ermittlungsnahme auch nach dem Recht des Anordnungsstaats zulässig sein müsste (Art. 6 Abs. 1 lit. b RL-EEA).

d) Ausführung (Erledigung) im Vollstreckungsstaat

Die EEA ist spätestens 30 Tage nach Eingang des Ersuchens zu bewilligen und spätestens 90 Tage nach Antragstellung durchzuführen (§ 91g Abs. 1, 2 IRG; nach *Ambos*, 12/89 ein „strenges Fristenregime"). Welche staatlichen Stellen in Deutschland aber die **Zuständigkeit** für die Bewilligung und Vornahme der EEA besitzen, lässt das Gesetz, anders als beim EHB, leider völlig **offen** (J/S/*Jähnke*, 6/41: „besonders schwerwiegender Mangel für den unbefangenen Leser"). Es bestimmt sich nach Zuständigkeitsvereinbarungen zwischen dem Bund und den Ländern sowie den RiVASt (J/S/*Jähnke* ebd.; vgl. auch die in BT-Drs. 18/9757 S. 52 genannten Stellen). **148f**

Die **Vollstreckungsbehörde** ist **verpflichtet**, eine an sie übermittelte EEA so **auszuführen**, als wäre die Ermittlungsmaßnahme von einer Behörde im Vollstreckungsstaat angeordnet. Eine Prüfung des **Tatverdachts** durch den Vollstreckungsstaat ist nicht vorgesehen, kann aber durchaus im Sinne einer Plausibilitätskontrolle geboten sein (*Schuster*, StV 2015, 396). Die **Rechtmäßigkeit** des Handelns im Vollstreckungsstaat bestimmt sich nach dessen **nationalem Recht**, im Falle Deutschland also nach dem deutschen Recht (§ 91h Abs. 1 IRG iVm Art. 9 Abs. 1 RL-EEA). Wenn die Maßnahme im Vollstreckungsstaat bestimmten **Verfahrens- oder Formvorschriften** unterliegt, zB eine richterliche Genehmigung erfordert (zB gem. § 100e StPO bei einer TKÜ-Maßnahme nach §§ 100a–100c StPO), müssen diese beachtet werden (§ 91h Abs. 1 IRG iVm Art. 2 lit. d RL-EEA); notfalls ist auf eine alternative Ermittlungsmaßnahme zurückzugreifen (§ 91f Abs. 2 IRG). Ebenso wie beim EHB besteht auch bei der EEA kein allgemeines außenpolitisches Ablehnungsermessen mehr (*Böhm*, NJW 2017, 1512).

e) Zulässigkeitsgründe; Bewilligungshindernisse

Sodann ist zwischen der **Zulässigkeit der Vollstreckung** einer EEA (§ 91b, § 91c, § 91 d Abs. 1, § 91f IRG) und den **Bewilligungshindernissen** bzw dem Aufschub einer Bewilligung (§ 91e IRG) zu unterscheiden. **148g**

Eine **Zurückweisung** des Ersuchens muss bei Fehlen der **zwingenden Zulässigkeitvoraussetzungen** des §§ 91b, 91c IRG erfolgen. So soll § 91b IRG gewährleisten, dass die hohen Eingriffsvoraussetzungen der deutschen StPO für besondere sensible Ermittlungsmaßnahmen auch bei der grenzüberschreitenden Beweiserhebung gewahrt bleiben

(*Brahms/Gut*, NStZ 2017, 391). Demnach dürfen bestimmte Unrechtsschwellen nicht unterschritten und Zeugnis- und Auskunftsverweigerungsrechte nicht ignoriert werden (§ 91b Abs. 1 Nr. 1, 2a IRG). Eine Verpflichtung zur Beachtung der Europäischen Grundrechtecharta, insbesondere dem **Verhältnismäßigkeitsprinzip** (Art. 52 Abs. 1 S. 2 GRCh), ist explizit in § 91 Abs. 3 IRG (iVm Art. 1 Abs. 4 RL-EEA) festgehalten. Die **beiderseitige Strafbarkeit** ist nicht zu prüfen, wenn die dem Ersuchen zugrundeliegende Tat nach dem Recht des ersuchenden Mitgliedstaates einer der in Anhang D der Richtlinie Europäische Ermittlungsanordnung aufgeführten Liste von Deliktsgruppen zugehörig ist (sog. **Listendelikt)** und mit einer Freiheitssanktion von mindestens 3 Jahren bedroht ist (§ 91b Abs. 4 IRG). Handelt es sich nicht um ein solches Listendelikt, muss aber die gegenseitige Strafbarkeit bei einer auf eine Durchsuchung, Beschlagnahme und Herausgabe von Gegenständen gerichteten EEA festgestellt werden (§§ 66, 67 IRG). Für bestimmte Formen der Rechtshilfe gelten **ergänzende Zulässigkeitsvoraussetzungen** (§ 91c IRG), so etwa das Verbot der audiovisuellen Vernehmung bei fehlender Zustimmung der Vernehmungsperson (§ 91c Abs. 1 IRG).

148h Die **Bewilligung** kann beim Vorliegen einer der in § 91e IRG genannten Gründe abgelehnt werden, zB bei der Gefährdung nationaler Sicherheitsinteressen (§ 91e Abs. 1 Nr. 1 IRG) oder einem Verstoß gegen das Doppelbestrafungsverbot (§ 91e Abs. 1 Nr. 2 IRG). Ein Aufschub ist nach § 91e Abs. 2 IRG möglich. Für Bewilligungsentscheidungen bestehen erhöhte **Begründungspflichten** (§ 91e Abs. 3 IRG), wodurch die gerichtliche Überprüfbarkeit von Bewilligungsentscheidungen für den Betroffenen wie für die Gerichte erleichtert werden soll (BT-Drs. 18/9757, S. 52).

f) Rechtsschutz

148i Die RL-EEA sieht ein „zweigliedriges Rechtsschutzsystem" vor (*Ambos*, 12/92), wonach die Anerkennung und Vollstreckung der EEA im Vollstreckungsstaat (Art. 14 Abs. 1 RL-EEA) und die sachlichen Gründe für den Erlass der EEA im Anordnungsstaat zu prüfen sind (Art. 14 Abs. 2 RL-EEA). Jeder Staat hat **zwingend** die erfolgreiche Anfechtung der EEA im anderen Staat zu berücksichtigen (Art. 14 Abs. 7 RL-EEA). Die im nationalen Rechtsschutzsystem vorgesehen Rechtsbehelfe müssen auch für die EEA gelten (J/S/*Jähnke*, 6/42: Äquivalenzprinzip).

Der deutsche Gesetzgeber hat in Bezug auf die gerichtliche Überprüfung von EEA-Maßnahmen, falls Deutschland der Vollstreckungsstaat ist, **keine Sonderregelungen** geschaffen (*Brahms/Gut*, NStZ 2017, 388). Kernelement dieses „juristischen Flickenteppichs" (*Böhm*,

NJW 2017, 1513) ist § 77 Abs. 1 IRG; der die Geltung der StPO vorschreibt. Als Rechtsbehelfe des Betroffenen kommen namentlich (bei erledigter EEA) der Antrag auf gerichtliche Entscheidung gemäß **§ 98 Abs. 2 S. 2 StPO** (analog) und die Beschwerde gemäß **§ 304 StPO** in Betracht. Einwendungen gegen die Zulässigkeit der Rechtshilfe sind vom Betroffenen im Rahmen eines Rechtsbehelfs gegen die Vornahmehandlung vorzubringen (sog. **Integrationslösung** des *BVerfG*, vgl. dazu *OLG Dresden* NStZ-RR 2011, 146; BT-Drs. 18/9757 S. 30; beachte als Ausnahme die sog. Leistungsermächtigung nach § 61 Abs. 1 S. 2 IRG). Die Generalstaatsanwaltschaft kann aber die Zulässigkeit der Rechtshilfe selbst durch das OLG überprüfen lassen (§ 61 Abs. 1 S. 1 IRG; J/S/*Jähnke*, 6/42).

Einwände gegen die **Anordnung** als solche soll dagegen der Betroffene im Anordnungsstaat vorbringen (Art. 14 Abs. 2 RL-EEA). Dies kann darauf hinauslaufen, dass der Beschuldigte in mehreren Staaten Rechtsmittel einlegen muss – ein vertrautes Phänomen im Rechtshilfeverkehr (J/S/*Jähnke,* 6/42, 44).

4. Europäische Herausgabe- und Sicherungsanordnungen für elektronische Beweismittel (e-vidence)

Die EEA ermöglicht zwar an sich den Zugriff auf elektronische **148j**
Beweismittel, enthält dazu aber keine eigenen Bestimmungen, die deren Besonderheiten gerecht wird. Die Kommission der EU hat im April 2018 den Vorschlag für eine **Verordnung** über Europäische Herausgabeanordnungen (sog. EPOC) und Sicherungsanordnungen (sog. EPOC-RR) für elektronische Beweismittel in Strafsachen unterbreitet (COM [2018] 225). Mit dieser VO soll der Zweck verfolgt werden, dass Ermittler künftig einfacher an elektronische Beweise, insbesondere Daten in Clouds, herankommen können, indem eine Justizbehörde eines EU-Mitgliedstaates eine entsprechende Anordnung trifft. Der **Diensteanbieter** (zB Telekom, Vodafone), der in der Union Dienstleistungen anbietet, würde durch diese Anordnung **unmittelbar** dazu verpflichtet, elektronische Beweismittel herauszugeben oder zu sichern, **ohne** dass der **Vollstreckungsstaat** dies überprüft (krit. *Burchard,* ZIS 2018, 263: „materielle Privatisierung der Rechtshilfe in Strafsachen"). Nicht entscheidend soll dabei sein, wo der Anbieter seinen Sitz hat und die Daten tatsächlich gespeichert werden. Maßgeblich sei nur, dass der Diensteanbieter in einem Mitgliedstaat der EU tätig wird (sog. **Marktortprinzip**). Damit würden wohl auch außerhalb der EU (wie zB der Cloud-Anbieter Dropbox aus den USA) ansässige, aber in der EU sich betätigende Anbieter in die Pflicht genommen.

148k Politisch erstaunlich und mit Blick auf Art. 82 Abs. 1 AEUV bedenklich ist der Umstand, dass die EU bei der EPOC, anders als bei der EEA oder beim EHB (Rahmenbeschluss), nicht auf das souveränitätsschonende Instrumentarium der Richtlinie zurückgreifen möchte, sondern eine Verordnung mit ihrem harten Kern einsetzt (zu Recht krit. auch der Bundesrat, BR-Drs. 215/18 S. 3). Verfassungswidrig sub specie Rechtsstaatsprinzip und Grundrechtsschutz dürfte es sein, dass der Vollstreckungsstaat praktisch keine Rolle mehr spielt und es (nur) zu einer unmittelbaren Zusammenarbeit zwischen Anordnungsstaat und dem Dienstenanbieter kommen soll (für eine stärkere Einbindung des Vollstreckungsstaats BR-Drs. 215/18 S. 4 ff.; Stellungnahme DRiB, Deutscher Richterbund, Nr. 6/2018). Nicht unproblematisch erscheint auch die **Deterritorialisierung** der Rechtshilfe, dh die Loslösung vom Territorium (Speicherort) hin zum Marktort des Diensteanbieters. Dazu und zu weiteren Kritikpunkten vgl. BR-Drs. aaO, Stellungnahme DRiB, *Brodowski,* ZIS 2018, *ders*., NJW-Aktuell 26/2016, S. 19 sowie *Burchard,* ZIS 2018, 190 u. 249: Es werde „die Axt an die ehernen Fundamentalprinzipien der internationalen Zusammenarbeit in Strafsachen gelegt."

5. Gegenseitige Anerkennung von Geldstrafen und Geldbußen

149 Der EU-Rahmenbeschluss 2005/214/JI über die Anwendung des Grundsatzes der gegenseitigen Anerkennung von Geldstrafen und Geldbußen (*Ambos*, 12/100) wurde 2010 in Deutschland durch das EU-Geldsanktionengesetz umgesetzt (*Johnson/Plötzgen-Kamradt*, eucrim 2011, 33; krit. *Schünemann/Roger*, ZIS 2010, 515 und dagegen *Böse*, ZIS 2010, 607). Wie der Europäische Haftbefehl wurde auch die grenzüberschreitende Durchsetzung von Geldsanktionen in das IRG integriert. Danach kann der ersuchte Staat („Vollstreckungsstaat") Vollstreckungshilfe für den ersuchenden Staat aus der EU („Entscheidungsstaat") gem. § 87 Abs. 2, 3 IRG leisten, wenn eine **Geldsanktion** vollstreckt werden soll, dh eine Geldstrafe (wegen einer Straftat) oder eine Geldbuße (wegen einer Ordnungswidrigkeit). Die Geldsanktion darf aber **nicht unter** dem (etwas seltsam anmutenden, im Übrigen auch niedrigen) **Betrag von 70 EUR** liegen (§ 87 Abs. 3 Nr. 2 IRG).

149a Vorausgesetzt ist auch hier die **beiderseitige Strafbarkeit**, die sich aber erübrigt, wenn eine der in Art. 5 Abs. 1 des RB genannten Straftaten oder Ordnungswidrigkeiten vorliegt (Art. 87b IRG). Den Bewilligungsentscheid erlässt das Bundesamt für Justiz als die zuständige **Bewilligungsbehörde** (§ 87f IRG), in bestimmten Fällen ein **Gericht** (§ 87i IRG). Die Bewilligungsentscheidung ist **gerichtlich überprüfbar** (§ 87g IRG). Die Bewilligungsbehörde führt auch die Vollstreckung durch. Eine Ersatzfreiheitsstrafe bei Uneinbringlichkeit der Geldstrafe (entspr. § 43 StGB) ist nicht eingeführt worden, obwohl Art. 10 des Rahmenbeschlusses dies ermöglicht hätte (BT-Drs. 17/1288, 17). Der Erlös fließt im Regelfall nicht in die Kasse des ersuchenden, sondern des ersuchten Staates, mithin in die **Bundeskasse** (§ 87n Abs. 5 S. 1 IRG).

VII. Die europäischen Strafverfolgungsinstitutionen

Die nach Art. 67 Abs. 4 AEUV vorgeschriebene Koordinierung der Strafverfolgung wird auch durch europäische Strafverfolgungsinstitutionen vollzogen. Hierzu zählen 1. OLAF, 2. Europol, 3. Eurojust, 4. das Europäische Justizielle Netzwerk und 5. die Europäische Staatsanwaltschaft (EUStA). **150**

1. Das Europäische Amt für Betrugsbekämpfung (OLAF)

Die Aufgabe von OLAF (= office de lutte anti-fraude), das seinen Sitz in Brüssel hat, besteht darin, einen Beitrag zum Schutz der finanziellen Interessen der EU (Art. 325 AEUV) zu leisten, namentlich operativ bei der Bekämpfung von Betrug, Korruption und anderen Handlungen zum Nachteil der EU mitzuwirken. Das Amt verfügt über keine eigene Rechtspersönlichkeit, sondern ist nur eine Dienststelle der EU-Kommission. Es ist gleichwohl unabhängig und unparteilich (sog. doppelte Funktionalität; vgl. *Ambos*, 13/1). Es wurde 1999 durch einen Kommissionsbeschluss (1999/352/EG) auf der Grundlage von zwei Verordnungen (VO der EG 1073/99 und VO von Euratom 1074/99) geschaffen (*Kretschmer*, Jura 2007, 174). **151**

An der Spitze von OLAF steht ein Direktor, der von der Kommission, dem Parlament und dem Rat ernannt wird. Ein Überwachungsausschuss sichert die Unabhängigkeit von OLAF. Der Direktor kann vor dem *EuGH* klagen, wenn er seine Unabhängigkeit bedroht sieht. **152**

OLAF ist keine Strafverfolgungsbehörde, sondern nur eine Verwaltungsbehörde, deren Vorermittlungen nicht strafprozessualer Natur sind. Wegen seiner hybriden Natur und starken Bezüge zum Strafrecht ist es gleichwohl berechtigt, das Amt als Strafverfolgungsinstitution zu bezeichnen (*Esser*, 3/11). Seine Möglichkeiten zum Schutz der EU-Finanzinteressen sind, gerade bei grenzüberschreitenden Konstellationen aber **sehr begrenzt** und nur bedingt erfolgreich, wie die jährlichen OLAF-Statistiken zeigen (*Mitsilegas*, S. 42). Das Amt kann **externe Untersuchungen** vornehmen (*Ambos*, 13/2). Diese „Vor-Ort-Untersuchungen“, etwa bei Wirtschaftsunternehmen, werden von OLAF- **153**

Beamten in Begleitung der nationalen Polizei oder Staatsanwaltschaft durchgeführt, wobei für die Anordnung und Durchsetzung von Zwangsmaßnahmen allein die nationalen Behörden zuständig sind (zur geplanten Reform beachte aber unten Rn. 153a). **Interne Untersuchungen** können sich gegen die EU-Organe, Ämter, Agenturen sowie gegen die EZB und EIB richten. Die betroffenen EU-Beamten genießen dabei, anders als gegenüber nationalen Ermittlungsbehörden, keine Immunität gegenüber OLAF: Am Ende der Ermittlung steht das **Untersuchungsergebnis**, in dem auch eine Empfehlung zum weiteren Vorgehen ausgesprochen wird. Dabei handelt es sich um einen Vorbereitungsakt für einen eventuellen späteren (national justiziablen) Rechtsakt (wie etwa nationale strafprozessuale Zwangsmaßnahmen). Die Entscheidungen von OLAF sind **justiziabel** (dazu J/S/*Jähnke*, 12/29 ff.).

153a **Trotz** der Errichtung der **Europäischen Staatsanwaltschaft** wird nach dem Willen der EU-Kommission **OLAF fortbestehen**. Nach dem **Vorschlag einer VO** (COM [2018] 338) soll OLAF ein enger **Kooperationspartner** der EUStA werden und zwischen ihnen ein intensiver **Informationsaustausch** stattfinden. Während die EUStA für strafrechtliche Untersuchungen zuständig ist, führt OLAF Untersuchungen **verwaltungsrechtlicher Natur** durch, mit denen die strafrechtlichen Ermittlungsmaßnahmen der EUStA ergänzt werden. Die externen Untersuchungen sollen zukünftig (allein) von OLAF und nach europäischem Recht durchgeführt werden (*Brodowski,* ZIS 2018). Außerdem wird OLAF für nichtbetrügerische Schädigungen der EU-Finanzen sowie weiterhin für die Betrugsbekämpfung in denjenigen Mitgliedstaaten zuständig sein, die sich **nicht** an der EUStA beteiligen. Mit der neuen VO soll außerdem die Wirksamkeit der Untersuchungstätigkeit von OLAF verbessert werden. Dies betrifft zB die in nationalen Strafverfahren zuweilen kritische Vewertung von Beweismaterial, das OLAF in seinen **Untersuchungsberichten** zusammengetragen hat, oder der Zugriff auf **Kontodaten**.

2. Das Europäische Polizeiamt (Europol)

a) Allgemeines; Rechtsgrundlagen

154 Für die Zusammenarbeit im Bereich der **Polizei** in Europa ist Europol zuständig. Europol wurde 1998 auf der Grundlage des sog. Europol-Übereinkommens zwischen den EU-Mitgliedstaaten (1995) geschaffen. Die Idee stammte vom damaligen Bundeskanzler Helmut Kohl (J/S/*Jähnke/Schramm,* 12/1). Es nahm 1999 seine Arbeit auf und hat seinen Sitz in **Den Haag**. Europol hat zwei Organe, den Direktor und den Verwaltungsrat. Jeder Mitgliedstaat hat eine **Verbindungs-**

stelle – in Deutschland ist dies das BKA –, die das Bindeglied zwischen Europol und den Polizeibehörden des Mitgliedstaats darstellt. Die Verbindungsstelle entsendet auch Beamte zu Europol, die sog. ELOs (Europol Liaison Officers).

Mit dem Europol-Rahmenbeschluss v. 6.4.2009 zur Errichtung des Europäischen Polizeiamts (2009/371/JI; sog. Europol-RB) und den Regelungen im AEUV (Art. 88 AEUV) hat sich der rechtliche Charakter von Europol verändert. Das Amt ist nunmehr eine sog. Agentur der EU, deren Entstehung auf Sekundärrecht beruht. Es besitzt eigene Rechtspersönlichkeit. Europol darf nicht mit Interpol verwechselt werden, das bereits wesentlich früher (1956) gegründet wurde, auf einem völkerrechtlichen Vertrag beruht und wesentlich mehr Mitgliedsländer hat (188), allerdings aber auch deutlich weniger Informationen für eine Strafverfolgung bereithält als die Datenbanken von Europol. Mit der am 1.5.2017 in Kraft getretenen **Europol-VO** (2016/794/EU) erhielt Europol eine **neue** sekundärrechtliche **Grundlage**. **155**

b) Die Aufgaben von Europol

Gegenstand von Europol sind Formen schwerer Kriminalität, von denen **1.** entweder mindestens zwei Mitgliedstaaten der EU betroffen sind, oder die sich **2.** als Terrorismus darstellen oder die **3.** gemeinsame Interessen verletzen (Art. 3 Abs. 1 Europol-VO). Dabei ist Europol nicht (mehr) nur zuständig für die organisierte Kriminalität und den Terrorismus, sondern auch für andere grenzüberschreitende Kriminalitätsformen, wie sie in Art. 88 Abs. 1 AEUV und Anhang 1 der Europol-VO genannten werden (zB Menschen- und Waffenhandel, Rassismus oder sexueller Missbrauch) einschließlich etwaiger Annexstraftaten (Art. 3 Abs. 2 Europol-VO). Dem Amt kommt dabei die Aufgabe zu, die Polizeibehörden der Mitgliedstaaten und deren Zusammenarbeit zu unterstützen. Dies geschieht nach Art. 4 Europol-VO im Wesentlichen in zweierlei Hinsicht, nämlich durch das Bereitstellen von Informationen und die Durchführung von operativen Maßnahmen. **156**

aa) Informationssystem

Europol ist primär ein großer Europool, dh ein europäischer Daten*pool* (*Klip*, S. 490: „a computerised system of collected information“). Europol unterhält ein automatisiertes Informationssystem, in das die Erkenntnisse der nationalen Polizeisysteme einfließen und mit Informationen aus Drittstaaten ergänzt werden. Danach dürfen etwa Personen, die eine Straftat, für die Europol zuständig ist, begangen haben oder ihrer verdächtig sind, datenmäßig erfasst werden (Art. 18 Europol-VO). Die von Europol gesammelten und analysierten Daten wer- **157** den schließlich den Mitgliedstaaten zur Verfügung gestellt (Art. 20 Europol-VO).

bb) Ermittlungen und operative Maßnahmen

158 Anders als es dem damaligen deutschen Bundeskanzler Helmut Kohl vorschwebte, hat sich Europol bislang nicht zu einer europäischen Polizei nach dem Muster des amerikanischen FBI entwickelt. Nach Art. 88 Abs. 2 UA 1 AEUV, Art. 4 Abs. 1 lit. c, d Europol-VO kann Europol immerhin Ermittlungen durchführen. Europolbeamte können auch gemeinsamen Ermittlungsgruppen angehören und ausnahmsweise operativ tätig sein (Art. 4 Abs. 1 lit. d, h Europol-VO; J/S/*Jähnke/Schramm*, 12/8). So hat Europol beachtliche Erfolge zu verzeichnen, etwa in den Bereichen des Zigarettenschmuggels, der Geldwäsche, des Drogenhandels, der Kraftfahrzeugsdiebstähle und bei der Bekämpfung der Verbreitung von Kinderpornographie im Internet. Allerdings ist Europol weiterhin die Ausübung hoheitlicher Maßnahmen verschlossen, dh die Ermittlungen dürfen nur in Zusammenarbeit mit den Mitgliedstaaten der betroffenen Hoheitsgebiete erfolgen, wie auch die Anwendung von Zwangsmaßnahmen der nationalen Polizei vorbehalten ist (Stichwort: „Europol hat keine Pistolen").

cc) Kontrolle; Rechtsschutz

159 Mit Inkrafttreten der Europol-VO wurde der Datenschutz bei Europol neu geregelt. Für den internen Datenschutz ist ein Datenschutzbeauftragter bei Europol zuständig (Art. 41 Europol-VO), auf der Mitgliedstaatlichen Ebene eine nationale Kontrollbehörde (Art. 42 Europol-VO, in Deutschland der Bundesbeauftragte für den Datenschutz) und auf der europäischen Ebene zusätzlich der Europäische Datenschutzbeauftragte (ESDB, Art. 43 Europol-VO). Es besteht zudem ein Beschwerderecht der betroffenen Person beim ESDB (Art. 47 Europol-VO), ein Auskunftsrecht (Art. 36 Europol-VO) und ein Löschungs- bzw Berichtigungsrecht (Art. 37 Europol-VO).

160 Bedienstete von Europol genießen – wie alle übrigen EU-Bediensteten – **Immunität**, dh ihr Handeln ist nicht straf- oder zivilrechtlich sanktioniert (Art. 63 Europol-VO), sondern unterliegt nur verwaltungsrechtlichen Kontrollmechanismen (EUV- und AEUV-Protokoll Nr. 7 über die Vorrechte und Befreiungen der Europäischen Union).

161 Der *EuGH* übt inzwischen die volle richterliche Kontrolle (vor allem in Gestalt des Nichtigkeitsverfahrens, Art. 263 Abs. 1 S. 2 AEUV) über Maßnahmen von Europol aus (Art. 10 Abs. 1 des Protokolls Nr. 36 zum AEUV).

3. Die Europäische Stelle für justizielle Zusammenarbeit (Eurojust)

a) Rechtliche Grundlagen

Das Pendant zu Euro*pol* aufseiten der *Pol*izei bildet auf der Seite der *Just*izbehörden Euro*just* mit Sitz in Den Haag (*Satzger,* 10/11). Wie bei Europol handelt es sich auch bei Eurojust um eine Agentur der EU, die mit eigener Rechtspersönlichkeit ausgestattet und weisungsabhängig ist. Eurojust wurde 2002 aufgrund eines RB gegründet (2002/187/Jl; EJRB), der bis heute Gültigkeit besitzt (C/R/*Suhr*, Art. 85 AEUV Rn. 12). Eine von der EU an sich nach Art. 85 Abs. 1 UA 2 S. 1 AEUV für Eurojust vorgesehene **Verordnung** ist zwar inzwischen **vorgeschlagen** worden (COM [2013] 535). Wann und in welcher Überarbeitung sie in Kraft treten wird, ist momentan offen. Der damalige RB wurde in Deutschland durch das Eurojustgesetz von 2003 umgesetzt (*Kretschmer*, Jura 2007, 173). Jeder Mitgliedstaat entsendet ein Mitglied zu Eurojust (zum deutschen Delegierten vgl. § 1 Abs. 2 S. 2 EJG). **162**

Eurojust wird auch nach der Schaffung der EUStA **fortbestehen:** EUStA und Eurojust sollen eng zusammenarbeiten (Art. 3 Abs. 3 EUStA-VO), und zwar neben der Management- und Verwaltungsebene vor allem in operativer Hinsicht (Art. 100 Abs. 2 EUStA-VO). Hier droht dann freilich eine mit rechtlichen Unsicherheiten verbundene **Überschneidung der Zuständigkeitsbereiche** von EUStA und Eurojust. **162a**

b) Aufgaben

Eurojust wird gemeinhin umschrieben als eine **Auskunfts-, Dokumentations- und Clearingstelle** (*Esser*, 3/61). Aufgabe von Eurojust ist gem Art. 85 Abs. 1 EUV die Ermittlung und Verfolgung schwerer Kriminalität, sofern zwei Mitgliedstaaten betroffen sind oder eine gemeinsame Verfolgung erforderlich ist. Es handelt sich dabei um die gleichen Kriminalitätsformen, für die auch Europol präventiv und in Kooperation mit Eurojust repressiv zuständig ist (Art. 4 EJB). Im Mittelpunkt steht dabei die repressive Strafverfolgung, die durch Eurojust koordiniert wird. Eurojust erteilt rasch Rechtsauskünfte und sorgt für einen Informationsaustausch zwischen den nationalen Stellen, insbesondere mit Blick auf die Vereinfachung und Beschleunigung von Rechtshilfeersuchen oder die Vollstreckung Europäischer Haftbefehle. So ist Eurojust namentlich dann einzuschalten, wenn die Vollstreckung eines EHB wegen der Gefahr menschenunwürdiger Behandlung im Anordnungsstaat aufgehoben ist (*EuGH* J/S/*Jähnke/Schramm*, 12/14). Auch unterhält Eurojust ein umfassendes Informationssystem (Art. 14 **163**

EJB), das nur bestimmten Personen zugänglich ist und der Kontrolle eines Datenschutzbeauftragten (Art. 17 EJB) sowie einer gemeinsamen Kontrollinstanz (Art. 23 EJB) unterliegt. Eurojust unterliegt, ähnlich OLAF, gem. Art. 263 IV AEUV einer gerichtlichen Kontrolle durch den *EuGH* in Form der Nichtigkeitsklage (*Esser,* 3/78).

c) Anweisungsbefugnisse

164 Laut Vertrag von Lissabon kann Eurojust vom Europäischen Parlament und Europäischen Rat die Befugnis eingeräumt werden, nicht nur Vorschläge zur Einleitung strafrechtlicher Ermittlungen zu unterbreiten, sondern selbst die Einleitung zu veranlassen (Alt. 1, 2 des Art. 85 Abs. 1 UA 2 S. 2 lit. a AEUV). Diese Differenzierung ergibt nur einen Sinn, wenn Eurojust die nationalen Ermittlungsbehörden zur Durchführung eines Ermittlungsverfahrens verbindlich anweisen kann, was auch damit verbundene unverzichtbare Ermittlungsmaßnahmen einschließt (G/H/N/*Vogel/Eisele*, Art. 85 AEUV Rn. 20). Die Entscheidung, ob Anklage erhoben wird, bleibt aber vollständig in den Händen der nationalen Strafverfolgungsorgane.

4. Das Europäische Justizielle Netz (EJN)

165 Von Eurojust zu unterscheiden ist das Europäische Justizielle Netz, das 1998 gegründet wurde und 2008 mit einem Rahmenbeschluss (2008/976/JHA) eine neue rechtliche Basis erhielt. Das EJN gilt freilich als der „verlängerte Arm“ von Eurojust (*Ambos*, 13/18). Es besteht aus einem Sekretariat, das bei Eurojust angesiedelt ist, und einem **dezentralen Netzwerk** aus mehreren hundert Kontaktstellen in den Mitgliedstaaten. Die Kontaktstellen in Deutschland sind das Bundesamt für Justiz, der Generalbundesanwalt und von den Bundesländern benannte Stellen (J/S/*Jähnke*, 7/22). Das EJN erleichtert den direkten Kontakt zwischen den Gerichten und Strafverfolgungsbehörden der Mitgliedstaaten, indem es juristisches „Know how“ für die **Durchführung von Rechtshilfeersuchen** in anderen Mitgliedstaaten zur Verfügung stellt, so namentlich bei der Durchsetzung des Europäischen Haftbefehls (*Safferling*, 12/36). Hierzu wurde auch eine ständig aktualisierte Internetseite www.ejn-crimjust.europa.eu geschaffen. Auf dieser Homepage werden als Instrumente des EJN etwa zugänglich gemacht der Europäische Justizielle Atlas mit einer Darstellung der örtlichen Zuständigkeiten in den Mitgliedstaaten (*Stiegel*, MPI-EurStR, 46/24 ff.) oder die sog. Fiches Belges mit Hinweisen zu den Ermittlungsmaßnahmen in den einzelnen Mitgliedstaaten (*Esser*, 3/92).

5. Die Europäische Staatsanwaltschaft (EUStA)

a) Rechtliche Grundlagen

Die **sekundärrechtliche Grundlage** für die Errichtung der EUStA wurde nach einem ebenso langwierigen wie gründlichen Rechtssetzungsverfahren inzwischen durch die **EUStA-VO** (2017/1939/EU v. 12.10.2017) geschaffen. Da im Rat keine Einstimmigkeit über die Gründung der EUStA herrschte und manche Mitgliedstaaten die Subsidiaritätsrüge erhoben hatten (J/S/*Jähnke/Schramm*, 12/37), erfolgte die Rechtssetzung im besonderen Gesetzgebungsverfahren (Art. 289 Abs. 2 AEUV) auf der Grundlage der **Verstärkten Zusammenarbeit** (Art. 86 Abs. 1 UA 2 AEUV) von **20 Mitgliedstaaten** (Belgien, Bulgarien, Deutschland, Estland, Finnland, Frankreich, Griechenland, Italien, Kroatien, Lettland, Litauen, Luxemburg, Österreich, Portugal, Rumänien, Slowakei, Slowenien, Spanien, Tschechische Republik und Zypern). Der EUStA ablehnend gegenüber stehen Dänemark, Großbritannien, Holland, Irland, Polen, Schweden und Ungarn. Auch die Niederlande möchten sich nun doch der EUStA anschließen (Ratsdok. 9023/18). Die EUStA wird voraussichtlich Ende **2020** ihre Tätigkeit aufnehmen (*Brodowski,* ZIS 2018; *Magnus*, HRRS 2018, 143). Möglicherweise kommt es in **Deutschland** zur Schaffung von einigen wenigen EUStA-**Zentren**, in denen dann die delegierten EUStA der Bundesländer angesiedelt werden. **166**

Mit der EUStA geht für den Bereich der PIF-Delikte die bislang nationale, staatsanwaltschaftliche Strafverfolgungskompetenz auf die EU über. Dieser **nationalstaatliche Souveränitätsverlust** ist mit dem primärrechtlichen **Subsidiaritätsprinzip** (Art. 5 Abs. 1 EUV) deshalb vereinbar, weil bei der bisherigen Verfolgung dieser Delikte durch die Mitgliedstaaten Vollzugsdefizite nachgewiesen wurden, die grenzüberschreitende Strafverfolgung wesentlich erleichtert wird und – analog der Strafverfolgung bei nationalstaatlichen Vermögensschäden – die Verfolgungskompetenz bei dem betroffenen Gemeinwesen liegen sollte (12. Erwägungsgrund EUStA-VO; J/S/*Jähnke/Schramm*, 12/34, 38). Die VO ist positiv zu bewerten (J/S/*Jähnke/Schramm*, 12/67); ob es sich dabei sogar um einen „großen Wurf" handelt (so *Magnus*, HRRS 2018, 155), muss sich in der Praxis erweisen. Zur Genese der EUStA vgl. auch *Ambos*, 13/23; *Brodowski*, StV 2017, 684; *Esser*, 3/81; *Grünewald*, HRRS 2013, 508; *Satzger*, 10/21. **167**

b) Aufbau

Die EUStA bildet eine einheitliche Behörde, die sich **1.** aus einem zentralen Verfolgungsorgan, der zentralen Dienststelle der EUStA in Luxemburg und **2.** aus dezentralen Verfolgungseinheiten, dh den in **168** den Mitgliedstaaten angesiedelten delegierten Europäischen Staatsanwälten besteht.

aa) Zentrale Ebene

Die zentrale Ebene besteht aus dem Europäischen Generalstaatsanwalt (EUGenStA), dem Kollegium, den Ständigen Kammern, den Europäischen Staatsanwälten und einem Verwaltungsdirektor (*Brodowski,* StV 2017, 685; *Magnus*, HRRS 2018, 144). Der **EUGenStA** leitet die EUStA und organisiert deren Arbeit. Er ist Leiter des Kollegiums und kann in Ständigen Kammern den Vorsitz ausüben. Das **Kollegium** der Europäischen Staatsanwälte ist für die Strategie und die Prioritäten der EUStA bei der Ermittlungs- und Strafverfolgungstätigkeit sowie für allgemeine Fragen, etwa der Auslegung der EUStA-VO, zuständig. Die **ständigen Kammern** der Europäischen Staatsanwälte überwachen und leiten die von den Delegierten Europäischen Staatsanwälten (EUDelStA) geführten Ermittlungen und Strafverfolgungsmaßnahmen. **Die Europäischen Staatsanwälte** bringen ihre spezifische nationalstaatliche Verfolgungskompetenz in die Tätigkeit der EUStA ein. Sie beaufsichtigen im Auftrag der Kammern die Arbeit der Delegierten Europäischen Staatsanwälte in ihren Mitgliedstaaten. Jeder Mitgliedstaat ernennt einen Europäischen Staatsanwalt.

bb) Dezentrale Ebene; Doppelhut-Modell

Die eigentliche Ermittlungs-, Verfolgungs- und Anklagetätigkeit wird von den sog. Delegierten Europäischen Staatsanwälten in den Mitgliedstaaten ausgeübt (EuDelStA). Sie handeln insoweit allein im Auftrag und im Namen der EUStA. Ihre Tätigkeit wird in Luxemburg von einem Europäischen Staatsanwalt (wohl demjenigen, der dem gleichen Mitgliedstaat entstammt) und einer für sie zuständigen ständigen Kammer überwacht. Sie sind an die Weisungen des aufsichtsführenden Europäischen Staatsanwalts und der Ständigen Kammer gebunden. Die delegierten Europäischen Staatsanwälte werden vom EUStA ernannt.

Daneben kann der Delegierte Europäische Staatsanwalt weiterhin seine „normalen" Aufgaben als nationaler Staatsanwalt ausüben. Es liegt sehr nahe, dass es sich dabei um auf Wirtschaftsstrafrecht spezialisierte Staatsanwälte handelt. Dahinter steht wohl die ökonomische Überlegung, dass die Zahl der PIF-Delikte in den Mitgliedstaaten nicht so groß sein wird, als dass die auf die Regionen der jeweiligen Migliedsstaaten (zB auf die 16 deutschen Bundesländer) verteilten delegierten Europäische Staatsanwälte damit ausgelastet wären. Wenn nun der nationalstaatliche Staatsanwalt, der zugleich die Funktion eines delegierten Europäischen Staatsanwalt ausübt, bei seinen Ermittlungen bemerkt, dass es sich um ein PIF-Delikt handelt, setzt er, bildlich gesprochen, seinen nationalstaatlichen Staatsanwalt-Hut ab und stattdessen den europäischen Staatsanwalt-Hut auf (sog. Doppelhut-Modell; *Schramm*, JZ 2014, 749, 754; krit. dazu *Böse*, JZ 2017, 82, 87: ein „Hütchenspiel"). Er hat auch ein Evokationsrecht, dh er kann ein bereits laufendes Ermittlungsverfahren an sich ziehen.

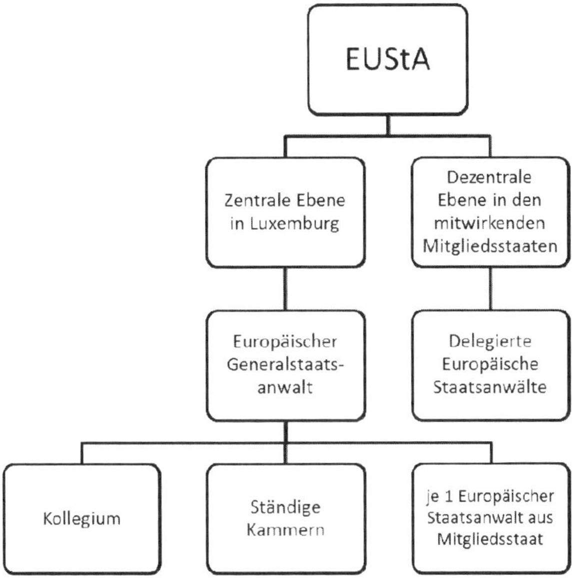

Abb.: Struktur der Europäischen Staatsanwaltschaft

c) Sachliche Zuständigkeit

Der Aufgabenbereich der EUStA wird in den Art. 4 und Art. 22 **169**
EUStA-VO geregelt (*Brodowski*, StV 2017, 689 [„komplexes Zuständigkeitsregime"]; *Magnus*, HRRS 2018, 147 f.). Die Strafverfolgung wird dabei durch die de-minimis- und Schwerpunktklauseln in Art. 25 Abs. 2, 3 EUStA-VO beschränkt.

aa) PIF-Delikte

Die Zuständigkeit der EUStA ergibt sich in erster Linie durch den Verweis in Art. 4 EUStA-VO auf die **PIF-RL** (2017/1371/EU). Sie beschränkt sich auf vorsätzliche Straftaten zum Nachteil der finanziellen Interessen der Union. Sie erstreckt sich vor allem auf folgende **fünf** Deliktsbereiche:

- Erfasst sind an erster Stelle **betrügerische Handlungen** zu Lasten der Einnahmen- oder Ausgabenseite des EU-Gesamthaushalts (Art. 3 PIF-RL). Dazu gehört in Deutschland etwa der klassische Subventionsbetrug zum Nachteil der EU (§ 264 Abs. 1, Abs. 7 Nr. 2 StGB).
- Eine Ausprägung davon sind die gegen das gemeinsame Mehrwertsteuersystem der Union gerichteten schweren **Mehrwertsteuerstraftaten**. Hierzu gehören namentlich der Karussellbetrug, der sog. „Missing-Trader-Mehrwertsteuerbetrug“ sowie der von einer kriminellen Vereinigung begangene Mehrwertsteuerbetrug. Hierzu müssen folgende drei Voraussetzungen gegeben sein (Art. 2 Abs. 2 PIF-RL): die Tat muss **1.** mit dem Hoheitsgebiet von zwei oder mehr Mitgliedstaaten verbunden sein, **2.** auf einem Betrugssystem mit Bereicherungsabsicht beruhen und **3.** der Gesamtschaden mindestens 10 Mio. € betragen.
- Im Zusammenhang der Betrugs- und Steuerstraftaten begangene **Geldwäschehandlungen** sollen ebenfalls von der EUStA verfolgt werden (Art. 4 Abs. 1 PIF-RL). Ein in Deutschland delegierter europäischer Staatsanwalt könnte etwa eine Geldwäsche verfolgen, bei der das gewaschene Geld aus einem gewerbs- oder bandenmäßig begangenen Subventionsbetrug (§ 261 Abs. 1 S. 2 Nr. 4a StGB) herrührt.
- Auch die Bekämpfung von **Korruption**, die sich nachteilig auf die EU-Finanzinteressen auswirkt, soll in den Zuständigkeitsbereich der EUStA fallen (Art. 4 Abs. 2 PIF-RL). Gemeint sind damit primär die Bestechung und Bestechlichkeit von EU-Bediensteten. In Deutschland sind diese Verhaltensweisen durch die Ausdehnung der Korruptionstatbestände auf den sog. Europäischen Amtsträger nach §§ 331 ff. StGB pönalisiert.
- Schließlich gehört auch die **missbräuchliche Verwendung** von EU-Haushaltsmitteln durch öffentliche Bedienstete in der EU-Verwaltung, den Verwaltungen der Mitgliedstaaten oder Drittstaaten zum Zuständigkeitsbereich der EUStA (Art. 4 Abs. 3 PIF-RL). Im Anwendungsbereich des deutschen Strafrechts können hier die Straftatbestände des Subventionsbetrugs (§ 264 Abs. 1 Nr. 2) und der Untreue (§ 266 StGB) einschlägig sein.

bb) Organisierte Kriminalität; untrennbare Begleitdelikte

Darüber hinaus ist die EUStA nach Art. 22 Abs. 2, 3 EUStA-VO zuständig für die Verfolgung der Beteiligung an einer kriminellen Vereinigung (iSd Rahmenbeschlusses 2008/841/JI), die Straftaten zum

Nachteil der EU-Finanzinteressen begeht, sowie für mit den oben genannten Straftaten untrennbar verbundene sonstige Straftaten (wie etwa § 348 StGB).

cc) Terrorismus

Die Kommission überlegt, die EUStA auch auf die Bekämpfung des Internationalen Terrorismus zu erstrecken. Doch seien konkrete Maßnahmen „erst in sehr ferner Zukunft zu erwarten" (*Brodowski*, ZIS 2018).

d) Territoriale und örtliche Zuständigkeit

Die **territoriale** Zuständigkeit der EUStA besteht primär für Straftaten, die im **Hoheitsgebiet eines Mitgliedstaates** (oder mehrerer Mitgliedstaaten) begangen werden (Art. 23 lit. a EUSTA-VO; beachte auch deren lit. b, c). Für die Einleitung eines Ermittlungsverfahrens wegen des Verdachts einer PIF-Straftat ist derjenige delegierte Europäische Staatsanwalt **örtlich** zuständig, in dessen Mitgliedstaat der **Schwerpunkt der strafbaren Handlung** liegt (Art. 26 Abs. 4 EUStA-VO), bei mehreren Straftaten in dem Mitgliedstaat, in dem der Großteil der Straftaten begangen wurde. Abweichend davon kann auch in einem anderen Mitgliedstaat ermittelt werden, sofern bestimmte Kriterien gegeben sind (zB gewöhnlicher Aufenthaltsort, Staatsangehörigkeit). **170**

e) Anwendbares Strafverfahrensrecht

Die Tätigkeit eines delegierten EU-StA unterliegt einem formellrechtlichen **hybriden** Regelungskomplex, in dem europäisches und nationales Recht ineinandergreift. Er besteht einerseits aus wenigen **strafprozessualen Vorgaben** aus der **EUStA-VO**, andererseits aber nahezu weitgehend aus dem **nationalen Strafverfahrensrecht** (Handeln im „Einklang mit Verordnung und nationalem Recht"; Art. 28 Abs. 1 EUStA-VO). Dem delegierten EUStA stehen auf der Grundlage der nationalen StPO alle Maßnahmen zur Verfügung, die auch ein nationaler StA ergreifen kann (Art. 28 Abs. 2 EUStA-VO). Die Mitgliedstaaten müssen zudem sicherstellen (Art. 30 EUStA-VO), dass der delegierte EU-StA bei Straftaten, die im Höchstmaß mit mindestens 4 Jahren bedroht sind, eine Fülle von Ermittlungsmaßnahmen selbst anordnen und beantragen darf (wie zB Durchsuchungen, Herausgabe von Computerdaten, Sicherstellungen von Tatwerkzeugen oder Telekommunikationsüberwachungen). Dabei müssen dann aber die nationalstaatlichen Einschränkungen (zB Richtervorbehalte, Straftatenkataloge) beachtet werden, dh das nationale Strafrecht darf nicht durch die EUStA-VO überspielt werden. Bei **grenzüberschreitenden Ermittlungen** bestimmt sich das „Ob" nach dem Recht des ermittelnden (sog.

betrauten) delegierten EUStA, das „Wie" nach dem Recht des unterstützenden delegierten EUStA (Art. 31 EUStA-VO), weshalb eine förmliche internationale Rechtshilfe hier nicht mehr gegeben ist (J/S/*Jähnke/Schramm*, 12/61).

f) Gerichtliche Kontrolle

Verfahrenshandlungen der EUStA in einem Mitgliedstaat mit Rechtswirkung gegenüber Dritten unterliegen entsprechend den Anforderungen des nationalen Rechts der gerichtlichen Kontrolle durch die zuständigen **nationalen Gerichte**. Soweit das nationale Strafverfahrensrecht keine Kontrolle der StA im Ermittlungsverfahren vorsieht, wird es daher auch für Maßnahmen des delegierten EUStA keine gerichtliche Kontrolle geben. Daher besteht in Deutschland kein Rechtsschutz gegen die Einleitung und Fortführung eines PIF-Ermittlungsverfahrens durch einen delegierten EUStA, da die deutsche StPO eine solche gerichtliche Überprüfung nicht kennt. Im Übrigen greifen diejenigen Rechtsmittel ein, die sonst von der StPO bekannt sind, so vor allem die gerichtliche Entscheidung gemäß § 98 Abs. 2 S. 2 StPO (analog) und die Beschwerde gemäß § 304 StPO. Der *EuGH* hat nach dem Willen des Rats nicht die Funktion eines Europäischen Strafgerichtshofs übernommen (krit. dazu *Esser*, StV 2014, 494, 501; *Zeder*, StraFo 2014, 239, 246). Allerdings sieht Art. 42 Abs. 2 EUStA-VO ein **Vorabentscheidung** iSd Art. 267 AEUV durch den ***EuGH*** vor, wenn die Gültigkeit einer Verfahrenshandlung zur Diskussion steht, sofern sie auf der Grundlage des Unionsrechts beruht, oder bei Zuständigkeitskonflikten zwischen der EUStA und den zuständigen nationalen Behörden (*Brodowski*, StV 2017, 692).

Testfragen zum 4. Kapitel

Frage 1: Seit welchen Gründungsverträgen und mit welchem Unionsziel nimmt die EG/EU verstärkt Einfluss auf das nationale Strafrecht? **Rn. 3**

Frage 2: Was versteht man unter einem Rahmenbeschluss? **Rn. 12**

Frage 3: Welcher Rechtsakt ist nach Inkrafttreten des Vertrags von Lissabon an die Stelle des Rahmenbeschlusses getreten? **Rn. 14**

Frage 4: Besitzt die EU eine originäre supranationale Rechtssetzungskompetenz? **Rn. 15**

Frage 5: Wo finden wir europäische Regelungen zum Doppelbestrafungsverbot? **Rn. 25**

Frage 6: Welchen Voraussetzungen unterliegt in diesen Bestimmungen das Doppelbestrafungsverbot? **Rn. 26 ff.**

Frage 7: Auf welcher Grundlage kann die EU nationales materielles Strafrecht harmonisieren? **Rn. 39, 49**

Frage 8: Was bedeutet das sog. Notbremseverfahren? **Rn. 52**

Frage 9: Welche weiteren Formen der Harmonisierung nationalen Strafrechts kennen Sie? **Rn. 56 ff.**

Frage 10: Nennen Sie Beispiele für die unionsrechtskonforme Interpretation im deutschen Strafrecht! **Rn. 88**

Frage 11: Worin liegt der Sinn des sog. Vorabentscheidungsverfahrens vor dem *EuGH*? **Rn. 100**

Frage 12: Auf welchem Prinzip beruht die Justizielle Zusammenarbeit in Strafsachen? **Rn. 111**

Frage 13: Welchen Zielen dient die Europäische Ermittlungsanordnung? **Rn. 148a**

Frage 14: Was bedeutet die sog. Rücküberstellungsklausel beim Europäischen Haftbefehl? **Rn. 140**

Frage 15: Auf welche Beweismittel erstreckt sich die Europäische Herausgabe- und Sicherungsanordnung und auf welchen Vollstreckungsort wird dabei abgestellt?

Frage 16: Was bedeutet die „ultra vires"-Kontrolle durch das *BVerfG*? **Rn. 145c**

Frage 17: Was versteht das *BVerfG* unter Identitätskontrolle? **Rn. 145b**

Frage 18: Welche Strafverfolgungsinstitutionen der EU kennen Sie? **Rn. 150**

Frage 19: Was bedeutet „Doppelhut-Modell?" **Rn. 168**

Frage 20: Für welche Straftaten soll die Europäische Staatsanwaltschaft zuständig sein? **Rn. 169**

Liste der Prüfungsschemata

Wichtige Webseiten

Viele Seiten werden zugleich in deutscher Übersetzung angeboten (über die „de"- bzw „deutsch"- Zeichen auf der jeweiligen Homepage).

zum 2. Kapitel:

1. Internationaler Strafgerichtshof in Den Haag: *icc-cpi.int*
2. Internationaler Gerichtshof für Ruanda: *unictr.org*
3. Internationaler Gerichtshof für das frühere Jugoslawien: *icty.org*

zum 3. Kapitel:

1. Europarat: *coe.int*
2. Die Konventionen des Europarats: *conventions.coe.int*
3. Europäischer Gerichtshof für Menschenrechte: *echr.coe.int* (deutschsprachig: *coe.int/T/D/Menschenrechtsgerichtshof*)

zum 4. Kapitel:

1. Europäische Union: *europa.eu*
2. Recht der Europäischen Union: *eur-lex.europa.eu*
3. Gerichtshof der Europäischen Union: *curia.europa.eu*
4. OLAF: *ec.europa.eu/antifraud/index_de.html*
5. Eurojust: *eurojust.europa.eu*
6. Europäisches Justizielles Netz: *ejn-crimjust.europa.eu*
7. European Criminal Policy Initiative: *crimpol.eu*

Anhang: Kleines Wörterbuch des Internationalen Strafrechts

E: Englische Übersetzung F: Französische Übersetzung (f = feminin, m = masculin)

AEUV = E: TFEU = F: le TFEU
Auslieferung = E: extradition = F: l'extradition (f)

Betrug = E: fraud = F: la fraude
Bundesgerichtshof = E: federal court of justice = F: la cour fédérale de justice
Bundesverfassungsgericht = E: federal constitutional court = F: le tribunal constitutionnel fédéral

Charta der Grundrechte der Europäischen Union (GRCh) = E: charter of fundamental rights of the european union (CFR) = F: la charte des droits fondamentaux de l'union européenne (CDF)

Doppelbestrafungsverbot = E: double jeopardy prohibition = F: l'interdiction (m) de double incrimination
Drogenhandel = E: drug trafficking = F: le trafic des stupéfiants

EGMR = E: ECtHR = F: CEDH
EMRK = E: ECHR bzw CPHRFF = F: EDH
EU = E: EU = F: la UE
EuGH = E: CJEU = F: le CJUE
Europäische Beweisanordnung (EBA) = E: european evidence warrant (EEW) = F: le mandat européen d'obtention de preuves (MOP)
Europäische Ermittlungsanordnung (EEA) = E: european investigation order (EIO) = F: la décision d'enquête européenne (DEE)
Europäische Herausgabeanordnungen und Sicherungsanordnungen für elektronische Beweismittel in Strafsachen (EPOC, EPOC-RR) = E: European Production and Preservation Orders for electronic evidence in criminal matters = F: injonctions européennes de production et de conservation de preuves électroniques en matière pénale

Europäische Menschenrechtskonvention (Konvention zum Schutze der Menschenrechte und Grundfreiheiten) = E: european convention of human rights (convention for the protection of human rights and fundamental freedoms) = F: la convention européene des droits de l'homme (la convention de sauvegarde des droits de l'homme et des libertés fondamentales)
Europäische Staatsanwaltschaft (EStA) = E: european public prosecutor (EPP) = F: le parquet européen (PE)
Europäische Überwachungsanordnung (EÜA) = E: european supervision order (ESO) = F: la mesure de contrôle préalable au procès (CPAP)
Europäische Union = E: european union = F: l'union (f) européene
Europäischer Gerichtshof für Menschenrechte = E: european court of human rights (ECtHR)= F: la cour européene de droits de l'homme (CEDH)
Europäischer Haftbefehl (EHB) = E: european arrest warrant (EAW) = F: Le mandat d'arrêt européen (MAE).
Europäischer Rat (der Staats- und Regierungschefs) = E: european Council (of the heads of state or of government in the EU) = F: le conseil européen (des chefs d'État ou chefs de gouvernement de L'UE)
Europäisches Amt für Betrugsbekämpfung (OLAF) = E: european anti-fraud Office (OLAF) = F: l'Office (m) européen de lutte antifraude (OLAF)
Europäisches Justizielles Netz (EJN) = E: european judicial network (EJN) = F: le reseau judiciaire européen (RJE)
Europäisches Parlament = E: european parliament = F: le parlement européen
Europarat = E: council of Europe = F: conseil d'europe
EUV = E: TEU = F: TUE

Folter = E: torture = F: la torture
Führerscheintourismus = E: driving licence tourism= F: Le tourisme du permis de conduire

Gegenseitige Strafbarkeit = E: double criminality = F: la réciprocité d'incrimination
Geldwäsche = E: money laundering = F: le blanchiment d'argent
Gerichtshof der Europäischen Union = E: court of justice of the european union = F: la cour de justice de l'union européene
Gesetzgebung = E: legislation = F: la legislation
Grenzüberschreitende Kriminalität = E: transnational crime, cross-border crime = F: la criminalité transfrontière

Harmonisierung = E: harmonization = F: la harmonisation

Individualbeschwerde = E: individual petition (application) = F: la requête individuelle
Innere Sicherheit = E: internal security = F: sécurité intérieure
Internationaler Strafgerichtshof (IStGH) = E: international criminal court (ICC) = F: la cour pénale internationale (CPI)
Internationales Straftribunal für das frühere Jugoslawien (JStGH) = E: international criminal tribunal for former yugoslawia (ICTY) = F: le tribunal pénal international pour l'ex yougoslavie (TPIY)
Justizielle und polizeiliche Zusammenarbeit = E: judicial and police cooperation = F: la coopération judiciaire et policière

Kriegsverbrechen = E: war crime = F: le crime de guerre

Manifest zur Europäischen Kriminalpolitik = E: manifesto on european criminal policy = F: la manifeste pour une politique criminelle européenne
Menschenhandel = E: human trafficking = F: la traite d'êtres humains
Menschenrechte = E: human rights = F: droits de l`homme
(Minister-)Rat der EU = E: EU council (of ministers) = F: conseil (des ministres) de L'UE
Mord = E: murder = F: la meurtre

Organisierte Kriminalität = E: organised crime = F: la criminalité organisée

Personalitätsprinzip = E: personality principle = F: le principe de personnalité
Prinzip der gegenseitigen Anerkennung = E: mutual recognition principle = F: le principe de la reconnaissance mutuelle

Rahmenbeschluss = E: framework decision = F: la décision-cadre
Raum der Freiheit, der Sicherheit und des Rechts = E: area of justice, freedom and security = F: l'espace de liberté, de sécurité et de justice
Rechtshilfe = E: judicial assistance = F: l'entraide (F) judiciaire
Richtlinie = E: directive = F: la directive

Schengener Durchführungsübereinkommen (SDÜ) = E: convention implementing the Schengen agreement (CISA)= F: la convention d'application de l'accord de Schengen (CAAS)
Staatenbeschwerde = E: inter-state application = F: la requête inter-étatique
Strafanwendungsrecht = E: application of criminal law = F: le droit international pénal

Strafgesetzbuch (deutsches) = E: (german) criminal code = F: le code pénal (allemand)
Strafprozessordnung (deutsche) = E: (german) code of criminal procedure = F: le code de procédure pénale (allemand)
Strafprozessrecht = E: criminal procedure law = F: la procédure pénale
Strafrecht = E: criminal law = F: le droit pénal
Strafsache = E: criminal matter = F: la matière pénale
Straftat = E: criminal offence = F: l'infraction (f)
Strafverfahren = E: criminal proceeding = F: La procédure pénale
Strafverfolgung = E: law enforcement = F: la poursuite pénale

Territorialitätsprinzip = E: Territorial principle = F: le principe de territorialité
Terrorismusbekämpfung = E: counter-terrorism measures = F: des mesures antiterroristes

Unschuldsvermutung = E: presumption of innocence = F: la présomption d'innocence
Unionsrechtskonforme Interpretation = E: interpretation in conformity (in line) with union law = F: l'interprétation (f) conforme au droit de l'union
Untreue = E: fraudulent trading = F: la transaction frauduleuse

verboten = E: illicit = F: illicite
Verbrechen = E: crime = F: le crime
Verbrechen gegen die Menschlichkeit = E: crime against humanity= F: le crime contre l'humanité
Vergewaltigung = E: rape = F: le viol
Verordnung = E: regulation = F: le règlement
Vertrag von Lissabon = E: treaty of Lisbon = F: le traité de Lisbonne
Vertrag über die Arbeitsweise der EU = E: treaty on the Functioning of the EU = F: le traité sur le fonctionnement de l'UE
Vertrag über die Europäische Union = E: treaty on European Union = F: le traité sur l'union européene
Völkermord = E: genocid = F: le genocide
Völkerstrafrecht = E: international criminal law = le droit pénal international
Vorabentscheidungsverfahren = E: reference for preliminary ruling = F: Le renvoi préjudiciel

Weltrechtsprinzip = E: universality principle = F: le principe d'universalité

Stichwortverzeichnis

Die Zahlen verweisen auf Seiten im Buch